MEMÓRIAS
DE UM
SOBREVIVENTE

ARNALDO NISKIER

MEMÓRIAS DE UM SOBREVIVENTE

A VERDADEIRA HISTÓRIA DA ASCENSÃO E QUEDA DA MANCHETE

ARNALDO NISKIER

Editora Nova Fronteira Participações S.A.
Rua Nova Jerusalém, 345 - Bonsucesso - CEP 21042-235
Rio de Janeiro - RJ - Brasil
Tel.: (21) 3882-8200 - Fax: (21) 3882-8212/8313

CIP-Brasil. Catalogação na fonte
Sindicato Nacional dos Editores de Livros, RJ

N64m Niskier, Arnaldo, 1935-
Memórias de um sobrevivente: a verdadeira história da ascensão e queda da Manchete / Arnaldo Niskier. - Rio de Janeiro: Nova Fronteira, 2012.
328p.: 23 cm

Índice
ISBN 978-85-209-2820-2

1. Manchete (Revista) - História. 2. Jornalismo - Brasil - História. 3. TV Manchete - História. 4. Comunicação de massa e linguagem - Brasil - História. 5. Bloch, Adolpho, 1908-1995. 6. Bloch, Família - História. I. Título.

CDD: 70.40981
CDU: 070(81)

DEDICATÓRIA

Este livro é dedicado aos 1.800 funcionários das Empresas Bloch que, em julho de 2000, tiveram suas atividades abruptamente encerradas. Particularmente, homenageio o jornalista Ney Bianchi de Almeida, amigo desde a primeira hora da *Manchete Esportiva* (1955), que não viveu o tempo necessário para receber justiça.

SUMÁRIO

APRESENTAÇÃO

Conheci esse brasileiro, judeu, sionista — como ele mesmo se definia — quando assumi o ministério da Fazenda, em janeiro de 1980, em meio a um período de grande movimentação política. Foi uma das épocas mais conturbadas da economia mundial, a da segunda crise do petróleo, quando o país teve de redobrar esforços para combater a inflação, reequilibrar a balança de pagamentos, reduzir nossa dependência de energia importada e, sobretudo, conceber uma estratégia que possibilitasse o ajustamento da economia brasileira a uma nova realidade internacional.

Entre muitas outras qualidades desse grande homem chamado Adolpho Bloch, sua lealdade para com os amigos foi o que sempre chamou nossa atenção e nos pareceu mais digno de admiração. Foi assim que, durante o governo João Figueiredo, ele e seu sobrinho, Oscar Bloch Sigelman, valeram-se da grande amizade com Delfim Neto, Mário Henrique Simonsen, Nestor Jost, Oswaldo Colin, Carlos Alberto Vieira, e também comigo, para defender os legítimos interesses de sua empresa. Sempre houve, de nossa parte, uma enorme admiração pela maneira como aquela família de imigrantes russos havia conseguido levantar, no Brasil, um império de comunicação. De tal forma que os imponentes edifícios da rua do Russel se transformaram não só em sinônimo de bom jornalismo, mas também em um dos cartões-postais do Rio de Janeiro.

Ele soube, como poucos, manter boas relações com as esferas políticas, fazendo-se presente em várias solenidades oficiais, como a de outubro de 1984, quando o presidente Figueiredo inaugurou as duas primeiras turbinas de setecentos mil quilowatts cada, da hidrelétrica de Itaipu.

Adolpho foi um pioneiro, Oscar foi um grande trabalhador. Ambos movidos por um otimismo inesgotável. Lembro-me sempre de uma frase de Adolpho, segundo a qual, com governos otimistas e homens inteligentes, todos os problemas podiam ser resolvidos, mas, para isso, teríamos que somar esforços, na política, na indústria e no comércio.

Instalar a primeira sucursal jornalística de Brasília, antes mesmo da inauguração da nova capital, é exemplo de suas iniciativas precursoras. Dias depois, o diretor daquela sucursal, Murilo Melo Filho, recebia uma lancha para ser usada no lago artificial da cidade ainda em construção, com um bilhete que era uma lição de sabedoria: "Não faça economia. Por falta de relações-públicas, os judeus perderam Jesus Cristo."

Bloch era dono de rara visão empresarial. Sempre atento às profundas transformações do mundo moderno, portanto em perfeita sintonia com seu tempo, já tinha implantado a editoração eletrônica computadorizada nas várias publicações de sua empresa e viu a *Manchete* transformar-se na primeira revista nacional a ser veiculada também pela Internet. Com estilo próprio, a principal publicação da casa dominava a linguagem e o discurso do fotojornalismo, sem deixar de lado o aspecto informativo das reportagens. Texto e imagens se complementavam, para deleite de nós todos, leitores.

Não apenas o pioneirismo, mas a capacidade de liderança fizeram de Adolpho Bloch uma pessoa muito especial. Como Otto Lara Resende escreveu no livro *O pilão*: "O pai, os irmãos, o tio, os cunhados, os sobrinhos, todo o clã se habituava à liderança dele. Cabia-lhe decidir. Comprava ou vendia a máquina que lhe aprouvesse. Tratava, contratava ou destratava os clientes, conforme seu indecifrável código pessoal de conduta."

Aberto às várias manifestações de cultura, tinha sensibilidade aguçada para todas as artes, em especial a música e a pintura. Inaugurou o Teatro da Manchete, com uma galeria de arte brasileira em seu saguão, construiu o teatro Villa-Lobos e restaurou o Theatro Municipal. E incentivou a educação, inaugurando escolas gratuitas que formaram mais de dois mil alunos. Para ele, os empresários também tinham de ajudar a nação a crescer.

Assim viveu o pioneiro Adolpho Bloch. Meu amigo Arnaldo Niskier, neste livro, lançado em tão boa hora, faz-lhe a justiça devida.

Ernane Galvêas

PREFÁCIO

Ascensão e queda da Manchete

As novas gerações pouco sabem a respeito da Manchete. Os mais velhos, certamente, têm saudade do império jornalístico que, em seus quase cinquenta anos de existência, deu mais vida ao Rio de Janeiro.

A empresa, que chegou a ter sete mil funcionários no auge da televisão no Brasil (1980-1990), conheceu seus melhores tempos sobretudo depois da mudança da rua Frei Caneca, 511 (no bairro do Estácio) para a rua do Russel, 804 (Glória), quando atingiu o apogeu nacional.

Era uma das três maiores e melhores gráficas brasileiras, com seu bem-equipado parque em Parada de Lucas, com sucursais nos principais estados do país (principalmente em São Paulo, sob a direção de Salomão Schvartzman) e operando com cinco emissoras abertas de televisão (a partir da concessão, em 1983) e seis emissoras de rádio (uma AM e cinco FMs), além de dispor dos escritórios mais amplos e bem-montados do país. Com a vantagem adicional, sempre lembrada por Adolpho Bloch, de que possuía, de frente para a baía de Guanabara, nos três prédios projetados por Oscar Niemeyer, a vista mais bonita do mundo para oferecer gratuitamente a seus funcionários.

Nas diversas obras publicadas sobre a saga dos Bloch, ficou faltando a referência explícita à qualidade dos serviços gráficos e jornalísticos da *Manchete*. Não se fez uma série de publicações periódicas com outro objetivo senão o de exaltar o país, suas belezas, suas oportunidades de trabalho, mesmo o otimismo que identificou Adolpho Bloch com a extraordinária figura de Juscelino Kubitschek (JK). Eles não fizeram negócios, não foram sócios, mas se aproximaram fraternalmente para dar um exemplo de amor ao Brasil e de confiança em seu futuro, com a construção da nova capital.

Muitos perguntam a razão maior do sucesso da revista *Manchete*. Pode-se citar a beleza de sua impressão, realizada em rotativas alemãs, ou a qualidade das fotos das reportagens, ou do papel finlandês. Depois de um convívio de 37 anos nesse setor, podemos reservar à orientação jornalística um espaço considerável no êxito da empresa. Era uma revista alegre, comunicativa, sem agressões de qualquer natureza, reportando as belezas de um país que crescia a olhos vistos — e, com maturidade, conquistava magníficos títulos internacionais, como a Copa do Mundo de futebol, torneios de tênis em Wimbledon etc.

Posso afirmar que Adolpho Bloch era um homem corajoso — e até visionário. Guardava tudo de cabeça: dívidas, promessas, sonhos. Depois que se acostumava com uma ideia, aí, sim, perguntava a todo mundo, como se tivesse dúvidas. Aparentemente, não as tinha.

Sua organização pessoal era *sui generis*. Não tomava nota de nada. Sua cabeça foi precursora do computador, que ele não teve. Em termos acadêmicos, era desorganizado. Sempre foi muito difícil para ele saber o montante da dívida da empresa, um dado essencial, sobretudo quando os investimentos televisivos aumentavam. Operava, na verdade, com uma genial intuição que, naturalmente, foi esmaecendo com o tempo.

Oscar, um de seus sobrinhos, foi um grande trabalhador, não se pode negar. Desconheceu a universidade. Tinha excelentes contatos na esfera governamental — e isso sempre foi muito importante para a empresa. Ganhava licitações para a gráfica, como foi o caso da Loteria Esportiva, e sempre entregou com precisão as encomendas de números altíssimos.

Jaquito, outro sobrinho, foi o filho que Adolpho não teve. Preferido do rei, herdeiro, procurou conhecer todos os meandros da empresa. Assim resolveu abandonar os estudos, após a conclusão do ensino médio. Entregou-se de corpo e alma aos negócios da família, o que fez até o final conhecido por todos.

Foram os três mosqueteiros do período áureo da Manchete.

Eles tinham áreas delimitadas, espaçosas, mas brigavam sistematicamente. Principalmente Adolpho e Oscar. Almas russas.

Por que, então, morreu a empresa? A família Bloch tinha uma grande inclinação estética, desde suas origens na Ucrânia. A primeira e bem-sucedida aventura, nos trópicos, ocorreu com o jornalismo, a partir de 1952, depois de muitos anos de gráficas.

Quando sobreveio a mídia eletrônica, em 1983, registrou-se uma sucessão letal de equívocos. Eles não pertenciam ao ramo. Um ou outro êxito, como a novela *Pantanal*, em 1990, serviu apenas para confirmar que passaram a navegar às tontas, com um brinquedo caríssimo, que acabou sacrificando os até então bons resultados da mídia impressa. Os Bloch trocaram de rumo e bateram num pesado iceberg. A crise financeira fez o resto.

Disso tudo resultou uma história, enriquecida neste livro pela pesquisa do jornalista e colega Renato Sérgio.

Lembranças que foram escritas com a força das memórias de um sobrevivente e com o respeito às personagens envolvidas. É um testemunho histórico essencial para o registro de uma época de ouro da comunicação brasileira.

Rio de Janeiro, março de 2011
Arnaldo Niskier

QUANDO AS MÁQUINAS PARARAM

O deslumbrante cenário composto pela baía de Guanabara, o Pão de Açúcar e o parque do Flamengo não é o único chamariz dos imponentes prédios de números 744, 766 e 804, interligados, da rua do Russell, na Glória. Projetado por Oscar Niemeyer, o complexo (...) foi sede da Bloch Editores, a gigante da imprensa brasileira declarada falida oito anos atrás.[1]

Jornal do Commercio, 17 de setembro de 2008

A data: 31 de julho de 2000. Segunda-feira, dia tradicional de fechamento da edição semanal da *Manchete*. O número 2.520 da revista estava pronto para ser rodado e na quarta-feira chegar às bancas, como acontecia há 48 anos. A matéria especial de 14 páginas, assinada por Lorem Falcão e David Jr., abordava as ameaças de internacionalização da Amazônia e, desde a sexta-feira anterior, a foto de capa já havia sido escolhida pelo então editor Lincoln Martins e Zevi Ghivelder, mas seria substituída.

Na véspera, Rubens Barrichello conseguira sua primeira vitória na Fórmula-1, pela Ferrari, no circuito de *Hockenheim*, na Alemanha, e ganhava também a capa do exemplar que se tornou inédito, depois se soube, não chegando nem mesmo a ser impresso.

As máquinas já estavam paradas.

***

[1] O conjunto foi vendido pela massa falida, em 2011, por 64 milhões de reais. Tornou-se sede de grandes empresas, depois de retrofitado.

Pela primeira vez, em quase meio século, deixava de circular a revista que marcou época como um retrato do país em seus aspectos mais saudáveis e otimistas. Ponto final de um capítulo glorioso do jornalismo brasileiro.

Naquele dia, 2.822 profissionais perderam um pedaço de suas vidas.

Entretanto, a edição anterior, vendida nas bancas por R$3,90, não continha qualquer sinal de anormalidade. Muito pelo contrário: a *Manchete* número 2.519 aparentava tanta tranquilidade quanto o iluminado sorriso do ator Reynaldo Gianecchini na capa, definido como "o mais novo caso fulminante de sucesso".

Mas, embora parecesse que nada havia mudado, não era o que acontecia. Leitor algum poderia sequer imaginar que aquela seria a última edição de uma publicação que se tinha transformado em hábito semanal do brasileiro. Naquela *Manchete*, sem nenhum indício de adeus, havia mais de 15 inserções publicitárias intercalando vários assuntos, através dos quais os leitores ficavam sabendo que o pânico popular em face da violência em todo o país era acrescido de uma descrença generalizada na ação policial; que a mágica ciranda dos estilos fazia com que a moda, efêmera, porém eterna como a vaidade, sobrevivesse através de uma permanente reinvenção; que a paz continuava difícil na cidade sagrada das três religiões monoteístas — o cristianismo, o judaísmo e o islamismo —, logo lá, em Yerushalaim, que quer dizer "a paz vai nascer"; que Christiane Torloni precisou de seis meses de preparação física para comemorar 25 anos de carreira com uma versão polêmica de Joana D'Arc; que, fugindo das ditaduras, da fome ou da morte, os imigrantes enfrentavam o inferno em busca de um sonho que nunca se acabava: chegar aos países ricos; que dois meses antes do início dos XXVII Jogos Olímpicos, em Sydney, na Austrália, o Brasil já tinha sua programação totalmente definida; o que pensavam os colunistas Carlos Heitor Cony, Pedro Bloch, Carlos Chagas e Zevi Ghivelder sobre variados temas. E tinha ainda Ziraldo resgatando seu personagem Jeremias, o Bom.

Tudo isso tinha acontecido e virado a última *Manchete*.

***

Pouco antes, o Bumachar e Advogados Associados, escritório de advocacia instalado no terceiro andar do número 271 da avenida Marechal Câmara, no Rio de Janeiro, tinha encaminhado ao Juiz de Direito da Quinta Vara de Falências e Concordatas, em 21 páginas, o seguinte:

> BLOCH EDITORES S/A, inscrita no CGC/MF sob o número 33.331.539/0001-82, com sede na cidade do Rio de Janeiro, à rua do Russel 766, bairro da Glória, doravante designada, apenas, Confitente, vem, respeitosamente, nos autos de sua Concordata Preventiva em curso nesse MM. Juízo (Processo número 99.001.098685-7), por seus advogados infra-assinados, com fulcro nos artigos oitavo, 74 e 43, da Lei de Falências (Decreto-Lei número 7.661, de 21/6/1945), ajuizar a presente CONFISSÃO DE FALÊNCIA, COM PEDIDO DE CONTINUAÇÃO DE NEGÓCIO.

O item 7.9 do parágrafo VII (Da continuação do negócio como meio de recuperação da empresa confitente) detalhava:

> No tocante às receitas de Bloch Editores, os números relativos ao primeiro semestre do ano de 2000 são igualmente expressivos e animadores. Nas cifras abaixo discriminadas, o primeiro montante se refere ao faturamento de publicidade e, o segundo, às vendas em bancas.
>
> Janeiro: R$331.062,00 + R$807.097,14 = R$1.138.159,14.
> Fevereiro: R$244.922,00 + R$735.236,28 = R$980.158,28.
> Março: R$141.963,00 + R$927.389,98 = R$1.069.352,98.
> Abril: R$168.312,00 + R$549.002,19 = R$717.314,19.
> Maio: R$397.519,00 + R$672.165,96 = R$1.069.684,96.
> Junho: R$360.871,00 + R$489.840,13 = R$850,711,13.

Segundo o item seguinte, o total de R$5.825.110,58 com média mensal de R$970.851,76, tratava-se de uma considerável base de apoio, cujo volume só tenderia a crescer com a empresa dando seguimento às suas operações. A Confitente teria amplas possibilidades de persistir como empresa e de continuar o seu negócio no regime de falência, na forma permitida pelo artigo 74 do Diploma Falimentar.

E, diante do exposto, vinha a ora peticionária confessar a sua falência e requerer o deferimento da continuação de seu negócio, em 27 de julho de 2000.

O negócio não continuou.

***

Decorridos exatamente oito anos e quatro dias, no dia 31 de julho de 2008, a *Folha de S.Paulo* publicava um texto de Roberto Muggiati, editor da *Manchete* durante 22 anos:

> A tragédia de Bloch Editores começou quando foi ao ar a Rede Manchete de Televisão. A partir daquele momento travestido de ilusória redenção, as revistas foram relegadas a um segundo plano pelo falso brilho da mídia eletrônica. E 13 domingos depois, um câncer fulminante matava Justino Martins, o grande editor da *Manchete* — uma morte simbólica como poucas. A empresa familiar, tão arraigada ao ramo gráfico (Adolpho dizia que lhe corria tinta nas veias), não se deu bem com a realidade televisiva. E a grande ironia foi que a derrocada financeira da editora se deu por ter sido avalista da TV numa pequena dívida com o Banco Econômíco, depois encampado pelo Banco Central. Essa dívida, que não chegava a três milhões de dólares, acabaria virando uma bola de neve de muitos e muitos milhões. Em setembro de 1998, pela primeira vez em sua história, o salário dos funcionários atrasou. E nunca mais foi pago. (...) Muitos funcionários continuaram na empresa, pagos com "vales" semanais que às vezes nem chegavam a um terço dos salários. Jogados literalmente na rua, quando o imponente prédio da rua do Russel foi lacrado pela Justiça, eles aguardam há oito anos os salários não pagos e outros direitos que lhes são devidos. (...) A reação inicial foi de impotência. O patrimônio da Bloch era suficiente para pagar as dívidas trabalhistas, mas havia o terror das massas falidas longevas deste país. Lembro-me bem do comentário cruel de um representante da Justiça no corredor do Fórum a alguns dos 2.822 ex-funcionários da empresa: "A massa falida de vocês é uma criança, e massa falida boa, no Brasil, só quando fica balzaquiana!" (...) Foi formada uma comissão que passou a atuar junto ao Sindicato dos Jornalistas Profissionais do Rio de Janeiro, e então vieram algumas vitórias, entre elas, que os ex-funcionários habilitados na massa falida receberam duas parcelas de cinco mil reais dos seus débitos trabalhistas. E, pela primeira vez, esses deserdados começavam a acreditar que o processo chegaria sem muita demora a um bom termo. Então uma terceira parcela, de três mil reais, começou a

ser paga, mas só uns poucos receberam. O pagamento foi suspenso pela Terceira Câmara Cível, que acatou embargo da União reivindicando a prioridade da Receita nos débitos da Bloch. O mais triste é que o Imposto de Renda foi recolhido dos empregados, mas não foi repassado pela empresa à Receita. Uma das justificativas do embargo é que, pela nova Lei de Falências, de 2005, os direitos trabalhistas não seriam mais soberanos. Mas a falência da Bloch é de 2000, o que assegura prioridade total a esses créditos. (...) A decisão da Terceira Câmara Cível gerou nova onda de intranquilidade. O desassossego voltou a castigar as famílias dos atingidos — ao todo, mais de seis mil pessoas — que integram, há anos, a grande massa de brasileiros excluídos que convivem (até quando?) com a indigência, a doença e, em muitos casos, sem exagero, com a fome. (...) É o caso de indagar uma vez mais, quase num brado de desespero: podemos ainda contar com a Justiça neste país?

***

Um mês e meio depois, em 17 de setembro de 2008, assim estava escrito no *Jornal do Commercio*:

A propaganda do pregão que será realizado às 14 horas de hoje pelo leiloeiro Fernando Moreira Braga anuncia: A vista é eterna. O deslumbrante cenário composto pela baía de Guanabara, o Pão de Açúcar e o parque do Flamengo não é o único chamariz dos imponentes prédios de números 744, 766 e 804, interligados, da rua do Russell, na Glória. Projetado por Oscar Niemeyer, o complexo de 30 mil metros quadrados foi sede da Bloch Editores, a gigante da imprensa brasileira declarada falida oito anos atrás. A empresa tinha volumosas dívidas da empresa, perto dos 50 milhões em questões trabalhistas (segundo os ex-funcionários) e de 25 milhões de dívidas fiscais, entre outros débitos. O imóvel esteve alugado para a Universidade Salgado de Oliveira (Universo) até 2011. Em 2007, a entidade tentou arrematá-lo, em outro leilão, por 28 milhões, mas não conseguiu porque a oferta foi muito baixa. Em julho passado, a Terceira Câmara Cível do Rio de Janeiro colocou as dívidas trabalhistas em segundo plano, dando preferência à quitação dos débitos com o Ministério da Fazenda. "Se o prédio for comprado por 40 milhões e destinados 25 milhões à Fazenda, como ficamos nós?" — pergunta José Carios de Jesus, presidente da comissão de ex-funcionários, segundo o qual existem 1987 créditos habilitados para liberação e 727 processos ainda em julgamento.

***

Essa foi a segunda tentativa de venda do edifício. Em julho de 2007, a atual inquilina, a Universidade Salgado de Oliveira, ofereceu pouco mais de 28 milhões, proposta não aceita. E, embora a Ordem dos Advogados do Brasil (OAB) esteja tentando sensibilizar o governo para que abra mão do recebimento prioritário em favor dos ex-funcionários, na verdade existe uma decisão transitada em julgado que dá à Fazenda preferência quanto a 25 milhões, valor relativo ao não repasse, por parte do antigo empregador, das contribuições trabalhistas.

Apesar de valer menos do que os prédios, o maior tesouro da massa falida da Manchete ficou durante meses precariamente protegido, desde 2006, em um galpão de 1.500 metros quadrados dos antigos estúdios da também extinta TV Manchete, em Água Grande, subúrbio do Rio: o arquivo fotográfico da empresa, guardado em mais de cem armários de aço e caixas de papelão, com 12 milhões de fotos, cromos e negativos, coloridos e em preto e branco. Em 2003, esse acervo tinha sido levado, em 12 caminhões, para São Paulo, onde fica a sede da editora Escala, que adquiriu os títulos das publicações da Bloch. Mas logo foi trazido de volta ao Rio, para ser vendido também em leilão.

Ali está o registro visual da história do Brasil, de 1952 a 2000.

***

Outra notícia que se tem sobre o assunto foi publicada com destaque no *Jornal do Commercio* do dia 13 de maio de 2009:

> O prédio da Manchete, na praia do Flamengo, foi arrematado ontem em leilão por R$65 milhões. A empresa que ofereceu a melhor proposta para o imóvel projetado por Oscar Niemeyer foi a Victória Vic Transporte e Logística, do Espírito Santo. Ela tem 72 horas para honrar o compromisso, sob pena do prédio ser vendido ao segundo

colocado, que ofereceu R$64,5 milhões. Foram habilitadas para o leilão público seis empresas.

O presidente da comissão de ex-funcionários da Bloch, José Carlos Jesus, comemorou o resultado, já que o prédio havia sido leiloado duas vezes, sem que o processo fosse concluído por desinteresse ou pela falta de pagamento do vencedor.

O leilão foi acima da expectativa, pois o imóvel estava avaliado em R$41 milhões. "Foram nove anos esperando este resultado, pois muitos colegas já até faleceram e as famílias passam por todo tipo de privação", disse Jesus, que trabalhou 33 anos na empresa e terminou como coordenador de reportagem da revista *Manchete*.

Do total apurado, R$25 milhões serão disponibilizados para a União, para pagamento de dívida com o Imposto de Renda não recolhido. Os R$40 milhões restantes vão ser divididos entre três mil ex-funcionários. Segundo Jesus, a medida subverteu a legislação trabalhista, que previa preferência de indenização aos ex-funcionários e, só depois, o pagamento de dívidas tributárias.

Depois, veio o leilão do acervo de revistas, fotografias, cromos e negativos do grupo, avaliado inicialmente em R$2 milhões. Outros bens que devem ir a leilão são uma fazenda, no município de Resende, e parte do acervo de obras de arte da coleção de Adolpho Bloch, fundador do grupo, que morreu em 1995.

Finalmente, os três prédios ficaram com a empresa BRMALLS, para funcionar como sede de grandes escritórios, a partir de 2012.

O ESPLENDOR, ANTES DO DECLÍNIO

Depois de trinta anos de trabalho como gráficos, resolvemos condensar, numa revista semanal, os resultados de nossa experiência técnica (...). Manchete *nasce no momento exato em que nos consideramos aparelhados para entregar ao Brasil uma revista de atualidades correta e modernamente impressa. (...) Ela será o espelho escrupuloso das faces positivas deste nosso país, assim como do mundo trepidante em que vivemos, e da hora assombrosa que atravessamos. (...) Os historiadores virão depois.*

Henrique Pongetti, no primeiro número da revista (1952)

Cada vez que passo ali em frente, a caminho da Academia Brasileira de Letras (ABL), sinto um nó na garganta. Afinal, trabalhei nas Empresas Bloch durante quase quarenta anos, colaborando, modestamente, na construção daquele império.

E, quase sempre, a simples visão daquele prédio majestoso me transporta, numa espécie de *flashback* cinematográfico, para cenas de um passado remoto, quando tinha um trabalho temporário nas tardes/noites de domingo, arranjado por obra e graça de meu mano Odilon, por meio de um colega de turma da faculdade de Direito e companheiro de atividades políticas, o repórter Laerte Paiva, que anos depois se tornaria o primeiro afro-brasileiro a ser nomeado, pelo então presidente João Goulart, procurador da República. Laerte era secretário do jornal *Última Hora*, de Samuel Wainer.

Minha função no jornal era comentar alguns jogos, mas, como era muito jovem, certamente não iriam concordar que assumisse tanta responsabilidade, daí ter sido armado um esquema que funcionava da seguinte forma: eu ficava escondido na sala do Laerte, que dava uma olhada no texto escrito por mim e o passava, como se fosse de sua autoria, para o editor da seção de esportes, Augusto Falcão Rodrigues, tempos depois meu primeiro e inesquecível grande chefe e líder.

Meu texto de estreia foi sobre um jogo Bangu 6 x Madureira 1, pelo Campeonato Carioca de 1952, disputado no estádio Proletário Guilherme da Silveira Filho, no subúrbio. Bastou-me a descrição minuciosa dos sete gois para preencher as três laudas pedidas. Os 120 cruzeiros que recebia a cada texto semanal, Laerte repassava para mim e, como eram quatro por mês, ou seja, 480 cruzeiros, com a metade eu já conseguia pagar meus estudos no colégio Vera Cruz, onde fiz o ginásio e o científico (hoje, respectivamente, ensino fundamental e ensino médio), sendo sempre o primeiro aluno da turma, jamais passando de ano com média global inferior a nove. Do segundo para o terceiro ano ginasial (atuais sétimo e oitavo do fundamental), minha média global bateu o recorde de 9,6, e só não foi mais alta por causa de uma matéria, Canto Orfeônico, ministrada pelo maestro Canuto, que costumava dar notas aleatórias.

O truque na *Última Hora*, mesmo bem-intencionado, não demorou a ser descoberto. E o resultado foi o melhor possível, porque, como tinham gostado do que eu escrevia, passei automaticamente a integrar aquela equipe de primeira linha, com destaque para Nelson Rodrigues, seu irmão Paulo Rodrigues, além de Albert Laurence, Aparício Pires e os fotógrafos Jader Neves e Ângelo Gomes, entre muitos outros. Como leitor, minha paixão era o *Jornal dos Sports*, com suas tradicionais folhas cor-de-rosa. Minha mãe perguntava: “Por que você tem de comprar esse jornal todos os dias? Não é tudo a mesma coisa?”

Claro que não era. Gostava de ver meu nome na última página — sob responsabilidade do Mello Júnior —, onde estavam não só os resultados da rodada, como ainda os nomes dos autores dos pontos dos jogos do juvenil de basquete do América, clube pelo qual disputei três campeonatos seguidos. Vinham dali minhas maiores alegrias, ao ler meu nome impresso, com meus 8, 10 ou até 12 pontos marcados em determinada partida. Minha estatura não passava de 1,69m, mas tinha boa pontaria. E o tempo dos jogadores gigantes ainda não tinha chegado. Eu jogava de guarda.

Às vésperas de comemorar, discretamente, meus 17 anos de vida, estudava e praticava esportes, principalmente natação, futebol e basquete. Tinha sonhos, sendo prestar vestibular e cursar uma faculdade o principal deles. A dúvida estava entre engenharia, seguindo uma tradição de família, e a faculdade de Filosofia, Ciências e Letras da então Universidade do Distrito Federal (UDF) — que funcionou de ínicio na sede do Instituo La-Fayette e que passou em 1975 a se chamar Universidade do Estado do Rio de Janeiro (Uerj) —, que ficava em frente ao edifício onde eu morava com minha família, na rua Haddock Lobo, 290, na Tijuca. Ali fiz o curso de matemática, antes de completar o de pedagogia.

Ainda me lembro bem do dia 26 de abril de 1952. Estava linda aquela manhã. Os jornais publicavam a previsão do Serviço de Meteorologia do Ministério da Agricultura: tempo bom, com nebulosidade e nevoeiro para o Distrito Federal e Niterói, com ventos de sul a leste frescos. Temperatura estável. Uma delícia aquele outono, com máximas de 20°C, 21°C e mínimas de 16°C ou 17°C, com direito aos jardins da Glória atapetados por folhas-mortas amareladas, cenário fotográfico preferido de Walter Firmo.

Uma novidade enchia de novas cores todas as bancas de jornais da cidade. Era o primeiro número de uma revista chamada *Manchete*, que eu vi em cima de uma das mesas da redação da *Última Hora*, na avenida Presidente Vargas. Na verdade, o que me tinha chamado mais a atenção era o colorido da capa — um *ektachrome* (cromo colorido) de Orlando Machado, conforme diziam os créditos —, mostrando uma moça com o pé direito no estribo de pomposa carruagem cheia de dourados do Museu Histórico Nacional. Li as chamadas: "Uma grande reportagem de Jean Manzon" e "A verdadeira vida amorosa de Ingrid Bergman". Não cheguei a ler nenhuma matéria, apenas folheei algumas páginas, enquanto ouvia comentários esparsos de que o dono da publicação era um grande tipógrafo chamado Adolpho Bloch e que ele certamente não abriria mão da qualidade em seu recém-lançado produto. Mais: que depois da *Manchete* iria publicar outras revistas — uma esportiva, uma feminina, e assim por diante.

Dando seus tímidos passos em seu segundo ano de funcionamento no Brasil, a revista ainda era inofensiva, mas os comentários eram de que havia uma concorrência imbatível: *O Cruzeiro*. A revista de Assis Chateaubriand era unanimidade no setor de publicações semanais, com um prestígio sedimentado durante muitos anos, através de grandes reportagens e colaborações de cronistas e literatos, entre os quais Rachel de Queiroz, alvo de uma de minhas mais precoces admirações.

Mal sabia eu que na página 23 da recém-nascida revista havia um texto desses de bater palmas depois de se ler. Uma deliciosa doce prosa do poeta Carlos Drummond de Andrade, salpicada de veladas pitadas satíricas nas entrelinhas. Era a pequena obra-prima intitulada "Cultive seu neto":

> Pedem-me uma crônica e não sinto necessidade de fazê-la. O jornal está cheio de assuntos; aliás, o mal dos jornais é exatamente esse, assunto demais. Duas ou três notícias boas, com um desenho e um rosto bonito, diminuiriam o mau humor dos leitores, tornando o mundo menos desarvorado. O resto das páginas seria distribuído em branco, para pacotes, que muita gente carece fazer. Também a rua transborda de assuntos, basta abrir a porta de vidro da varanda e logo a feira livre me entra pelos olhos e pelos ouvidos adentro. Podem dizer que a vida anda cara, e realmente anda acima de cara, mas a feira continua sendo um espetáculo para quem queira ver e sentir. Dizem que a população feminina de Copacabana é frívola; quem disse isso não viu as admiráveis donas de casa, muitas delas jovens tratadíssimas, que já vêm puxando carrinhos entre as barracas atulhadas, apalpando, cheirando, regateando o preço das verduras. São mulheres de hoje e mostram que é possível harmonizar beleza e verdade (a verdade está escondida numa abobrinha, fonte de vitamina A).
>
> A rua tem assuntos mil, mas estou enjoado de todos eles, porque ao meu lado um Assunto Maior, Imperioso e Suave, absorve toda a minha capacidade de assuntar. Esse assunto tem a forma de um homem de dez meses e começa a mexer-se no território restrito da cama, amparado às grades. Dá volta aos pontos cardeais, anda meio bambo, para, descansa, sorri de sua façanha e projeta outras mais altas. Está chorando. Agora esqueceu as canções que Deus lhe ensinou e que Prévert e Kosma jamais imaginariam; que eles também devem ter cantado quando pequeninos e depois se esqueceram.
>
> Meu assunto é um neto, assunto não só meu, mas de todos. Quero mesmo, nesta oportunidade, recomendar aos meus amigos e também aos inimigos, se é que sou bastante rico para merecê-los, e à população em geral, que cultive netos. É a maneira mais discreta de envelhecer com ternura e dignidade. Tende netos, muitos ou poucos, conforme estejam nas vossas posses e áreas disponíveis, mas tende-os. Eles vos aceitarão sem prevenções e vos ensinarão muitas coisas, inclusive

> que tudo aquilo que parece importante e pelo qual uma pessoa se mata de trabalhar, briga e sua e sofre, não passa de uma grande bobagem; que o importante é, ao contrário, aquilo de que não se cogita nos escritórios, nas repartições e nas academias, não está tabelado, não obedece a regulamentos, não depende do sol ou da chuva, não é objeto de transação, não dá glória, não destaca o homem entre seus contemporâneos, mas, antes, o torna perfeitamente igual a todos os outros que existiram na face da Terra e nela continuarão a existir.
>
> O neto vos dará, gratuitamente, esta e outras lições, vos fará faltar a vossas obrigações, instituindo um sadio senso da falta de compromisso que irá temperar a vossa dolorosa mania de responsabilidade. E ele vos dará, afinal, a certeza de que a casa foi feita para os netos, não para nós e nem mesmo para os filhos, mas para os filhos dos nossos filhos, porque eles é que terão direito de arrasar tudo, sem receber castigo. E se vosso neto quiser incendiar o guarda-roupa, vós lhes dareis a caixa de fósforos; caso o fogo custe a pegar, vós o atiçareis.
>
> O neto é a redescoberta não só da nossa infância, mas de nós mesmos. Tende netos. Não vejo outra maneira de nos salvarmos todos da ruindade dos acontecimentos deste século. Ou nos entregamos a nossos netos com total cumplicidade, ou nos contemplaremos no espelho e sentiremos tédio e vontade de cuspir.

Jornalismo, até então, eu fazia por necessidade. Só mais tarde passei a tomar gosto pela atividade. Meu objetivo era uma carreira no magistério, esta, sim, vocação. Certamente por isso não tenha sequer imaginado o que aquela revista passaria a representar em minha vida. E talvez também por esse motivo não tenha prestado a devida atenção ao que estava escrito na página 3 daquele número inaugural da *Manchete*:

> Um momento, leitor. Antes de tudo, o título. Na certa alguém dirá que nunca devíamos ter escolhido uma palavra estrangeira. Sobretudo, uma palavra francesa, com aquela terminação em ette, tão característica. O velhíssimo e sempre *Nouveau Dictionnaire Français-Portugais* revela o significado de nota marginal, entre outros. O *Pequeno Dicionário da Língua Portuguesa*, revisto pelo nosso maior coletor de brasileirismos, não inclui o usadíssimo termo *manchette* nem em seu apêndice de expressões estrangeiras frequentemente usadas por nós. Portanto,

diante de silêncio tão estranhável quanto ilustre, não somente consideramos "Manchete" uma palavra incorporada a nossa linguagem, como resolvemos dispensá-la de carregar um t redundante que a fonética eliminou. Resta-nos dizer que o sentido tipográfico de Manchete (a nossa, agora com um só t) passou a ser sinônimo de cabeçalho, de grito gráfico, de valorização visual dos assuntos pela escolha do tamanho e do tipo das letras. Passou a ter o significado de primeiro plano. E *Manchete* quer ser uma revista de primeiros planos. O máximo que o homem da rua costuma dizer do interesse de um assunto é que "saiu em Manchete". De hoje em diante, ele dirá, reforçando, que saiu no alto de uma página desta revista. Depois de trinta anos de trabalho como gráficos, resolvemos condensar, numa revista semanal, os resultados de nossa experiência técnica, convocando para aproveitá-la uma equipe de escritores, jornalistas, fotógrafos e ilustradores de primeira ordem. *Manchete* nasce no momento exato em que nos consideramos aparelhados para entregar ao Brasil uma revista de atualidades correta e modernamente impressa. Em todos os números daremos páginas em cores e faremos o possível para que essas cores se ponham sistematicamente a serviço da beleza deste país e das manifestações de seu progresso. O Brasil cresceu muito, e suas mil faces reclamam muitas revistas como a nossa, para mostrá-las. Ela será o espelho escrupuloso das faces positivas deste nosso país, assim como do mundo trepidante em que vivemos, e da hora assombrosa que atravessamos. Neste momento, os fatos nacionais e internacionais se sucedem com uma rapidez nunca antes registrada. Os jornais jamais tiveram uma vida tão curta dentro das 24 horas de um dia. Este é o grande e sonhado momento dos fotógrafos e dos repórteres exercitados para colher um instantâneo, o irrepetível. Os historiadores virão depois.

Só faltou confirmarem a versão segundo a qual o nome *Manchete* teria sido uma sugestão do teatrólogo e médico foniatra Pedro Bloch, primo de Adolpho, que naqueles dias tinha uma de suas peças mais conhecidas, o monólogo *As mãos de Eurídice*, encenada em Boston, nos Estados Unidos.

***

Virando a página, lá estava a reportagem de Jean Manzon (e Rui Pena) anunciada na capa:

NEM TUDO É SOMBRA E ÁGUA FRESCA, TAMBÉM SE TRABALHA NA CÂMARA DOS DEPUTADOS

Na foto de página inteira, o deputado federal Gustavo Capanema aparecia no plenário do Palácio Tiradentes (o Rio de Janeiro ainda era a capital da República), cercado de cadeiras vazias, onde Ivete Vargas, Tenório Cavalcanti, Benedito Valadares, Afonso Arinos, Aliomar Baleeiro, Flores da Cunha, Emílio Carlos, Israel Pinheiro e muitos outros deveriam estar sentados, sob a presidência de Nereu Ramos. Seguia-se um conto: "O pequeno sanfonista", de Cyro dos Anjos.

Pietro Maria Bardi posava ao lado de alguns quadros e esculturas do acervo do Museu de Arte de São Paulo (Masp), do qual era diretor. Fazendo alusão ao dia primeiro de abril, portanto, quando qualquer brincadeira era permitida, as poses refletiam seu estilo descontraído, como pendurar uma pintura do poeta, ensaísta e romancista Menotti del Picchia ao lado do famoso *Os retirantes*, de Cândido Portinari.

Silveira Sampaio tinha uma página inteira à disposição e aproveitava para apresentar um novo personagem dele: Bebé, o absoluto. Apesar de ser homem de teatro, Sampaio era uma referência à parte, até porque era doutor não só nos palcos (embora menos conhecido com o estetoscópio pendurado no pescoço do que como comediógrafo de carioquices desabusadas dos anos 1950). Traçou pequenos retratos da alma da cidade com inteligente leveza, escrevendo, dirigindo, produzindo e, na maioria das vezes, também atuando. Personalidade sofisticada, acabou deixando marcas particulares em tudo o que fazia, a tal ponto que a crítica registrava um vínculo indissolúvel em sua obra — *Trilogia do herói grotesco, A garçonnière de meu marido, A inconveniência de ser esposa, Da necessidade de ser polígamo, Só o faraó tem alma, Deu Freud contra, Deu treco nos cabos*, entre outras pequenas peças de teatro falando da realidade de uma certa camada social do velho Rio de Janeiro. Comédias de costumes, quase todas com personagens que muito se pareciam com aqueles das colunas sociais da época, com seus jogos amorosos, em que o enredo girava em torno de chifradas, cifradas ou expostas, algumas até já sugeridas nos títulos, como, por exemplo, *Triângulo escaleno*. Desconstruído pela pílula anticoncepcional, o universo cênico de Silveira Sampaio, sutil, porém superficial, acabou ficando inapelavelmente datado, e foi soterrado pelo explícito.

Naquela *Manchete* inaugural, havia também Tamara Capeller, *prima ballerina* do Municipal, falando de seus planos para um balé baseado na época do último baile da monarquia. Ela posava no Museu Histórico Nacional com outras participantes do corpo de baile de nosso principal teatro, entre elas, Inês Litowski, a moça da capa.

E, na página 39, uma curiosa foto de Gago Coutinho, geógrafo, oficial da Marinha de Portugal. Pioneiro da aviação, realizou, com Sacadura Cabral, em 1922, a primeira travessia aérea do Atlântico Sul, de Lisboa ao Rio, a bordo de um hidroavião. Segundo a legenda, ele estava pronto a realizar uma outra façanha, trinta anos depois: atravessar, com o sinal aberto, sem ser atropelado, a avenida Rio Branco. E conseguiu (só foi morrer em 1958, na cama, com 88 anos muito bem-vividos).

Tudo a ver. O *Jornal do Brasil* daquele dia revelava um triste recorde carioca — seis atropelamentos no dia anterior, só na Zona Sul da cidade: Júlio Pereira, na praça General Osório; Severina Maria do Nascimento, na rua das Laranjeiras; além de José Cardoso, José Raimundo, João Otávio e Aldemário da Costa, na rua Voluntários da Pátria.

***

Três dias antes, um anúncio na página 2 do jornal *Última Hora* já anunciava:

> MANCHETE — A NOVA REVISTA SEMANAL DO BRASIL.
>
> O leitor pediu e nós fizemos.
>
> * Uma revista que fosse escrita para os brasileiros, livre de compromissos com pessoas ou com partidos e que, embora contendo publicidade, não fosse apenas um veículo de matéria paga.
>
> * Que pudesse ser lida pelas nossas famílias, sem restrições de censura prévia.
>
> * Que não precisasse se transformar em púlpito para ensinamentos de moral, nem se confundisse com tribuna para defesa de ideais políticos.

* Não se especializasse nesse ou naquele assunto, mas contivesse uma contribuição valiosa à educação, à cultura e à diversão de seus leitores.

* Que, enfim, sem falsear a verdade, não fosse um repositório de lamúrias e de pessimismo.

Dia 26 em todas as bancas — Cr$5,00 Bloch Editores.

Rua Frei Caneca, 511 — fones 32-4655 e 32-0300

Até que, depois de publicados alguns números, uma notícia correu pela redação da *Última Hora*, em noite de fechamento da página esportiva: Adolpho Bloch não estaria conseguindo honrar os compromissos financeiros decorrentes do lançamento da revista e teria oferecido a *Manchete* a Samuel Wainer.

Ninguém soube se aquilo era boato ou verdade.

O certo é que Adolpho teve uma paciência bíblica e, com ajuda de sua equipe, pouco a pouco foi dominando o mercado.

***

Ele não tinha ficado nada satisfeito com aquele primeiro número, principalmente com o fundo escuro contrastando com o dourado da carruagem, muito menos com as chamadas em vermelho da capa. A revista lhe pareceu pouco atraente. O papel era de qualidade inferior e a diagramação, nada original. Além disso, a reportagem principal era a única matéria colorida.

Imediatamente, começou a lutar para melhorar a publicação.

***

Ainda em seus primeiros passos, em 31 de maio de 1952, circulava o número 6 da *Manchete*. A revista recém-nascida começava a engatinhar. O diretor-responsável ainda era Henrique Pongetti, e um *ektachrome* de Jean Manzon na capa mostrava uma relíquia: o fardão acadêmico de Oswaldo Cruz, fundador e impulsionador de Manguinhos. O texto esclarecia que o Rio de Janeiro figurava como uma das cidades mais protegidas do mundo contra o perigo da peste bubônica.

Projetando-se além das fronteiras do Brasil, o Instituto de Manguinhos tinha, na época, o mesmo prestígio do Instituto Pasteur, de Paris, e do Instituto Rockefeller, de Nova York — informava a reportagem principal, de Caio Pinheiro. Entretanto, aquele famoso centro de pesquisa pura e aplicada continuava sendo um enjeitado do orçamento, tanto naqueles anos 1950 quanto o fora nos tempos pioneiros de Oswaldo Cruz, quando nosso grande cientista recebia o inacreditável salário de apenas 1.500 cruzeiros mensais (quantia que, hoje, equivaleria a menos de um real).

***

Na semana seguinte, o número 7 da revista trazia uma longa e admirável crítica — quase uma crônica — teatral de Brutus Pedreira, um retrato retocado de um certo segmento da população carioca daquele tempo:

> Quarta-feira passada estreou, no Teatro do Copacabana Palace, *Jezabel*, drama em três atos de Jean Anouilh. O espetáculo foi em benefício do Sanatório Infantil São Miguel, da Cruzada Nacional Contra a Tuberculose, sob o patrocínio de dona Darcy Vargas. Não foi, portanto, um público de teatro que teve as primícias da peça, mas os típicos participantes de festas de beneficência, membros do Corpo Diplomático, senadores, deputados, figuras representativas das altas finanças e da grã-finagem, cronistas mundanos e borboletas sociais. Segundo a praxe das estreias, em geral, e muito particularmente das de beneficência, o espetáculo marcado para as 21h30 começou com uma hora de atraso. E não por culpa dos responsáveis pela companhia. (...) As estreias de beneficência obedecem a desígnios ocultos, indecifráveis, só conhecidos das pessoas que compõem a comissão organizadora. Damas agitam-se, vão da bilheteria à caixa, da caixa à bilheteria, cochicham-se umas às outras, de passagem, telefonam, antes de, por fim, darem ordem para se levantar o pano. Enquanto isso, os retardatários, que são maioria, encarregam-se de manter esse estado de efervescência. Três quartos de hora depois da hora marcada, senhoras e cavalheiros desciam de seus automóveis e paravam na calçada para falar com outras pessoas, com tanta calma que dava a impressão de que tinham vindo para conversar e não para verem

uma peça de teatro. (...) E, enquanto o pano não subia, os presentes distraíam-se (e como!) apreciando o espetáculo da plateia. Há muitos conhecidos para cumprimentar, muitos vestidos para analisar, muitos sorrisos para distribuir, e assim manter o bom humor inalterado, seja qual for o tempo de espera.

Até que, finalmente, abriram a cortina e ele pôde falar da peça.

Foi o que aconteceu naquela noite, antes de trazer-se por primeira vez a peça de Anouilh à vida do palco, que é a das obras teatrais. *Jezabel* é, inegavelmente, um recital de atriz, uma grande oportunidade para as comediantes de talento colocarem em evidência a extensão de seus recursos cênicos. E essa oportunidade Madame Morineau não podia deixar passar em branca nuvem, como não deixou. Meteu-se na pele da protagonista e, com sua capacidade dramática, pôs a nu, diante daquela plateia tão vestida, toda a sordidez, a abjeção, a decomposição moral de uma mãe que, para satisfazer seu vício — é ela mesma quem assim o define, faz tábua rasa de todo sentimento e dignidade humanas. Se a personagem a quem Madame Morineau deu corpo e vida tivesse grandeza, *Jezabel* seria uma espécie de epopeia da sordidez. Mas não a tem. É reles, do princípio ao fim e, não raro, repelente. Madame Morineau, no papel, é um prodígio de ignomínia. Impossível ser mais sórdida, mais abjeta, o que — paradoxalmente — é o maior elogio que se lhe possa fazer.

Um conto de Fernando Sabino chamado "O aspirador de pó", falando da compra de um eletrodoméstico por um gordinho levemente trapalhão, abria o número 12 da revista. Para ler outro conto — "Os mortos" —, de Lygia Fagundes Telles, era só virar algumas páginas.

E, no meio de tudo, um texto da cronista Eneida (Costa de Morais) sobre Charles Chaplin, que, aos 63 anos, terminava mais um filme, o 77º de sua vasta obra, *Luzes da ribalta*, que ela sintetizava da seguinte forma:

É engraçado, mas penso que também é triste. Mas é a história do teatro tal como o conheci em 1912. Creio que o poder do riso e das lágrimas é antídoto contra o ódio e o terror. Os bons filmes são uma linguagem universal e respondem às necessidades que os homens têm de humor, de piedade, de compreensão. São um meio de dissipar as ondas de suspeitas e de dúvidas que invadem o mundo de hoje.

Ainda era 1952, e o grande mestre do cinema já fazia uma previsão realista, portanto nada cômica, para o futuro:

> Já tivemos muitos filmes gratuitamente cheios de violência, de morbidez sexual, de guerras, mortes e intolerâncias. Isso torna mais forte a tensão mundial. Se pudéssemos trocar entre nações, de maneira maciça, filmes que não fizessem propaganda agressiva, poderíamos salvar o mundo do desastre.

Antes do ponto final, Eneida mandava um recado geral, nada cifrado:

> E se todas essas palavras não conseguirem acordar em ti, ó leitor, a saudade daquele homem que dormiu nos braços de uma estátua, que enganou sua fome com a sola do sapato e que, não tendo nada para comer, se deu o direito de olhar um grande frango assado através de vidros grossos, se até hoje não amas ainda Carlitos, procura pelo menos reler o poema citado na página 229 do livro *Poesia até agora*, de Drummond. E não esqueças da frase que Carlitos te mandou: "O riso e a lágrima contra o ódio."

O mesmo Carlitos que um dia ouviu Jean Cocteau querendo saber por que ele era um homem triste e respondeu: "É que enriqueci representando um homem pobre."

A nova dona dos mares

Em outros números da *Manchete*, o leitor tinha todo tipo de notícias, do Brasil e do mundo, a seu dispor. Em novembro de 1968, por exemplo, o editor Justino Martins, em sua "Conversa com o leitor", na abertura da revista, expunha:

> Em matéria de atletismo somos pouco ambiciosos. Vai daí que até agora só conquistamos, nos Jogos Olímpicos do México, uma pálida medalha de prata, por intermédio de Nelson Prudêncio no salto triplo, especialidade que tornou Ademar Ferreira da Silva famoso, em 1952-56. No entanto, somos um fenômeno em basquete. Como se explica que nossos cestinhas figurem entre os melhores do mundo?

Será pela tradicional paixão do brasileiro pela bola? O tema de nossa reportagem atlética deste número, porém, é o "Poder Negro" nos Jogos Olímpicos. Mas, antes disso, o leitor encontrará uma cobertura completa do maior acontecimento social internacional desde o casamento do príncipe Rainier de Mônaco com a estrela do cinema americano Grace Kelly, em 1956: as bodas de Jacqueline Kennedy e Aristóteles Onassis, para o que todas as explicações são permitidas, inclusive as que falem de amor puro e simples. Nada evitará, entretanto, que os admiradores dela se sintam como noivos traídos. Eles foram os últimos a saber.

A abertura da reportagem de vinte páginas assinada por Sérgio Alberto Cunha (de Nova York, via Varig) e Nei Sroulevich (de Paris, via Air France), com fotos da Associated Press e da Gamma, dizia que, para centenas de milhões de pessoas, Jacqueline era a própria imagem de um destino cruel, e que sua figura hierática se associava eternamente à do ex-marido tragicamente assassinado, que, para outros tantos milhões, encarnava o próprio ideal americano. Durante cinco anos ela defendeu com energia a intimidade de seu lar, empenhada em resguardá-lo da opinião pública. Mas, de repente, surgia como protagonista da notícia mais sensacional da segunda metade do século passado: a senhora John Fitzgerald Kennedy passava a ser senhora Aristóteles Sócrates Onassis. No império sem bandeira do bilionário grego nascia uma rainha, livre da tragédia, sorrindo para uma nova vida, entre a Grécia, Nova York, a Costa Azul e onde a levasse o superiate "Christina", praticamente um navio.

Nenhum colunista social havia sequer ousado especular em torno da amizade entre os dois, nem mesmo quando, por duas vezes, o milionário oferecera o iate à ex-primeira-dama para cruzeiros pelo Mediterrâneo. Fazia quase um ano que Onassis tinha começado a fazer-lhe a bem-sucedida corte.

"Só,/aprecio a solidão do mar/e estou certa de que não mudarei/porque o amor pelo mar nasceu comigo/e de mim nunca se apartará." Esses versos foram escritos pela jovem Jacqueline Bouvier aos 14 anos. Certamente, sem sequer imaginar que, um dia, se casaria com um dos donos dos mares, cuja frota particular de cargueiros, baleeiros, petroleiros e navios de passageiros correspondia à metade da Marinha Mercante francesa na época.

Monsieur Verrissimô

"Aqui está um lugar em que eu gostaria de morar, se vivesse em Paris!"

Era o escritor Erico Verissimo (o livro *O tempo e o vento* já estava traduzido para o francês, *Le Temp et le vent*) em sua primeira viagem à Europa, e a *Manchete* o mostrava contemplando a Place des Vosges, onde se resume, a bem dizer, a própria história da França. A seu lado, a esposa, dona Mafalda (irmã de Justino Martins, ambos gaúchos de Cruz Alta) e o filho Luís Fernando, fotografados na borda de uma amurada, exatamente no lugar em que Henrique II duelou pelos belos olhos de Diane de Poitiers. Ele divagava:

> Richelieu, Marion Delorme, Victor Hugo... é o lugar mais cheio de evocações que eu já vi. Esta praça rosa e azul parece uma aquarela. Com tão bonitas arcadas, balcões forjados em ferro e esses telhados de ardósia, pontudos, minha imaginação voa... já estive aqui com o Comissário Maigret, onde ele viveu suas melhores aventuras, e a quem fui apresentado por Georges Simenon.

Com a máquina fotográfica a tiracolo, ele percorreria os quatro cantos da cidade, não escapando à sedução da capital francesa, embora caído de amores pelos Estados Unidos, onde morava a filha Clarissa.

A carne que não era fraca

Em agosto de 1959, uma reportagem de Fausto Wolf na *Manchete* intitulada "Anjos de pés na lama" falava de sessenta senhoras da sociedade carioca que atendiam às populações abandonadas, prestando assistência médica e social gratuita a cerca de 1.200 pessoas, mensalmente, na favela da Praia do Pinto (na fronteira entre o Leblon e a Gávea) em um barraco que de dia era ambulatório e, à noite, sede do "Expressinho Futebol Clube" e do "Sete de Setembro", com direito a reuniões dançantes aos sábados e domingos, debaixo de um aviso solicitando "bom comportamento no salão".

Algumas páginas depois, o mesmo Fausto Wolf, em dupla com Murilo Melo Filho, remexia em outro problema: o de abastecimento da carne. Quando a crise começou a agravar-se, esteve no Palácio das Laranjeiras um dos auxiliares do presidente Juscelino Kubitschek para comunicar-lhe suas apreensões e desconfianças. O jornalista investigara o assunto, e sua convicção era a de que não seria fácil resolvê-lo. As causas eram complexas e seus efeitos, nada transitórios, portanto não via motivo para otimismos. Pelo contrário, estava mais apreensivo do que nunca. Ao sair, perguntaram-lhe sobre o que tinham conversado e ouviram: "Falamos sobre a carne, que segundo alguns é fraca, mas para mim pode derrubar um governo."

Embora o Brasil tivesse o quarto rebanho do mundo, comer um bife tinha se transformado em uma grande dificuldade.

***

Do lado oposto ao da crise, o Teatro Brasileiro de Comédia (TBC) comemorava o sucesso da remontagem de *O anjo de pedra* (*Summer and Smoke*, no original) de Tennessee Williams, e uma reportagem de Arthur de Souza — com fotos de Gil Pinheiro — revelava que Franco Zampari, aliviado, voltava a sorrir. As críticas eram calorosas, garantindo assim a repetição de um antigo êxito, o que não parecia fácil. Quase dez anos antes, esse mesmo texto tinha sido a primeira grande montagem daquela famosa companhia teatral, mas com Luciano Salce na direção e, no elenco, além de Sérgio Cardoso, uma atriz da qualidade de Cacilda Becker e um galã do nível de Maurício Barroso. Dessa vez, os papéis principais cabiam a Natália Timberg e Leonardo Vilar, com a participação dos iniciantes Glauce Rocha e Cláudio Cavalcanti.

***

E no mesmo exemplar da revista, uma foto da seção "O mundo em Manchete" mostrava Brigitte Bardot na plateia de seu novo filme, *Babette vai à guerra*, abraçada pelo então marido Jacques Charrier. Na legenda, a confirmação: Bardot estava grávida. De marido em marido, Brigitte tinha chegado ao oitavo, que a *Manchete* mostrava anos depois, em fevereiro de 1973: Laurent Vergez — segundo ela, "um cantor dinâmico, sensual e divertido" —, ator que conheceu durante as filmagens de *Don Juan*, sob a direção de Roger Vadim, primeiro marido de sua longa lista.

Constituição da Primavera

Quatro páginas antes, o seguinte:

> Esta é não apenas a Constituição Cidadã, a Constituição Andarilha, como é também a Constituição da Primavera, promulgada num dia de muita festa em Brasília, com o plenário e as galerias repletas de constituintes, de autoridades e de populares. Não é uma Constituição boa, como não é totalmente ruim. Não é conservadora, nem progressista, mas é a Constituição possível, em meio a tantos confrontos, polêmicas, entrechoques e desavenças.

Aplaudido 59 vezes em seu discurso — revelava o texto de Murilo Melo Filho —, o deputado Ulysses Guimarães deixou-se trair apenas quando disse que os constituintes não se tinham influenciado por pressões de grupos interessados. Pois a verdade é que nunca como agora uma Constituição brasileira foi elaborada sob tantas pressões desse tipo: o que se encontra nela consagrado foi o fruto de influências abertas exercidas pelos que lotaram por semanas a fio as galerias do Congresso, aplaudindo ou vaiando os constituintes que votavam de acordo (ou desacordo) com os seus interesses. Assim agiram os índios, as mulheres, os jovens de 16 anos, os sindicatos, a UDR, os funcionários públicos, os militares e todos os outros segmentos sociais do país, interessados na defesa de suas respectivas reivindicações.

Mas, enfim, tínhamos uma nova Carta Magna, que não era melhor nem pior do que o próprio país, pois, antes de mais nada, tinha a cara do povo brasileiro, com todas as suas facetas, contradições e posturas. Mérito de seu relator, Bernardo Cabral.

A Constituição da Primavera.

***

Naqueles tempos inflacionados havia uma frase do poeta Carlos Drummond de Andrade, na seção "Posto de escuta": "O trânsito estava um pouco difícil. Era a frota de caminhões da Casa da Moeda, transportando a emissão da semana."

O prefeito Sá Freire Alvim vetou totalmente o projeto da Câmara dos Vereadores que mandava mudar o nome de 125 ruas da cidade, entre os quais alguns muito pitorescos, como a Travessa do Sereno e a rua do Jogo da Bola. Os nomes curiosos estão desaparecendo de nossas placas. E havia alguns deliciosos: rua das Violas, depois Teófilo Ottoni, e rua do Lá Vai Um, depois Venceslau Brás. Ainda a respeito da febre que se apossou dos vereadores do Rio de Janeiro, em 1959, último ano da cidade como Distrito Federal, havia uma velha opinião, de Rui Barbosa, em 1898:

> Quando sucede aos nossos conselheiros municipais disporem de algum tempo que acaso lhes deixa vago a sua vasta clientela, amadores incorrigíveis de concessões, privilégios, favores, sinecuras e doçuras análogas, habitualmente eles o empregam divertindo-se em mudar os nomes das ruas.

A moça com a raquete e o papo profético

A moça jogou a raquete para o ar, encostou as mãos no rosto e começou a chorar. Ao seu redor, 17 mil pares de outras mãos a aplaudiam freneticamente. A duquesa de Kent saiu da Tribuna de Honra e foi entregar-lhe a salva de prata. A jovem enxugou as lágrimas, armou o mais belo sorriso dos seus 19 anos, fez uma reverência e caminhou em direção da duquesa. Os aplausos se renovaram. Ela ergueu o troféu, exultante. E o nosso embaixador, Assis Chateaubriand, correu para o seu lado dizendo: "Minha filha, você nos encheu de orgulho!"

Era Maria Ester Bueno.

Assim, Ney Bianchi contava como a brasileirinha do Clube Tietê, de São Paulo, tinha se sagrado campeã mundial de tênis, em Wimbledon, em julho de 1959.

***

Do interior do quarto de vestir de Jorge Guinle, o cronista social Jacinto de Thormes revelava, na *Manchete*: o playboy milionário só dispunha de três ternos e uma calça esporte, enquanto outros homens ricos e elegantes como Joaquim da Silveira tinham cinquenta ternos brancos; Jorgito Chaves, quinze guarda-chuvas; e Didu Souza Campos, dez chapéus.

"Jorge, e o seu filho?"

"Jorginho?"

"É."

"Está mais alto do que eu!"

O que não era vantagem nenhuma, porque Jorge Guinle era um homem baixo (mas o filho tinha apenas 12 anos).

"Ele é parecido com você ou com Dolores?"

"Você vai ver, daqui a pouco ele estará aqui."

E, com orgulho, esfregando as mãos de contentamento, diz que o filho gosta muito de pintura.

"O Di Cavalcanti ficou louco quando viu os quadros do menino. Disse que ele tem uma sensibilidade enorme para cores."

De repente, uma voz tímida entra pela porta entreaberta: "Papai, posso ir aí?"

Vejo no garoto que me aperta a mão alguma coisa de sua mãe Dolores, uma das mulheres mais lindas do mundo. Mas o rosto é decididamente puxado aos Guinle (o dr. Carlos Guinle, nessa idade, deveria ser assim).

"O que é que você vai ser?"

"Quero ser arquiteto."

"E a pintura?"

"É a coisa de que mais gosto."

"Você gostaria de pintar como quem?"

"Às vezes, como Duffy. Mas, na maioria das vezes, como Matisse."

Em outro quarto, vejo uma parede coberta de pequenos quadros. Os desenhos são ingênuos e visivelmente inspirados em pintores conhecidos, mas as cores são por vezes extraordinárias. Fico me divertindo, mentalmente, com a possibilidade de ver meu amigo Jorge (quem sabe?) pai de um próximo Picasso, enquanto o menino vai falando das últimas exposições que viu em Paris, nos novos abstratos mais em evidência, no comércio internacional de artes, mostrando prazer pelo assunto. Sinto que é um jovem diferente dos outros. Metade do ano ele passa na Europa com a mãe, hoje sra. George Litman. As férias são sempre no Rio. Fala inglês e francês como pouca gente grande. E detesta jazz, uma das paixões do pai. Ao me despedir do garotão Jorge Guinle Filho, arrisco uma pergunta: "Você não gostaria de ser playboy também?"

Ele me olha com quase espanto. Vira-se e pergunta, com uma voz extremamente delicada: "Playboy? O que é isso, papai?"

***

Na página 21 da *Manchete* número 391, três notinhas bem-humoradas:

* Frank Sinatra gosta de contar que, em 1492, uma caravela aproximou-se da terra. Escondidos atrás de um arbusto, alguns índios preparavam-se para fazer funcionar seus arcos e flechas, quando ouviram alguém a bordo pronunciar duas palavras: Cristóvão Colombo. Entristecido, o chefe dos índios então disse aos seus companheiros: "Desisto. Não há mais nada a fazer, meus amigos. Fomos descobertos."
* Arthur Miller, dramaturgo e marido de Marilyn Monroe, confessava ter dois truques para se livrar dos chatos. Aos chatos razoáveis, mandava o secretário avisar: "Ele saiu." Mas, quando se tratava de um desses chatos persistentes, a frase era outra: "Ele acaba de sair, entretanto, creio que se o senhor correr ainda poderá alcançá-lo na esquina."
* Álvaro Moreyra, pouco antes de tomar posse na ABL, confidenciou a seu amigo Raymundo Magalhães Júnior: "Quando eu estiver fazendo o discurso de posse, não me importarei se alguém da primeira fila olhar o relógio de pulso. O diabo é se ele sacudi-lo, pensando que esteja parado."

Grande Gervásio

Fazia muito frio no pequeno aeroporto de São Borja, no Rio Grande do Sul, naquele 26 de agosto de 1954. Ele já tinha feito uma foto no sepultamento de Getúlio Vargas que se tornaria histórica (a de Oswaldo Aranha, punho cerrado, discursando à beira do túmulo do ex-presidente da República, ao lado de João Goulart e Tancredo Neves cabisbaixos) e precisava voltar para o Rio de Janeiro o quanto antes. Um militar sugeriu que se esquentasse dentro de um dos dois aviões C-46 da Força Aérea Brasileira (FAB) estacionados à espera das autoridades. Não só aceitou a sugestão, como se escondeu no banheiro da aeronave, onde, depois de trinta minutos de voo, foi flagrado pelo coronel Caiado de Castro, então chefe da Casa Militar do governo, e recebeu ordem de prisão. Na chegada, saiu correndo pela pista do velho aeroporto do Galeão, entrou no primeiro táxi e foi direto para a redação da *Manchete* ainda na antiga sede da rua Frei Caneca. As imagens que trazia eram mais que suficientes para uma edição extraordinária da revista. Não sobrou um exemplar nas bancas.

Quase seis anos depois, no dia 21 de abril de 1960, lá estava ele em Brasília, incumbido da missão de fazer outra foto fundamental, a que seria a capa da edição especial sobre a inauguração da nova capital da República.

"Presidente, presidente!", gritou ele na subida da rampa do Palácio do Planalto, que tinha acabado de ser inaugurado pelo chefe do governo, Juscelino Kubitschek, e o vice João Goulart.

"Eu preciso que o senhor pose para a capa da *Manchete*!"

Juscelino sorriu, surpreso, completamente fora do protocolo da cerimônia.

"Mas... aqui?!"

"É... só levanta a cartola para o alto, presidente..."

E lá estava dentro da Rolleiflex dele mais um flagrante testemunhando outro trecho da história do Brasil.

***

Ele não era o único, naquela tarde de março de 1985, que fazia plantão na entrada do Hospital de Base de Brasília, onde Tancredo Neves, escolhido presidente por eleição indireta (mas ainda não empossado), estava internado no sexto andar. De repente, chegou um policial com o recado: "O senhor está sendo solicitado lá em cima."

E lá estava um sorridente Tancredo em um de seus últimos dias de vida, sentado no sofá do quarto, rodeado de médicos, querendo ser fotografado por ele, para que o país soubesse de sua recuperação, que não durou muito e não lhe permitiu sequer tomar posse.

A notícia tinha nos chegado através de Carlos Átila, que dirigia a Secretaria de Comunicação Social do governo, durante um animado jantar na casa do publicitário Euler Matheus, da MPM: "O presidente Tancredo Neves acaba de ser internado em um hospital de Brasília. Não vai tomar posse amanhã."

Foi um corre-corre. O governador Faria Lima simplesmente não queria acreditar no que ouvira. Perguntou a Adolpho Bloch se era verdade.

"Governador, vamos lá para a *Manchete* e saberemos tudo."

Chegamos à bonita sede da empresa na capital por volta das onze horas da noite. A agitação era total. Confirmada a doença, diverticulite, já se especulava quem assumiria: José Sarney ou Ulysses Guimarães. Dizia-se que o então presidente João Figueiredo não gostava do candidato a vice (Sarney) e não lhe daria posse. O jeito era torcer pela recuperação de Tancredo. Ainda não se sabia a extensão de sua doença. No dia seguinte, bem cedo, fui com Adolpho até o hospital, para emprestar nossa solidariedade à dona Risoleta. Ela nos recebeu cheia de esperanças: "Ele vai ficar bom, doutor Bloch."

Lembrei-me imediatamente do dia 13 de março, quando Adolpho sugeriu e Tancredo aceitou participar de um jantar, lá mesmo em nossa sede em Brasília, para apresentação dos novos ministros. Trezentos convidados. O novo presidente chegou às 21h20 da noite. Adolpho me ordenou: "Vá lá recebê-lo. E tome cuidado para ele não tropeçar nas pedras do jardim."

Abri a porta do carrão. Tancredo, sorridente, desceu de um lado. Dona Risoleta do outro. Quando nos dirigimos ao salão principal, ele passou a mão por meu ombro e cochichou: "Vou precisar muito de sua ajuda mais para a frente."

Não entendi. Perguntei depois a Tancredinho, seu filho, o que aquilo queria dizer, no estilo oráculo de Delfos. Ele foi incisivo: "O papai queria fazer você Ministro da Educação. Mas não quis se indispor com o Brizola, governador do Rio. Daqui a um ano, porém, você será nomeado."

Com sua sabedoria política mineira, Tancredo fez acordos com todos os governadores dos estados que deram ministros. Por motivos óbvios, só não fez com Brizola.

No salão, para o grande jantar, dona Risoleta tremeu de frio. E me perguntou: "Professor Niskier, poderia ver onde está nosso carro? Preciso do casaco que deixei lá."

Tomei as providências junto ao amigo mineiro Lúcio Portella; o casaco apareceu e fui levá-lo para ela, sentada à mesa principal, ao lado do marido. E o ouvi dizer a ela: "Você não deveria ter pedido isso a um acadêmico. Onde já se viu?"

Ela respondeu: "Mas eu sou muito amiga do professor Niskier." Ele ficou de mau humor. Talvez os sintomas da doença já estivessem presentes, latentes, em seu organismo. Quanto ao jantar, foi um sucesso. Como Bernardo Cabral, meu amigo, tivesse sido trocado às seis horas daquele dia (um pedido do governador do Pará, para o Ministério da Reforma Agrária), não se sabia ainda onde ele ficaria. Então, convidei-o para a mesa principal, e uma figura estranha do Itamarati veio reclamar comigo: "Somos nós que estamos cuidando do cerimonial." Minha resposta foi fulminante: "Aqui vocês não mandam em nada. O Bernardo é nosso amigo e vai continuar na mesa principal. Se você não está satisfeito, pode renunciar!"

Aprendi na *Manchete* a ser sempre fiel a meus amigos. Nenhum dos presentes sequer desconfiava de que Tancredo estivesse sentindo algo de anormal. No dia seguinte, 14 de março, ele foi internado. E morreu no dia 21 de abril.

***

Gervásio Baptista é uma lenda do fotojornalismo brasileiro. Esteve presente em quase tudo, de sete Copas do Mundo à guerra do Vietnã, da revolução cubana à queda do presidente Juan Perón. Inclusive, no auge dos concursos de miss.

São dele as três únicas fotos do primeiro casamento de Marta Rocha com o milionário argentino Álvaro Piano, em Buenos Aires. A noiva era a musa brasileira da época, e tudo foi cercado de muito mistério — dizia-se, inclusive, que as fotografias estavam rigorosamente proibidas. Até o nome da igreja não foi anunciado. Chamei então o Gervásio, baiano safo, para a missão de, custasse o que custasse, trazer pelo menos uma foto para a capa da revista. Ele foi para a capital argentina entre otimista e desconfiado, mas logo descobriu o principal: o lugar da cerimônia. A primeira providência foi fazer uma visita de reconhecimento ao local, que, aliás, parecia simplesmente impenetrável. Mas o faro da notícia o levou até uma obra nos fundos da tal igreja, com andaimes instalados, certamente um trampolim sob medida para o interior da nave. Era tudo de que precisava.

No dia seguinte, de terno, gravata e máquina em punho, lá estava ele a postos. Como o esquema de segurança era fortíssimo, o jeito foi esperar a chegada da noiva e fazer os cálculos do momento em que

Marta Rocha estaria diante do padre, ao lado do noivo, para receber a tradicional bênção. Já no alto dos andaimes, porém, o inesperado: um passo em falso e lá estava o intrépido Gervásio despencando quase dentro do altar. Foi um "oh!" generalizado. Inesperadamente diante do casal, bastou-lhe disparar o flash três vezes, flagrando nossa miss com toda sua lindeza, véu na cabeça, rezando, majestosa. Missão cumprida; a cena seguinte foi uma poderosa gravata dos seguranças, carregando o intruso para fora. Estava preso. Mas, conversa vai, conversa vem com o policial que o deixaria atrás das grades, levou o papo para o lado do futebol: elogiou os jogadores argentinos, especialmente o famoso atacante Sastre, que jogara muitos anos no São Paulo Futebol Clube, e acabou liberado, desde que deixasse imediatamente o país. Era o que ele mais queria. No dia seguinte, lá estava ele, triunfante, contando, às gargalhadas, como era de seu feitio, mais uma aventura da vida trepidante dessa lenda viva da fotografia jornalística.

As três fotos desse furo internacional estavam perfeitas. Todas com foco, apesar das peripécias. E com uma delas competentemente escolhida pelo Justino para a capa, em menos de 48 horas a edição estava esgotada.

Uma linha e 12 letras fatais

Todos nós amávamos Paschoal Carlos Magno, um homem corajoso (e pobre). Adolpho Bloch mais ainda, pois conhecia a história dos vistos que ele, contrariando ordens do governo Vargas, havia liberado para mais de cem judeus, na Segunda Grande Guerra, quando exercia o cargo de cônsul do Brasil em Liverpool.

De repente, Adolpho me entregou Paschoal: "O embaixador está com tempo vago e quer trabalhar. O resto é com você!"

Fiquei emocionado diante daquela figura helênica, a quem tanto deve o teatro brasileiro. Levei-o para a redação e o apresentei a todos. Paschoal foi saudado com entusiasmo, principalmente pelo Raymundo Magalhães Júnior, que era também homem de teatro.

Foi-lhe dada, então, a primeira tarefa: escrever as legendas das fotografias de uma matéria sobre o verão carioca.

Justino foi incisivo: "As legendas não são aleatórias, é preciso obedecer ao tamanho de cada uma. Repare aí o número de batidas. Veja esta primeira, tem uma linha e 12 letras. E assim sucessivamente."

Com olhar desconfiado, Paschoal recebeu o *layout* das mãos do diagramador Wilson Passos e sentou-se diante da máquina de escrever. Começou a suar. Não havia jeito de enquadrar sua fértil inspiração teatral naqueles limites tão estreitos. Tentou mais meia dúzia de vezes. Até suspirar fundo, ir até minha mesa e render-se às evidências: "É. Não nasci para isso. Por favor diga ao velho Bloch que agradeço muito a oportunidade."

Nada mais disse, nem lhe foi perguntado.

***

Era ainda 1968 e meu amigo Paulo Alberto Monteiro de Barros, o Artur da Távola, estava voltando do exílio político no Chile, imposto pelo governo militar brasileiro. Procurei-o para uma conversa de amigos. Ele tinha medo de ser preso, não sabia o que fazer. Ofereci-lhe, então, o emprego de redator na revista *Fatos e Fotos*: "Você foi o primeiro a ter essa coragem. Muita gente fingia não me conhecer, para não se comprometer. Devo-lhe minha gratidão eterna."

Anos antes, numa prova de arrojo e antevisão da importância do assunto, Paulo Alberto tinha se unido a um grupo de jovens deputados — entre eles Alberto Rajão, Ciro Kurtz e Everardo Magalhães Castro, de tendências ideológicas diferentes — para arrancar da Assembleia Legislativa a aprovação para a criação da Secretaria de Ciência e Tecnologia da Guanabara, órgão do qual tive o privilégio de ser seu primeiro ocupante, no inesquecível governo de Negrão de Lima, no período entre 1968 e1971. Foi quando nasceu, por minha iniciativa, o belo Planetário da Gávea.

O papagaio, o peixe, a dentadura e as máquinas novas

Duas máquinas impressoras movidas a manivela, instaladas na rua Vieira Fazenda, 24, tinham sido os primeiros passos das Empresas Bloch. Telefone, não havia. Em compensação, havia um papagaio, na quitanda da dona Maria, em frente.

"O telefone tocava e ele gritava: 'Joseph Bloch e filhos!' A gente ia correndo atender. Aquele papagaio foi a primeira secretária eletrônica que eu conheci. Quando sobrava algum dinheirinho, eu lhe trazia um pacote de sementes de girassol e ele, agradecido, pulava em meu ombro", recordava Adolpho.

Em menos de seis meses, os Bloch já dispunham de 180 contos de réis, dinheiro suficiente para se tornarem donos da primeira casa própria da família, na rua Cinco de Julho, 32 (depois 82), em Copacabana, cenário de muitas histórias. Um dia, Leonardo, Jaquito e eu, solteiros, combinamos de jantar juntos. A comida, como sempre, era farta. Muitas piadas e muita gozação, antes daquele sono devastador. Mas eu não costumava passar a noite fora de casa, até porque gostava de fazer companhia a minha mãe e a minha irmã. Mas o sono venceu. Pedi, então, licença a elas e fiquei para dormir com os amigos, no andar de cima da casa. No dia seguinte, bem cedo, sentamos para o lauto café da manhã, quando a irmã do Oscar Bloch, Bety, entrou na sala espumando: "Preparei ontem um peixe sensacional para nosso almoço, deixei na geladeira e ele simplesmente sumiu!"

O gordo Leonardo admitiu o golpe: "Bety, você não sabe o que é um homem com fome. Acordei de madrugada e desci até a geladeira pra comer alguma coisinha. Como não achei nada, vi aquele prato. Desculpe, mas o jeito foi traçar o seu peixe. Aliás, estava delicioso."

Era naquela casa que a família Bloch se reunia, periodicamente, embalada por conversas animadas de que faziam parte tios e sobrinhos, sob o comando das irmãs de Adolpho: Bela, mãe de Jaquito, Sabina, mãe de Oscar, e Fany, mãe de David.

Dona Bela, muito vaidosa, cabelo sempre bem-tratado, tinha uma preocupação permanente: a saúde do filho. Ligava várias vezes ao dia para a redação, com a mesma pergunta: "Você comeu alguma coisa, Jaquito? Você não pode trabalhar de estômago vazio!"

Ela só deixava o filho em paz na hora das novelas de televisão. Embora o que mais quisesse de mim fosse que eu convencesse o filho a fazer vestibular (na primeira tentativa, para engenharia, ele não tinha sido feliz), sua conversa preferida era sobre personagens e histórias da TV, como se eu estivesse acompanhando o desenrolar daquelas tramas mirabolantes.

Dona Sabina preferia fotonovelas. E entendia do assunto — o que podíamos perceber diante de seus palpites na *Sétimo Céu*, revista que inaugurou o gênero no Brasil. Dona Sabina tinha um humor judaico característico. Uma amostra disso ouvi do Carlos Alberto Vieira, bem-sucedido banqueiro, que me repetiu um episódio contado pelo Oscar Bloch Sigelmann, quando, um dia, a mãe começou a sentir dores no corpo todo. O médico lhe recomendou, então, uma série de exames. Ela fez todos, tirou várias radiografias, e o diagnóstico foi que ela não tinha doença nenhuma.

"Dona Sabina, a única hipótese é que haja, quem sabe, alguma infecção nos dentes."

Imediatamente, ela tirou a dentadura da boca e a colocou em cima da mesa do médico.

"Então, o senhor faz o seguinte: veja se tem algum dente estragado aí e, por favor, me avise."

Dona Sabina realmente não tinha nada. Nem os dentes, aliás.

***

As encomendas aumentaram e foi preciso adquirir máquinas novas e espaços maiores. Então, depois da Mem de Sá, 285, o número 38 da rua da Constituição passou a ser o segundo endereço comercial da gráfica, antes da Visconde da Gávea, 26, junto ao Ministério da Guerra. A essa altura, eles já podiam imprimir o catálogo da tradicional loja O Camiseiro. Mas a vontade era deixar de produzir material alheio: o sonho de Adolpho era ser editor, apesar da insegurança que rondava o mundo, às vésperas da Segunda Guerra Mundial. A primeira página do *Correio da Manhã*, em setembro de 1939, já noticiava que os tanques alemães haviam invadido a Polônia para ocupar o porto de Dantzig e tinham sido combatidos pela cavalaria, o que o fez lembrar imediatamente de uma cena quase igual a que assistiu, em 1920, nas ruas de Kiev.

A etapa seguinte foi construir um prédio modesto, de seis andares (Adolpho foi voto vencido, pois foi preciso remover mais de cinquenta mil metros cúbicos de terra — a 26 mil réis o metro cúbico —, quantia suficiente para comprar um terreno na Esplanada do Castelo), na rua Frei Caneca, 511, entre uma igreja protestante e uma penitenciária, num terreno que dava fundos para o morro de São Carlos.

Com a primeira sede própria da empresa construída, a principal providência foi comprar uma rotativa *offset*. No edifício, havia um corredor atulhado de bobinas de papel e então o escritório, à frente, onde, visíveis e expostos, ficavam os Bloch, donos do negócio. Dizia-se que era mais fácil ganhar no jogo do bicho do que falar com dona Irene ao telefone. Depois de um lance de escadas, as oficinas, o cofre, o caixa, os guichês, as duplicatas. Ao lado, dobrava-se, colava-se, embrulhava-se e despachava-se o que saía da rotativa, ao fundo, majestosa. A redação, a revisão e a diagramação eram realizadas em uma estreita sala, banhada por um sol de derreter asfalto. E, onipresente, em mangas de camisa, ele, sempre ele, Adolpho e seu rosado rosto aparentemente chorão, projetando-se através de um código até então indecifrável em direção a um futuro brilhante que começava exatamente ali.

Entretanto, em 1952, todos diziam que lançar uma revista nova era loucura, já que *O Cruzeiro* estava no auge, com uma tiragem de 550 mil exemplares esgotando nas bancas. A solução encontrada pelos Bloch foi começar a imprimir publicações infantis para a editora Brasil-América (Ebal) e para a Rio Gráfica, o que os aproximou de Adolfo Aizen e de Roberto Marinho. Até que, com os recursos ganhos e os sábados e domingos que lhe sobravam, Adolpho concretizou seu sonho, quando viu os primeiros exemplares da *Manchete* prontos. Imediatamente, tentou transformar em realidade outro desejo: comprar a máquina de rotogravura que imprimia as grandes revistas do mundo.

"Fomos os primeiros a dar, em cores, a chegada do homem à Lua!"

A luta estava apenas começando. A redação ficava em uma pequena sala do segundo andar, nos fundos do prédio da Frei Caneca, e, diante de qualquer ponderação sobre a falta de espaço, ele respondia: "Um dia ainda vou fazer um novo prédio, de frente para o mar."

Promessa fielmente cumprida dez anos depois.

***

"Você não acha a parte de trás mais bonita do que a da frente?"

Corria o ano de 1970. Em um fim de tarde típico do verão carioca, ele tinha me convidado para visitar as obras do prédio novo em fim de construção. Vestindo um terno claro de seda italiana, à beira da piscina ainda vazia, Adolpho Bloch mostrava o imponente edifício projetado por Oscar Niemeyer, com os 11 andares já erguidos, em fase de acabamento.

Extasiado com o que via, eu quis saber:

"Titio [como os mais íntimos o chamavam], o que o senhor vai fazer com o espaço todo desse prédio tão grande?"

"E eu sei lá! Você quer que eu construa e ainda saiba o que vou fazer depois?"

Na fase de elaboração do projeto do prédio, Adolpho chegou inicialmente à empresa de arquitetura MMM Roberto. Não são muito claros os motivos pelos quais houve um desentendimento definitivo. O fato é que Bloch se voltou para Oscar Niemeyer, já um nome com repercussão internacional. Segundo o meu irmão Júlio, que trabalhava com o grande arquiteto, os encontros entre os dois, no escritório da avenida Atlântica, foram bastante cordiais. Isso antes de chegar à fase das questões mais complexas — aí o "pau cantou" para valer.

É que Adolpho, com seu jeitão, dava palpite em tudo. E nem todos concordavam com ele, nem mesmo o outro Oscar, o sobrinho, com sua imensa paciência. Lembro-me de uma vez em que os dois ficaram horas trocando farpas por causa da espessura dos degraus da escada de acesso à galeria de arte. Adolpho queria um tamanho, Oscar queria outro. Até que, finalmente, depois de uma quase guerra, acabaram encontrando o meio-termo, a medida intermediária.

Se foi assim com o projeto arquitetônico, imagine-se o que aconteceu com a decoração dos interiores do prédio novo. O arquiteto Sérgio Rodrigues, também premiado no exterior, sofreu um bocado até chegar a um consenso quanto ao mobiliário — sempre muito elogiado — da refinada sede do Russel.

***

No dia primeiro de agosto de 2008, o presidente Luiz Inácio Lula da Silva reuniu um grupo de quarenta intelectuais na sede do Banco Nacional de Desenvolvimento (BNDES), no Rio de Janeiro, para ouvi-los sobre seu governo. E lá estava, do alto de seus cem anos, Oscar Niemeyer, ao lado do colega e amigo José Carlos Sussekind, reclamando que nossos jovens universitários estão lendo muito pouco. Aproximei-me do grande construtor de Brasília, que me reconheceu e perguntou por meu irmão engenheiro. Logo lamentou o triste fim do Grupo Manchete: "Fiz o projeto daqueles prédios com tanto carinho! É uma pena que eles estejam desativados."

E, sorrindo, me contou: "Eu gostava muito do Bloch. Quando ele tinha uma gráfica pequenina, no centro da cidade, eu lhe fazia visitas constantes para tomar uma grana para o Partido. E nunca recebi uma recusa."

Nos depoimentos para o livro *O pilão*, Niemeyer já tinha contado:

> Meu amigo Adolpho não é um reacionário, como muita gente pensa, mas um homem bom que se solidariza, quando convocado, para essa luta permanente contra a miséria. Várias vezes ele tem assumido posições progressistas, mas como em seus artigos semanais critica constantemente a União Soviética, dele fica sempre uma ideia injusta de seus verdadeiros sentimentos. Lembro do dia em que, na sua sala da Manchete, ele pediu que eu lesse um daqueles textos. Mandou buscar a revista e, quando deparei com uma das críticas habituais, eu disse que não ia ler mais. "Pula esse trecho", ele respondeu, sorrindo. E eu completei a leitura contente de vê-lo tão compreensivo e camarada. Gosto de sua vida dinâmica de trabalhador e da maneira com que surpreende os amigos com atitudes inesperadas, generosas, fraternais.

***

Por volta de 1956, com a aquisição de novas impressoras, o padrão gráfico da *Manchete* já era outro. A TV Tupi ofereceu uma oportunidade para divulgar a revista aos sábados à tarde, com um concurso destinado aos telespectadores, ainda escassos. Com a generosidade que às vezes cultivava, Adolpho convidou o renomado dramaturgo Guilherme Figueiredo para dirigir o programa apresentado por Rui Viotti, que se chamou *Manchete em marcha*, e ficou no ar pouco mais de um ano.

Figueiredo fez um acordo com Adolpho: ele produziria tudo, mas não iria à Urca, onde ficavam os estúdios da televisão. Achava muito longe. Então, fui incumbido de acompanhar a elaboração dos programas e, aos sábados, pegava dois ônibus para sair da Tijuca, passar pelo Centro e chegar à Tupi. Como sempre chegava cedo, era convidado pelo Viotti para o lanche vespertino num boteco da avenida Portugal cujo cardápio de "patriota mineiro" jamais variava: queijo minas, goiabada cascão e água mineral Caxambu.

Se o programa tornou a *Manchete* a mais conhecida, ninguém sabe. Sei é que Guilherme Figueiredo ficou bastante feliz com a promoção.

Enquanto isso, Nahum Sirotsky sucedia Henrique Pongetti como editor da revista. Havia diversas pautas eletrizantes em todos os setores. E o apogeu coincidia com o começo do declínio de *O Cruzeiro* e a transferência de vários jornalistas de lá para a *Manchete*, em 1958, entre os quais o grande fotógrafo Nicolau Drei. Além disso, a nova publicação passava a adotar uma identificação com a corrente desenvolvimentista e industrializante do pensamento econômico da época.

Cada capa, um caso

Confessadamente, Adolpho só começou a compreender o que era jornalismo quando Carmem Miranda morreu, nos Estados Unidos, e com grande acompanhamento e muita emoção popular veio ser sepultada no Brasil.

Mesmo assim, a capa da *Manchete,* que inicialmente seria dedicada à morte da atriz e cantora, teve de ser mudada, porque, no dia seguinte ao acontecimento, 14 de agosto de 1955, houve uma tragédia que abalou o Rio: o incêndio do Vogue. E a edição — com o texto de Joel Silveira e as fotos da *freelancer* Eveline Muskat, logo contratada pela revista — esgotou-se em poucas horas.

A revista contava como o único sobrevivente daquela terrível ocorrência no fim da tarde de um domingo tinha conseguido se salvar das chamas que destruíram o edifício de 12 andares e 48 apartamentos — na época desabitados em sua quase totalidade — onde estavam instalados o hotel Vogue e a famosa boate de mesmo nome, na avenida Princesa Isabel, em Copacabana, ainda princesinha do mar. Antes de começar a virar formigueiro desordenado e a se esconder debaixo dos anonimatos, Copacabana era bacana: era a capital da capital federal.

Referência da badalação dissipante dos dourados anos 1940 e1950, sinal de status da boemia mais abonada, de saldo médio elevado, a boate Vogue era o principal ponto de encontro da *high-society,* uma espécie de raio X de uma época. Naquele endereço chique da geografia mundana do velho Rio de Janeiro, cabiam, no máximo, 120 pessoas, embaladas pelo repertório colonizante do pianista Sacha e seu permanente cigarro no canto da boca. Todos minuciosamente acomodados de acordo com o critério seletivo do famoso *maître* Luiz, um misto de diplomata e político que, no jogo de xadrez das mesas complacentes, sabia como conciliar inconciliações, aproximando afetos e distanciando desafetos. Capítulo à parte da história geral da badalação carioca que cintilava à sombra da competência e do refinamento do barão Max Von Stuckart, um austríaco refugiado da guerra, aquele era também lugar de algumas trevas, claro, em meio a tanto brilho de todos os tipos.

O Vogue era uma festa, mas, às vezes, também um ringue com as querelas do Brasil. Por exemplo, quando Carlos Lacerda quase foi agredido, por conta de detalhes relativos à Refinaria de Capuava (Recap) publicados por ele na *Tribuna da Imprensa*. Em outra noite, Linda Batista e Aracy de Almeida andaram se estranhando e, entre sonoros tabefes, partiram para a ignorância. As duas faziam parte da longa lista dos que se tinham ocupado do microfone da casa: embora não sendo ponto exclusivo de shows, o local foi palco de algumas cantorias — até Maurice Chevalier andou dando seu recado por lá, antes de o barão apelar para o produto nacional. Além de Linda e Aracy, Elizete Cardoso, Sílvio Caldas, Nora Ney, Jorge Veiga, Emilinha Borba, Dolores Duran e muitos outros cantaram no Vogue. Muitos risos e, mais ainda, cochichos — ao pé do ouvido, por baixo da mesa ou diante dos espelhos dos perfumados toaletes.

Ah, se aquelas paredes falassem!

***

Houve um instante em que João Ribeiro Dantas, o Dantinhas, sentiu que tudo estava perdido — dizia o texto da reportagem —, quando a caldeira do edifício explodiu violentamente como um trovão, estraçalhando os nervos de outras três pessoas que viviam o mesmo drama, nos andares de cima. Era o pânico. O primeiro a atirar-se foi o jornalista Raul Martins; depois, o francês Pierre André van Rujswin. Finalmente, o cantor Warren Hayes repetia o gesto desesperado e se jogava do décimo andar do prédio em chamas. Quanto a Valdemar e Glória Schiller, que ele vira pela última vez quando tentavam deixar o apartamento no quinto andar para alcançar o terraço, não sabia o que lhes acontecera. A fumaça era compacta, asfixiante.

"Pensei então em escrever algumas linhas, uma espécie de despedida a parentes e amigos mais próximos, e atirá-las pela janela. Alguém na multidão lá embaixo naturalmente se encarregaria de fazê-las chegar aos destinatários."

Vinte e quatro horas depois da medonha tragédia da qual tinha participado, João Ribeiro Dantas ainda trazia na fisionomia a marca das duas terríveis horas que viveu, as mais dramáticas da vida dele.

"Tenho a impressão de que, de ontem para hoje, envelheci pelo menos vinte anos."

Chefe de gabinete do presidente do Instituto Nacional de Imigração e Colonização, ele havia chegado exatamente às quatro da tarde ao seu apartamento 803 do Edifício Vogue, para onde tinha se mudado três dias antes. Depois de folhear revistas compradas na banca da esquina, adormeceu por algum tempo, até ser despertado pelo odor inconfundível de alguma coisa queimando. Imaginou que tivesse deixado cair o cigarro aceso em cima do tapete. Não era isso. Foi quando notou a fumaça que entrava por debaixo da porta — ele a abriu e viu que o hall do andar já estava dominado pela fumaceira.

"O fogo crepitava, violento. Escancarei a janela e vi, lá embaixo, os primeiros grupos de curiosos olhando em minha direção. Gritei para que chamassem os bombeiros e me responderam que já o tinham feito. Vesti então o terno que tinha usado na noite anterior, este mesmo que estou agora, o único que me resta."

Logo, Dantinhas confirmaria aquilo que os jornais noticiavam: ele chegara ao absurdo requinte de espetar na gravata o alfinete de pérola, detalhe de elegância em voga na época. E foi em meio a essa patética toalete que os bombeiros chegaram.

"Mas eu fazia tudo como um autômato. No décimo andar, com a metade do corpo para fora da janela, Warren Hayes gritava por socorro. E, lá debaixo, centenas de vozes gritavam, em coro, para que nós não nos atirássemos. Os bombeiros, enfim, esticaram a Magirus, mas a escada ia apenas até o sexto andar. E eu estava dois acima. Warren, Pierre e Martins, em andares mais altos ainda, se desesperaram, e minutos depois eram três corpos estatelados no asfalto."

Depois se soube que não havia ocorrido falta de água, ao contrário do que os sádicos profissionais do pânico já começavam a espalhar. O problema foi a dificuldade de canalizá-la para as bombas. Aproveitando o embalo, o próprio comandante do Corpo de Bombeiros reforçava, publicamente, a necessidade urgente de um carro-tanque com capacidade de seis mil litros, promessa feita muito antes com prazo de no máximo dois meses e jamais cumprida, com risco permanente para os moradores dos edifícios mais altos da cidade. E também eram necessárias escadas melhores. Mas, como sempre, ninguém voltou a tocar no assunto e ficou o dito pelo maldito não dito.

E da tragédia tinha nascido uma triste conclusão: a de que, a partir de então, era recomendável que os incêndios não passassem do sexto andar.

"Eu era o único e estava sozinho", dizia João Ribeiro Dantas. As soluções mais absurdas passaram pela minha cabeça, então apeguei-me a uma delas e comecei a executá-la, umedecendo um lençol, amarrando-o fortemente a um braço de ferro da veneziana e lançando-o para o lado de fora. Cheio de angústia, vi que o pano não alcançava a ponta da Magirus. Gritei ao bombeiro que estava no último degrau da escada pedindo que ele me jogasse uma corda e, só depois de cinco tentativas, consegui segurá-la. Escorreguei então por ela, lentamente, até alcançar a ponta da escada e, logo depois, inacreditavelmente vivo, o chão. O pesadelo, que já durava duas horas (dois séculos!), parecia, enfim, ter terminado.

Os dois amigos com os quais Dantas havia almoçado horas antes estavam ali na calçada, descabelados, com os nervos desmantelados, esperando-o para o apertado, demorado e interminável abraço mudo daquele milagroso renascer. São e salvo, já tudo serenado, ele detalhava: rezou muito, o tempo todo, uma prece curta, em latim, à Nossa Senhora Auxiliadora, santa padroeira do Colégio Salesiano Santa Rosa, de Niterói, de onde tinha sido aluno. Sentia, assim, que não ia morrer. E confessou que depois de espetar na gravata o tal alfinete com uma pérola na ponta, teve o cuidado de armar-se de um revólver Colt, engatilhado, para ser usado caso algum intruso, fugindo da morte, como ele, desesperado naquela situação-limite, tentasse barrar-lhe o caminho para a vida: "Era ele ou eu... matar para não morrer!"

Dantinhas foi o único sobrevivente daquele inferno urbano. Por isso, a arma chegou intocada em terra firme. E no dia seguinte — ninguém é de ferro — ele já estava a caminho de longa temporada em uma clínica de repouso.

***

O autor dessa reportagem, Joel Magno Ribeiro Silveira, era filho dileto da cidade de Aracaju ou de Lagarto (há controvérsias) e tinha uma árvore genealógica cheia de redes penduradas nos galhos espalhados por Capela, Socorro, Nossa Senhora da Glória, Divina Pastora, Estância, Carmópolis, Propriá, Itabaiana e outras sergipanices ("Não há no mundo céu tão estrelado como o que fervilha sobre a roça de lá") antes de se tornar cidadão itinerante do mundo. Mas podiam chamá-lo de Joel Silveira, ícone dos saudosos tempos das verdadeiras reportagens. Que só não o chamassem de último dos grandes repórteres brasileiros — essa espécie quase extinta, antes das baleias e dos micos-leões dourados —, porque ele retificaria a frase, explodindo em gargalhada tonitruante: "Sou é o último dromedário!"

Remanescente de uma brava gente que fazia poemas épicos dos fatos do cotidiano, um poeta de outras rimas, Manuel Bandeira, disse o seguinte de Joel: "Não tem quem lhe leve vantagem como repórter, com sua maneira pachorrenta, meio songamonga, voluntariamente sem brilho literário, o anti-João do Rio. Mas, apesar disso, ou por isso mesmo, maciamente perfurante como uma punhalada que só dói quando a ferida esfria."

Em setembro de 1995, para marcar os cinquenta anos do fim da Segunda Grande Guerra Mundial, Joel, na flor dos 77 anos de vida sem tédios e do alto de seus sessenta anos de atividades jornalísticas, publicou um livro inspirado na série de reportagens sobre o tema que ele escrevera para a *Manchete*, de Munique, 1938, a Nuremberg, 1948, além de Hiroshima e Nagasaki, evidentemente.

E como autoprêmio que se deu por bem merecê-lo, conferido por ele a ele mesmo, foi-se, sem martelo, mas de mala e cuia, em um pulinho até a Europa, ver como a Velha Senhora estava. Ia rever Paris, Milão, Florença, Veneza e adjacências, inclusive os Harry's todos, bares de sua intensa carreira etílica.

"Um reencontro com a tristeza", sintetizava.

Nele, a tristeza era alguma coisa opaca como uma velha porta fechada para sempre.

"E nada mais triste do que Veneza no outono. Nada mais triste do que a tristeza do Primeiro Mundo. A tristeza nossa, do Terceiro, é pouca, acaba no dia seguinte, se a noite é bem-dormida por boa companhia."

Ex-correspondente de guerra, aos 26 anos, e com nove de profissão, cobrira a participação da Força Expedicionária Brasileira (FEB) nas batalhas do norte da Itália:

"Um medo, um frio, um desconforto e um cheiro constante de sangue envelhecido e de óleo diesel que não me largavam 25 horas por dia."

***

Em agosto de 1954, a capa da *Manchete* com o brigadeiro Eduardo Gomes, líder da União Democrática Nacional (UDN) e adversário de Getúlio Vargas, já estava impressa. Na véspera, Adolpho tinha estado na casa do prefeito Dulcídio Cardoso, na Gávea Pequena, e sentiu um certo nervosismo no ar, como se alguma coisa de muito grave estivesse por acontecer. No dia seguinte, a trágica notícia do suicídio de Getúlio tomou conta do Brasil, e a capa outra vez teve de ser mudada em poucas horas. Aquele foi o lançamento da primeira edição extra da revista, com a cobertura completa de um acontecimento que sacudiu o país. A voz do famoso locutor Heron Domingues ressoava pelo país inteiro, em edição extraordinária do *Repórter Esso*, na velha Rádio Nacional: "Atenção, atenção! O presidente Getúlio Vargas acaba de se suicidar no Palácio do Catete! As primeiras informações dão conta de que o chefe do governo deu um tiro no peito. Logo daremos maiores detalhes."

No começo do seu segundo período de governo, Getúlio tinha se deixado levar pela influência de alguns líderes controversos, como foi o caso de Felinto Müller. O mundo acompanhava o crescimento do prestígio de Adolf Hitler e sua perseguição aos judeus, na Alemanha. Muitos deles procuravam asilo em outras nações, mas o Brasil foi insensível a essa questão: o governo proibiu a entrada de judeus em seu território, dando instruções severas ao Itamarati. Alguns diplomatas, entre os quais Guimarães Rosa e Paschoal Carlos Magno, desrespeitaram as ordens superiores, permitindo o ingresso de centenas deles em nosso país, salvando assim suas vidas. A situação só se modificou quando o Brasil aderiu aos Aliados — Estados Unidos, Grã-Bretanha e União Soviética —, enviando a FEB para lutar na Itália, na Segunda Guerra Mundial. Deposto em 29 de outubro de 1945 por um movimento armado, Getúlio voltou ao Catete em 1950. E, diante de violenta oposição, à beira de nova deposição, suicidou-se na madrugada de 24 de agosto de 1954.

Uma cena pungente havia antecipado o ato extremo tornado histórico: depois de concordar com seu licenciamento, Vargas não mais fora visto com nenhum de seus ministros e auxiliares mais diretos. Apenas um dos familiares o procurara, no quarto, para comunicar-lhe a versão que certamente contribuiu para precipitar aquele último gesto: a de que o tal licenciamento por noventa dias não era apenas um recurso encontrado para afastá-lo do poder. Na verdade, aquilo significava a renúncia definitiva, pois ele, dada a situação político-militar, não mais voltaria ao Catete como chefe do executivo federal.

Quando o marechal Mascarenhas de Morais foi comunicar-lhe a sugestão dos brigadeiros, apenas ouvira: "Daqui só saio morto. Estou muito velho para ser desmoralizado. E já não tenho razões para temer a morte."

Café Filho, que lhe fora propor uma renúncia dupla, presidente e vice-presidente, ouviu: "Daqui, só morto. Daqui, só morto."

Em silêncio, com os olhos baixos, depois das ponderações do vice-presidente Café Filho, ele apenas repetia: "Daqui, só saio morto."

Naquela madrugada do dia 24 de agosto de 1954, quando a crise política parecia solucionada, depois de tantos dias de ansiedade e sofrimento, sobretudo depois de tão longa vida pública, sem similar na História do Brasil, Getúlio Vargas poderia dar a impressão de que apenas se preparava para repousar, quando disse ao último serviçal do Palácio do Catete que o atendeu: "Deixe-me sozinho, que eu quero dormir um pouco."

E dormiu, para sempre.

***

Naquele dia, eu tinha acordado mais cedo do que de costume, a fim de estudar para o vestibular com meu amigo Antônio Fortuna (depois fomos colegas no curso de matemática da então Universidade do Distrito Federal — UDF) na casa dele, na rua do Bispo. Estávamos em pleno café da manhã, quando ouvimos a notícia pelo rádio. Foi um espanto. Não tínhamos cabeça para estudar mais nada. Voltei para casa, na rua Haddock Lobo, 290, apartamento 503, e fiquei acompanhando o noticiário, até que me dei conta de que eu era jornalista também, e o melhor a fazer era ir para a redação da *Última Hora*, na Praça Onze. Vi as primeiras fotos chegarem. Apesar de não ter esquecido a crueldade dele com relação à fuga dos judeus europeus para o Brasil, eu fiquei chocado.

Getúlio Vargas foi o primeiro chefe de Estado que vi bem de perto: em 1953, estava fazendo a cobertura, para a *Última Hora*, da festa de encerramento dos Jogos da Primavera, evento tradicional da época patrocinado pelo *Jornal dos Sports*, quando ele desceu da tribuna do estádio do Fluminense, em Laranjeiras, para entregar a taça a um dos vencedores. Mas, na confusão, o nosso fotógrafo Ângelo Gomes perdeu o registro do ato, e então começou a gritar: "Presidente! Por favor, entrega a taça de novo, presidente!"

Getúlio deu uma gargalhada, repetiu o gesto, e o flagrante foi feito. Em meio a risos gerais, pelo inusitado da cena.

Um certo sapato de camurça azul

Foi no dia 15 de outubro de 1955 que eu, ainda um jovem e modesto repórter, cheguei à sede da rua Frei Caneca, 511, com a equipe de Augusto Falcão Rodrigues e seus irmãos, Nelson e Paulo, todos vindos do jornal *Última Hora*, a fim de colaborar no lançamento da *Manchete Esportiva*. Era meu primeiro emprego efetivo. A *Manchete* ainda perdia de longe para *O Cruzeiro* e apenas rivalizava com a revista *O Mundo Ilustrado* quando Adolpho entendeu que era hora de abrir o leque de publicações. Foi então que nasceu a nova revista, com formato igual ao da original, para aproveitar a potencialidade da rotativa Webendorf, que ele tinha importado da Alemanha. E lá estávamos nós numa redação instalada no segundo andar do velho prédio, em meio ao barulho das calorentas máquinas da gráfica. O fechamento era nos domingos à noite, a partir das seis da tarde, quando começavam a chegar as primeiras notícias da rodada da semana dos campeonatos regionais, sobretudo do Rio e de São Paulo. Escrevíamos freneticamente até às onze da noite, aproximadamente, e, no dia seguinte, cedo, a revista estava nas bancas, competindo com o jornal *O Campeão*, produzido pelo locutor Gagliano Neto.

Não demorou muito para que eu conhecesse Adolpho Bloch pessoalmente. E fiquei impressionado quando vi, pela primeira vez, aquele mito da indústria gráfica, fixando-me de imediato em seus sapatos de camurça azul, imaginando estar diante de um homem realmente muito rico. Ao longo de 37 anos, porém, aprendi a admirar a verdadeira riqueza dele: sua confiança no país, sua capacidade infinita de se dedicar integralmente ao trabalho e sua audácia de autêntico pioneiro.

Na verdade, sua maior riqueza era um otimismo inabalável.

Acontece que os anúncios eram escassos na *Manchete Esportiva*. Muito mais bem-feita e mais bonita do que *O Campeão*, que era um jornal, ela vivia da venda avulsa, e isso, naquele tempo, dependia das vitórias do Flamengo. Caso contrário, era comum ocorrer encalhe.

Com custos elevados, a revista foi publicada durante quatro anos, e, em sua fase final — dirigida por Ney Bianchi —, ganhou novo formato e publicou fotonovelas com jogadores famosos. Até que, depois de graves prejuízos, não houve outra saída senão seu fechamento.

Foi por esse motivo que a revista teve vida breve, e não devido ao fato de Adolpho não entender absolutamente nada de futebol, assunto sobre o qual seus conhecimentos se limitavam a uma frase: "O melhor time é o Flamengo e todo juiz é ladrão."

Uma vez assistimos juntos a um Fla-Flu sensacional. Ele elogiava o estádio do Maracanã, mas prestava mais atenção ao povo espremido nas arquibancadas do que à bola rolando no gramado. No intervalo, nem reparou que os times trocaram de lado e, quando o jogo recomeçou, continuou a torcer pelo da direita — talvez, não por mero acaso, o que vendia mais *Manchete Esportiva.*

E, quando o avisei do detalhe, ainda reclamou, de bom humor: "Ninguém me avisou nada."

***

O primeiro número da *Manchete Esportiva*, em 26 de novembro de 1955, ao preço de sete cruzeiros, tinha 38 páginas, a maioria delas dedicadas aos sessenta anos de fundação do Flamengo, campeão carioca de futebol dos dois anos anteriores, 1953 e 1954. Na capa, uma foto de Rubens, o Doutor Rúbis, principal jogador do time, sorridente, vestido de bacharel, equilibrando uma bola no ombro.

Nas páginas 24 e 25, meu nome aparecia assinando a matéria intitulada "Flamengo sessentão". Ali eu contava a história de um clube que, de início, era apenas de remo (esporte cuja hegemonia ainda estava com o Vasco da Gama), quando, em 1912, com a dissidência no Fluminense, um grupo fundou a seção de desportos terrestres, sob a inspiração de Alberto Borgerth e Osvaldo Gomes. A estreia — com Baena, Píndaro, Nery, Curió, Gilberto, Galo, Baiano, Arnaldo, Amarante, Gustavo de Carvalho e Borgerth — foi com o pé direito: 16 x 2 em cima do Esporte Clube Mangueira, em 3 de maio de 1912, no campo do América Futebol Clube, sendo árbitro o saudoso Belfort Duarte, ídolo do grêmio rubro. A camisa xadrez vermelha e preta usada pelos jogadores na ocasião era chamada de "papagaio de vintém" e depois foi substituída pelo modelo listrado branco, vermelho e preto. Devido à semelhança com as cores da bandeira alemã, em plena Primeira Guerra Mundial (1914-1918), o uniforme teve de ser novamente trocado, ganhando, então, sua versão definitiva, rubro-negra.

Na página dupla central, o time de 1955 com o treinador paraguaio Fleitas Solich, desenhados pelo cartunista Lan, e na 18, um texto em que Nelson Rodrigues deixava de lado sua tradicional paixão tricolor:

> Corria o ano de 1911. O bigode do kaiser estava então em plena vigência, Mata-Hari, com um seio só, ateava paixões e suicídios, e as mulheres, aqui e alhures, usavam umas ancas imensas e intransponíveis. Aliás, diga-se de passagem, é impossível não ter uma funda nostalgia dos quadris anteriores à Primeira Grande Guerra. Uma menina de 14 anos, para atravessar a porta, tinha que se posicionar de perfil. Convenhamos: grande época, grande época! Pois bem. Foi em 1911, tempo dos cabelos compridos e dos espartilhos, das valsas em primeira audição e do busto unilateral de Mata-Hari, que nasceu o Flamengo. Em tempo, retifico: nasceu a seção terrestre do Flamengo. De fato, o clube de regatas já existia e começava a tecer sua camoniana tradição náutica. Até que, em 1911, aconteceu uma briga no Fluminense, discute daqui, discute dali, e é possível que tenha havido tapas, nomes feios, o diabo. Conclusão: cindiu-se o Fluminense e a dissidência, ainda esbravejante, ainda ululante, foi fundar, no Flamengo de regatas, o Flamengo de futebol.
>
> Naquele tempo, tudo era diferente. Por exemplo, a torcida tinha uma ênfase, uma grande eloquência de ópera, e acontecia essa coisa sublime: quando havia um gol, as mulheres rolavam em ataques. Eis o que empobrece liricamente o futebol atual: a inexistência do histerismo feminino. Difícil, muito difícil, achar-se uma torcedora histérica, hoje em dia. Por sua vez, os homens torciam como espanhóis de anedota. E os jogadores, ah, os jogadores! A bola tinha uma importância relativa ou nula. Quantas vezes o craque esquecia a pelota e saía em frente, ceifando, dizimando, assassinando canelas, rins, tórax e baços dos adversários? Hoje, o homem está muito desvirilizado e já não aceita a boa ferocidade dos velhos tempos. Mas raciocinemos: em 1911, ninguém bebia sequer um copo d'água sem paixão.
>
> Passou-se. E o Flamengo joga hoje com a mesma alma de 1911. Admite, claro, as convenções disciplinares que o futebol passou a exigir, mas o comportamento interior, a gana, a garra, o élan, são perfei-

tamente inatuais. Essa fixação no tempo explica a força rubro-negra. Note-se: não se trata de um fenômeno apenas do jogador, mas do torcedor também, aliás, time e torcida completam-se numa integração definitiva. O adepto de outros times recebe uma derrota com uma tristeza maior ou menor, que não afeta as raízes do ser. O torcedor rubro-negro, não. Se entra um gol adversário, ele se crispa, arqueja, revira os olhos, agoniza, sangra como um César apunhalado. Para qualquer um, a camisa vale tanto quanto uma gravata, mas para o Flamengo a camisa é tudo. E já tem acontecido algumas vezes o seguinte: quando o time não dá nada, a camisa é içada, desfraldada por invisíveis mãos; adversários, juízes e bandeirinhas tremem, intimidados, acovardados, batidos. E há de chegar talvez um dia em que o Flamengo não precisará mais de jogadores, muito menos de técnico, nem de nada. Bastará a camisa, aberta no arco. E diante do furor impotente do adversário, ela será uma Bastilha inexpugnável.

***

O mesmo Nelson Rodrigues que, anos mais tarde, gentilmente, diria o seguinte de mim:

Graças a Deus, Arnaldo Niskier tem outras virtudes além da simples idade. Uma delas é a ardente seriedade. Fomos companheiros de redação ao tempo em que ele era um irremediável garoto. Muitas vezes dava-me vontade de perguntar-lhe: "Você é um Rimbaud?" Porque já sentia nele um potencial imenso de vontade, de obstinação, de amor".

***

Naquela *Manchete Esportiva* inaugural, havia ainda duas charges de Borjalo e uma de Othelo, na página 2. E uma prestação de contas: quanto custava o futebol do Flamengo. De 1947 a 1954, apenas em dois anos — 1951 e 1953 —, a receita havia sido maior do que a despesa, que era de um milhão de cruzeiros por mês, entre salários, tratamentos médicos e material esportivo (uma bola custava 500 cruzeiros; um par de chuteiras, 300; uma camisa bordada e numerada, 200; um par de keds, 280; um suporte atlético, 40; e um par de tamancos, 7 cruzeiros).

Rubens, Chamorro, Garcia, Pavão, Tomires, Servílio, Dequinha, Joel, Índio, Benitez e Evaristo eram os jogadores mais caros, todos com 25 mil cruzeiros por mês. Jadir ganhava 23 mil; Zagallo, 22 mil; Dida e Babá, 13 mil. Os mais baratos, Alcides e Daniel, quatro mil cruzeiros mensais.

Naquele tempo, o "deve" e o "haver" eram expostos publicamente. A verba prevista para o ano de 1955 era de 11 milhões de cruzeiros, mas, de janeiro a agosto, o prejuízo já era de Cr$539.934,00. Números ridículos se comparados com as cifras atuais, astronomicamente milionárias. No entanto, esses custos, para um time de futebol, eram considerados muito altos.

Pelo menos, essa era a dedução da reportagem de Giampaoli Pereira.

***

Em 1955, Luiz Rigoni era o grande ausente das pistas de grama e de areia do Jóquei Clube Brasileiro. Uma dor lombar tinha levado o grande freio ao hospital, onde, depois de constatado um problema ósseo, foi submetido a uma intervenção cirúrgica das mais melindrosas. Foram quatro meses usando um colete de gesso que o impedia de montar. A primeira *Manchete Esportiva* mostrava, em fotos, essa história. Assim como falava no ponta-direita Julinho (Júlio Botelho), um dos poucos brasileiros que na época jogavam na Europa. Depois de quase meio ano no Fiorentina, ele tinha sido convidado a se naturalizar italiano, mas mesmo com "bichos" de sete mil cruzeiros por vitória, resistiu à tentação. Para matar as saudades de São Paulo, pedia aos fãs brasileiros que escrevessem para ele e dava o endereço: Via Petro Taca, 24, Firenze.

O título de outra pequena matéria da revista era uma provocação: "O 'scratch' húngaro é movido a jato e o Grande Puskas a muita cerveja." E, para revelar o romance inter-racial entre Escurinho, do Fluminense, e a moça Dalita, que iam se casar, uma joia de preconceito no título: "Quem ama o preto, branco lhe parece."

Daisy Corrêa de Aquino, nadadora do Fluminense, era a rainha dos Jogos da Primavera. Zulma Lobo, a princesa.

E NASCIA O MITO MAIOR

Do seu peito parecem pender mantos invisíveis. (...) Ele já é imprescindível na escalação de qualquer escrete. Com Pelé no time, não iremos para a Copa da Suécia com alma de vira-latas, os outros é que tremerão diante de nós! (...) Olhem ele, examinem suas fotografias e caiam das nuvens. É, de fato, um menino, um garoto. Se quisesse entrar no cinema para assistir a um filme de Brigitte Bardot, seria barrado na porta. No entanto, reparem: é um gênio indubitável. (...) Pelé podia virar-se para Miguel Ângelo, Homero ou Dante e cumprimentá-los, com íntima efusão: "Como vai, colega?"

Nelson Rodrigues, na *Manchete Esportiva*

Ele já tinha chegado a uma conclusão:

> Certo e brilhante confrade dizia-me ontem que 'futebol é bola'. Não há juizo mais inexato, mais utópico, mais irrealístico. O colega esvaziava o futebol como um pneu. E retira tudo o que ele tem de misterioso e de patético. A mais sórdida pelada de subúrbio é de uma complexidade shakespeariana: às vezes, num córner mal ou bem-batido há um toque evidentíssimo do sobrenatural. Eu diria ainda ao ilustre confrade o seguinte: em futebol, o pior cego é o que só vê a bola.

De 1955 a 1959, a *Manchete Esportiva* publicou outras inesquecíveis crônicas de Nelson Rodrigues sobre o assunto. Uma delas, antológica, falando de um jogo Brasil 3 x Paraguai 0, no Maracanã, em 13 de novembro de 1955. "O craque sem idade" era o título:

> Quando acabou a etapa inicial, o placar acusava um lírico e platônico 0 x 0. Ora, o empate é o pior resultado do mundo e, de todos, o 0 x 0

é o mais exasperante. Essa virgindade do escore já começava a humilhar o público e, ao mesmo tempo, o enfurecia. O torcedor sentia-se roubado no dinheiro da entrada, inclinado a chamar os 22 jogadores de vigaristas. Súbito, o alto-falante do estádio se põe a anunciar duas substituições brasileiras. Foi uma transfiguração. O nome que crepitou, inundando todo o espaço acústico do Maracanã, foi de Zizinho, o comandante banguense. E cada um dos presentes tratou logo de enxugar a baba da impotência, do despeito e da frustração. Já nos sentíamos atravessados pela certeza profética da vitória e então nossos tóraxes arriados encheram-se de um ar heroico, estufaram-se como nos anúncios de fortificante.

Eis a verdade: a partir do momento em que se anunciou Zizinho, a partida estava automática e fatalmente ganha, portanto público, juiz, bandeirinhas e os dois times podiam ter se retirado, podiam ter ido para casa. Pois bem, continuou o jogo. Ora, se o primeiro tempo caracterizara-se pela esterilidade, a presença de Zizinho, por si só, dinamizou a etapa complementar, deu-lhe caráter, infundiu-lhe dramatismo. Por outro lado, mostrou que a bola tem um instinto clarividente e infalível que a faz encontrar e acompanhar o verdadeiro craque. Foi o que aconteceu: a pelota não largou Zizinho, farejava-o e o seguia com uma fidelidade de cadelinha ao seu dono (sim, amigos, há na bola uma alma de cachorra).

No fim de certo tempo, tínhamos a ilusão de que só Zizinho jogava, triturando os outros, afundando-os numa sombra irremediável. E a partida foi um show pessoal e intransferível. No entanto, a convocação do formidável jogador suscitara escrúpulos e debates acadêmicos. Tinha contra si a idade, não sei se 32, 34, 35 anos. Geralmente o jogador de 34 anos está gagá para o futebol, está babando de velhice esportiva. Mas o caso de Zizinho mostrava o seguinte: o tempo é uma convenção que não existe nem para o craque nem para a mulher bonita. Existe para o perna de pau e para o bucho. Na intimidade da alcova, ninguém se lembraria de pedir à rainha de Sabá, à Cleópatra, uma certidão de nascimento. Do mesmo modo, que importa a nós tenha Zizinho 17 ou 300 anos, se a bola o reconhece e o prefere em sua escolha? No jogo Brasil x Paraguai, ele ganhou a partida antes de aparecer, antes de molhar a camisa, ganhou pelo alto-falante, no intervalo. Em último caso, ele poderá jogar de casa, pelo telefone.

Nada melhor do que ler (ou reler) a deliciosa prosa poética das crônicas de Nelson Rodrigues nessa fase da *Manchete Esportiva*, quando o futebol brasileiro foi mais feliz. Na edição de 14 de janeiro de 1956, por exemplo, em "Bocage no futebol", ele tratava de palavrões:

> Retire-se a pornografia do futebol e nenhum jogo será possível. Como jogar ou torcer se não pudermos xingar ninguém? Cada jogador ou torcedor é um Bocage em potencial. Não o Bocage fidedigno, que nunca existiu. Para mim, o verdadeiro Bocage é o falso, isto é, o da anedota. Pois bem: está para nascer um jogador ou torcedor que não seja bocagiano. Nós, de longe, vemos os 22 homens correndo em campo, matando-se, agonizando, rilhando os dentes. Parecem dopados e realmente o estão: o chamado nome feio é o seu excitante eficaz, o seu afrodisíaco insuperável.
>
> Exagero? Nem tanto, nem tanto. A propósito, vou citar aqui o caso de Jaguaré. No seu tempo os clubes não tinham Departamento Médico e um jogador podia andar com a boca em petição de miséria, desfraldando cáries gigantescas. Assim era Jaguaré: não tinha dentes, só cáries. E seu riso sem obturações, docemente alvar, era largo, permanente e terrível. Acontece o seguinte: a época de Jaguaré coincidiu com a infância do profissionalismo. Morria-se de fome no futebol. O sujeito que tinha para a média, para o pão com manteiga, podia ser considerado um Rockefeller, de tanga, mas Rockefeller.
>
> Até que um dia apareceu por aqui o emissário de um clube estrangeiro, esfregando na cara de Jaguaré propostas dignas de um rajá. Ele acabou andando pela Espanha e até por Paris, mas era outro, como homem e como craque. Como jogar, sem a pornografia luso-brasileira? Sem as expressões obscenas que dinamizam, que transfiguram, que iluminam os jogadores? Traduzi-las seria uma traição. E Jaguaré vivia sob a persistente, a dilacerada nostalgia dos nomes feios intransportáveis. Até que, finalmente, não aguentou mais e voltou correndo para o Brasil. Aqui agonizou e morreu na mais horrenda miséria. Mas, feliz, porque pôde soltar, no idioma próprio, seus últimos palavrões terrenos.

***

E, muitos números depois, no dia 8 de março de 1958, Nelson Rodrigues tinha escrito na *Manchete Esportiva* uma palavra mágica que o mundo inteiro passaria a repetir, cada vez mais, infinitas vezes, até hoje. Naquele texto histórico, Pelé — ele sim, o fenômeno — começava a ser chamado de rei:

> Depois desse América e Santos seria um crime não falar de Pelé. Garoto ainda, ele anda em campo com uma dessas autoridades irresistíveis e fatais. Do seu peito parecem pender mantos invisíveis. Enfiou quatro gois em Pompeia e, sozinho, liquidou a partida promovendo a destruição minuciosa e sádica da defesa rubra, indefesa. Ele já é imprescindível na escalação de qualquer escrete. Com Pelé no time, não iremos para a Copa da Suécia com alma de vira-latas, os outros é que tremerão diante de nós!

Menos de um mês antes — em fevereiro —, o Santos tinha vencido o América por 5 x 3, no Maracanã, uma das partidas da primeira rodada do Torneio Rio-São Paulo (o outro jogo foi Palmeiras 2 x Fluminense 1, no Pacaembu) sobre o qual um jornal falava que "o excelente meia Pelé, com atuação soberba, se encarregara de desbaratar a defensiva adversária marcando quatro gols, dois deles driblando toda a retaguarda rubra".

A tal retaguarda rubra tinha nomes: Pompeia, Jorge e Ivan; Amaro, Romeiro, depois Tinoco, e Alarcon. E o tal "excelente meia" Pelé, sete meses e vinte dias antes, já tinha apresentado seu cartão de visitas ao mundo, no Maracanã, na derrota do Brasil para a Argentina por dois a um, em disputa da velha Copa Roca. Nosso gol de honra fora marcado exatamente por aquele ilustre desconhecido que tinha entrado no lugar de Del Vecchio, só no segundo tempo, e pisava aquele gramado pela primeira vez, vestindo também, pela primeira vez, a camisa ainda não amarela da seleção, ao lado de Castilho, Paulinho, Bellini, Zito, Jadir, Oreco, Maurinho, Mazola, Luizinho, Tite e o citado Del Vecchio (Garrincha, Didi e Nilton Santos, considerados indispensáveis, estavam no exterior, excursionando com o Botafogo). Pelé era o nome dele, tinha 16 anos, pelo menos era o que informavam os jornais, vagamente.

Tinha nascido o mito maior.

***

Quase quatro meses depois — no dia 29 de junho —, o Brasil se sagrava campeão mundial de futebol, pela primeira vez.

Na *Manchete Esportiva* só havia dois repórteres em condições de fazer a cobertura daquela Copa: Ney Bianchi e eu. Para a Suécia foi o Ney. Não precisou nem de par ou ímpar, porque eu estava prestando serviço militar. Por sugestão do meu colega da faculdade de Filosofia Euler Correa, aluno do primeiro ano de matemática, fiz prova no Centro de Instrução de Oficiais da Reserva da Marinha (CIORM), e passei em sexto lugar. Por problemas de vista (eu usava óculos), tive que fazer a curso de dois anos na Intendência, onde me formei, tendo como contemporâneos Mário Henrique Simonsen e Júlio Bozano, que eram da Armada. Guardo excelentes recordações daquela época: o curso, as viagens pelo Brasil a bordo do Tamandaré e do Bauru, o estágio no Belmonte, a formatura de guarda-marinha, até chegar a segundo-tenente. Como praticava muito esporte, ganhei diversas medalhas nas Olimpíadas do CIORM. Fui melhor no esporte do que na "ordem unida". E tenho muito orgulho de ser Oficial da Reserva da Marinha, título que conquistei aos 21 anos, num grupo de 120 alunos, a grande maioria pertencente à classe média alta, que eu conhecia apenas de vista.

Por isso, não poderia me ausentar do país. A mim, couberam os preparativos da seleção, nas estâncias hidrominerais de Minas Gerais, na boa companhia do fotógrafo Jader Neves, de perna quebrada depois de uma queda do telhado da casa dele, tentando consertar a antena da televisão. "Minha mão e minha cabeça não estão quebradas" foi a alegação dele para também não ser cortado.

No Grande Hotel de Poços de Caldas, acompanhamos os trabalhos de preparação dos nossos craques e, grande honra, jogamos algumas peladas com eles, na maior descontração. Outros tempos. Houve até um rachão de jornalistas contra parte da seleção. Levamos uma goleada, com direito à bronca de Vicente Feola, o técnico, que viu quando o Álvaro Paes Leme, grandalhão e forte, deu uma entrada dura logo em quem, no Pelé!, que ainda não era rei de nada, mas já tinha lá sua majestadezinha, principalmente depois do texto do mestre Nelson Rodrigues.

Eu também reclamei: "O que é isso, companheiro?"

Ele apelou para a lógica dos brucutus inveterados: "Se eu deixo, ele marcava mais aquele gol."

Na primeira noite, depois de um jantar ao som de música ao vivo, saímos para espairecer, quando o dr. Paulo Machado de Carvalho, chefe da delegação, pegou-me pela mão com um convite para atravessar a praça onde, do outro lado, daria uma entrevista à emissora local de rádio. Não demorou muito e um garoto local gritou: "Olha o Zagallo!"

O Zagallo era eu, pelo menos segundo a ótica do menino. "Pode me dar um autógrafo?"

Podia, claro. Não ia decepcioná-lo. E, solenemente, escrevi: Mário Jorge Lobo Zagallo. Só faltaram estampilha e firma reconhecida. Meu amigo Zagallo dos tempos de América Futebol Clube e da praça Afonso Pena, na Tijuca. Olhei para o lado e lá vinha ele, em pessoa, ao vivo. Aí fui eu que peguei a mão do doutor Paulo, que ria gostosamente da fraude inocente, esportiva. Na verdade, naquela flor de idade dos vinte e poucos anos, nós éramos mesmo meio parecidos: a mesma altura, a pele branca, o rosto avermelhado, as pernas, o tipo de cabelo. Só o futebol dele é que era diferente, melhor, embora o pessoal não reclamasse de mim com a bola nos pés. O João Máximo está aí e não me deixa mentir, tanto que escreveu: "Havia um ponta-esquerda no juvenil do América que emergia das divisões de base. Seu nome: Arnaldo Niskier. Zagallo sentiu que ia ser barrado e tratou de se transferir para o Flamengo."

O nosso tetracampeão não perdoou, mas em vez de cobrar do João Máximo, disse uma vez, na TV Educativa: "Essa história do Arnaldo não é verdadeira. Ele não jogava nada."

O que também não era bem assim, segundo testemunhas oculares daquela época. Zagallo, aos 17 anos, jogou com a camisa 10 do juvenil do América e depois com a camisa 11, quando se transferiu para o Flamengo. Eu era três anos mais moço e atuava nessa posição, no América Júnior, treinado pelo seu Freitas, que depois dirigiu o juvenil do América Futebol Clube.

O que importa é que foi uma delícia o convívio com aqueles craques autênticos, ainda não transformados nas entediadas vedetes milionárias de depois. Uma vez, Ruy Castro quis saber de mim se era verdade que o Garrincha dava uns goles antes dos treinos. Não soube dizer, ou melhor, disse que pelo menos eu não tinha visto isso. Entrevistei-o para a *Manchete Esportiva* e, com aquele jeitão simples e direto dele, falou mais das suas esperanças de barrar o Joel, até então o titular da ponta-direita (desejo, aliás, que acabou se concretizando pouco depois).

O que mais me chamava a atenção era o comportamento do técnico Vicente Feola, assistindo aos treinos sentado na arquibancada, de braços cruzados sobre a enorme barriga, deixando o preparador físico Paulo Amaral com o apito. Na entrevista coletiva, organizada pelo supervisor Carlos Nascimento, perguntei ao treinador do São Paulo: "Como é que o senhor consegue orientar o time de tão longe?"

A resposta me deixou espantado: "Meu filho, ninguém está aqui para aprender a jogar futebol. São todos craques. O que eles precisam mesmo é de entrosamento. e isso a gente consegue nos treinos."

Eram muitas as histórias pitorescas, nem todas verídicas, que contavam — e contam até hoje — sobre o técnico da seleção de 1958. Mas João Havelange se lembra de uma frase de Feola que, evidentemente, está acima de qualquer suspeita. Eleito presidente da Confederação Brasileira de Desportos (CBD), Havelange procedia à implantação de novos conceitos na fase preparatória de nossa Seleção, quando, em certo momento, quis saber se, por acaso, era verdade que o técnico cochilava durante os treinos. E ouviu o seguinte: "Presidente, enquanto pensam que durmo, ninguém me faz perguntas. Assim, me deixam sossegado e eu posso trabalhar."

Até então, titulares absolutos, mesmo, só Gilmar, Djalma Santos, Nilton Santos e Didi. Nem Pelé, um menino, tinha escalação garantida. De entrosamento em entrosamento, o time ideal foi se desenhando, até chegar àquela seleção inesquecível que viveu na Suécia a epopeia da histórica conquista da primeira taça Jules Rimet. A Copa do Mundo era nossa. Por isso, o dentista da delegação, Mário Trigo, se achou no direito de dar um abraço apertado, nada protocolar, em Gustavo VI — o monarca sueco — e, cheio de intimidades, chamá-lo de "meu rei".

Era só o que faltava para coroar a frase "Com brasileiro não há quem possa".

***

Ao escolher o "personagem do ano", na edição especial da *Manchete Esportiva* publicada em janeiro de 1959, Nelson Rodrigues batia na mesma tecla, escrevendo o seguinte:

É um problema catar num time invicto, imbatível, um jogador que seja exatamente o símbolo pessoal e humano desse grupo, mas logo um nome me ocorre, de maneira irresistível e fatal: Pelé. Olhem ele, examinem suas fotografias e caiam das nuvens. É, de fato, um menino, um garoto. Se quisesse entrar no cinema para assistir a um filme de Brigitte Bardot, seria barrado na porta. No entanto, reparem: é um gênio indubitável. Eu digo e repito: gênio! Pelé podia virar-se para Miguel Ângelo, Homero ou Dante e cumprimentá-los, com íntima efusão: "Como vai, colega?"

Pelé é o Miguel Ângelo da bola. Um e outro podem achar graça de nós, medíocres, que não somos gênios de coisa nenhuma, nem de cuspe à distância. E vejam só: 17 anos! Na idade em que o pobre ser humano anda quebrando vidraça ou jogando bola de gude ou raspando perna de passarinho a canivete, Pelé torna-se campeão do mundo. Estava lá um rei, Gustavo, da Suécia. E viu-se então essa coisa a exigir um verso de Camões: o rei desceu de seu trono e foi cumprimentar, apertar a mão do menino negro que havia de conhecer, no máximo, o rei do baralho ou o rei Patusco do *Gibi*. Pois Gustavo foi o primeiro rei autêntico que lhe mostrou os dentes num soberano sorriso.

Sei que na recepção ao escrete houve quem rosnasse por aqui: "Estão exagerando, isso já é demais!" No entanto, está claro que não era demais, era de menos, mas o brasileiro é assim mesmo. Em 1950, quase houve um suicídio nacional quando não fomos campeões do mundo. Éramos, todos nós, brasileiros, uma nação que quase toma formicida. Pois bem, em 1958, ao conquistarmos o título, eis que houve aqui um hábito instantâneo à glória jamais imaginada. O nosso pileque cívico durou até o desembarque deles. Já no dia seguinte, porém, havia os descontentes, os fartos, os saturados. Um conhecido meu veio protestar: "Pelé não pode ser craque, com 17 anos de idade ninguém pode ser craque!" Na minha cólera tive vontade de subir pelas paredes como uma lagartixa profissional. Enquanto aqui o brasileiro achava exagerado o próprio entusiasmo, a revista *Paris Match* comportava-se com a histeria de uma macaca de auditório.

Sim, amigos, o brasileiro reage ao bem que lhe fazem com uma gratidão amarga e quase ressentida. O que fez o escrete? Deu-nos a maior alegria de nossa vida. Mas tratamos logo de esquecer a jornada estupenda. E a nossa gratidão secou como uma bica da Zona Sul do Rio de Janeiro.

***

Mário Filho — não por mera coincidência, irmão mais velho de Nelson Rodrigues — estava na lista das pessoas que mereciam a admiração de Adolpho Bloch. Com cabelo cor de fogo, foi o criador do *Jornal dos Sports* e de todos os seus inesquecíveis eventos. Adolpho o havia, inclusive, convidado para dirigir a *Manchete Esportiva*, em 1955, mas ele preferiu sugerir os nomes de seus irmãos mais moços: Augusto, Nelson e Paulo. Sugestão aceita, com uma condição: que Mário Filho, um brilhante escritor, autor do livro *O negro no futebol brasileiro*, uma das nossas obras-primas emblemáticas, escrevesse em todos os números da revista. A última página ficaria reservada, com exclusividade, só para ele.

Em uma de suas crônicas, ele relembrava o lendário goleiro Jaguaré Bezerra de Vasconcelos, a quem faltaria "só a elegância de um Charles Chaplin":

> Não porque tivesse sido do cais do porto. Cuidados na maneira de se vestir em campo não tinha, mas ninguém pegava com aquela suavidade uma bola, à qual chamava de bichinha. Gostava de rodá-la na ponta de um dedo. A graça estava na cara de beatitude, de bem-aventurança que fazia quando segurava a bichinha. Enternecia-se todo ao boliná-la. Por isso, depois de uma defesa, em vez de chutá-la para longe, atirava-a nos pés de quem tinha chutado para que ele repetisse o lance. Tudo que era vascaíno ficava para morrer. Assim era o Dengoso, como o chamavam, menos pelo modo que agarrava a bola do que pelo jeito de olhá-la, de sorrir para ela, quase se babando. Dava a impressão de que, viesse como viesse, era como se uma mulher lhe caísse nos braços, leve como uma pluma. Mas, no fundo, o que Jaguaré gostava era de desmoralizar os chutadores: "Vou rodar a bichinha na ponta dos dedos!" Disse isso até para Grané, que era o maior chute do futebol brasileiro daquele tempo.
>
> Para se ter ideia, um dia Grané chutou uma bola da área dele, no campo da Vila Belmiro: a bola subiu, atravessou o campo; havia uma casa assobradada nas vizinhanças — ela quebrou o vidro da varanda de cima e derrubou um corretor de café que estava lendo o jornal numa cadeira de balanço. Pois Jaguaré disse que ia rodar uma bola chutada por Grané, na ponta do dedo, e era pênalti. Grané se zangou: "Vou chutar em cima dele." Houve apelos dramáticos: "Você pode matar o Jaguaré!" Muita gente virou o rosto. Pois Jaguaré segurou a

bola e caiu sentado, os olhos se virando, mas, ainda assim, sem forças, desmaia não desmaia, rodou a bola na ponta do dedo.

As crônicas de Mário Filho — nome oficial do estádio do Maracanã — chegavam, pontualmente, nas noites de domingo, e iam direto para a minha mesa. O problema era que ele só escrevia a lápis e em sobras de bobinas de papel de jornal. E eu fui incumbido da honrosa missão de transcrever os originais manuscritos dele, através daquelas históricas máquinas Remington de teclas verdes. Função que exerci durante muito tempo, a bem dizer, com o maior dos prazeres.

***

Alguns números depois, aceitei o convite para ser, também, revisor da *Manchete Esportiva*, ganhando um pouco mais. Isso me obrigava a ficar nas oficinas aos domingos, até a meia-noite. O que me impediu, inclusive, de comparecer ao casamento de meu irmão Odilon.

"Primeiro o trabalho!", foi a alegação.

Os dias correram e, passados três anos na *Manchete Esportiva*, minha nova função foi dirigir *Sétimo Céu*, que tinha o mesmo formato grande das demais publicações da casa. A vendagem da revista era pequena (cerca de seis mil exemplares) e, se não sofresse uma mudança radical, certamente não continuaria a ser publicada. Precisava, então, de um assistente para me ajudar a concretizar a ideia de produzir as primeiras fotonovelas brasileiras. É aqui que entra outro personagem: Zevi Ghivelder. A história desse meu amigo, aliás, reforça minha crença naquilo que se convencionou chamar de destino. Conheci-o como colaborador da *Joia*, publicação dirigida ao público feminino, dirigida por dona Lucy Mendes Bloch.

Ele escrevia matérias encomendadas pelo jornalista Isaac Piltcher, secretário da revista, o mesmo ao qual, em 1956, tínhamos nos unido para fazer o que foi o primeiro programa judaico da televisão. Era *Israel em foco*, que ficou no ar durante dez meses, aos domingos, à uma da tarde, veiculado pela TV Rio, antigo canal 13, dirigido e apresentado por três jovens judeus: eu, como apresentador das notícias; Zevi, como entrevistador; e Arnaldo Cherzman, cuidando da parte artística. Isaac Piltcher não quis aparecer. Eu tinha conseguido o horário através do Walter Clark, que iniciava sua vitoriosa caminhada no Departamento Comercial daquela histórica emissora, ao lado de Boni, de Péricles do Amaral e de Cerqueira Leite, esses, já veteranos. Nossos primeiros e históricos patrocinadores foram o Selo de Ouro e a imobiliária Nigri. O programa foi bem, até que sucumbiu por falta de patrocínio, apesar do empenho de Walter Clark. Na verdade, por falta de apoio dos milionários da comunidade e da própria embaixada de Israel, que não nos deu o devido apoio. Estávamos pagando, do próprio bolso, os cachês do programa. Quando Golda Meir veio ao Rio e a embaixada preferiu que ela fosse entrevistada por um tal de Al Neto, na TV Tupi, não nos permitindo participar do depoimento, acabamos de vez com o programa.

Zevi era então um jovem, como eu — por acaso da mesma idade —, começando um caminho profissional. Recém-casado com Sônia, também muito jovem, ele vendia coleções da enciclopédia *Larousse*, obra monumental de Abrahão Koogan, dirigida editorialmente pelo acadêmico Antonio Houaiss (os dois se davam como irmãos). Mas os ganhos eram modestos, então Zevi fazia bicos na Bloch. Consegui que o Jaquito o efetivasse, garantindo seu salário no fim do mês. Começamos, então, a conversar muito e, como ele gostava de cinema e de teatro, sua colaboração foi essencial para produzirmos boas histórias e transformá-las em fotonovelas.

Depois de uma pesquisa, concluí que precisávamos diminuir o tamanho da revista pela metade, porque a *Sétimo Céu* era lida principalmente no ônibus ou no trem, isso quando as leitoras não precisavam escondê-la, em casa: as histórias eram românticas, mas meio proibidas, naqueles dias menos permissivos. Mas, antes, seria preciso convencer Adolpho da necessidade dessa mudança, e o encarregado da missão foi o sobrinho dele, Pedro Jack Kapeller, o Jaquito, então iniciando suas atividades na empresa. Com a anuência do chefe, mudamos o formato, deixamos de adaptar originais italianos e argentinos e passamos a publicar fotonovelas genuinamente brasileiras, da história às fotos. A primeira delas tinha o título de *Adelaide Simon não quis matar*, inspirada na série *Presídio de mulheres*, da Rádio Nacional. Autor: Mário Lago; estrela principal: Anilza Leoni. Um sucesso. *Sétimo Céu* ganhou corpo e, na minha gestão, após um ano dessa mudança, passou de seis mil de venda mensal para 150 mil.

Baseado nisso, achei justo pedir aumento salarial. Negaram. Recebi, então, um convite de Samuel Wainer para voltar à *Última Hora*, na qual havia começado minha carreira de repórter, dessa vez para ser responsável pela página de esportes, acumulando a função de secretário gráfico e de fechamento do jornal nas oficinas. Salário: 25 mil cruzeiros e mais duas passagens anuais para o exterior. Alberto Dines era o diretor. Fui.

No fim de uma semana, o Jaquito me chamou: "O Adolpho quer falar com você."

Darwin Brandão tinha largado a chefia de reportagem da *Manchete*; pesquisaram, procuraram e acabaram concluindo que eu, embora jovem e morador da Tijuca, poderia substituí-lo. Só depois é que eu soube dos debates havidos: o pessoal da publicidade achava que eu apresentava dois defeitos graves: tinha só 25 anos e morava na Zona Norte da cidade. Mesmo assim, Adolpho me ofereceu os mesmos 25 mil mensais, mais uma premiação (que nunca recebi) pela melhoria da venda da revista. Quando fui me despedir do Samuel, disse-lhe que esperava um dia encerrar minha carreira onde havia começado. E ouvi o seguinte: "Você merece coisa melhor".

E fiquei na chefia da reportagem da *Manchete*, a partir de 6 de janeiro de 1960. Foi um salto definitivo nas nossas carreiras dentro da empresa. Na mesma ocasião, por sugestão minha, Zevi foi para a chefia de redação, chegando até a dirigir a revista em algumas oportunidades. E durante os oito anos em que permaneci no cargo, mantive uma relação de respeito e amizade com Justino Martins, apesar dos ciúmes dele quanto às minhas boas relações com Adolpho Bloch.

ADOLPHO BLOCH: UMA HISTÓRIA FASCINANTE, UMA QUASE EPOPEIA

Quando cheguei ao Brasil, a primeira coisa que aprendi a ler foram aqueles versos do Bastos Tigre — "Veja, ilustre passageiro/o belo tipo faceiro que o senhor tem a seu lado/no entanto, acredite, quase morreu de bronquite/salvou-o o Rhum Creosotado" — que via nas minhas viagens de bonde da cidade até o subúrbio de Aldeia Campista. E cada vez achava aquilo mais bonito, tanto que cheguei até a declamá-lo durante uma festa da minha escola. (...) Assisti à chegada de Gago Coutinho e Sacadura Cabral ao Brasil e, depois, à descida do homem na Lua. (...) Cheguei à conclusão de que basta estar vivo para ter problemas, mas aprendi na matemática que todos eles têm uma solução. E que este é um país privilegiado: aqui não faltam nem terra nem água, não temos fronteiras hostis, vulcões, terremotos ou maremotos (...) O importante na vida não é ter, ser ou parecer; o importante é fazer, construir, desenvolver. (...) A vida só é digna de ser vivida quando se faz algo pela vida, em vida.

Adolpho Bloch

Adolpho tinha, com algumas exceções, um profundo respeito pelo ser humano.

Jamais me esquecerei do dia em que cheguei a casa e recebi de minha mãe a notícia de que seríamos despejados do apartamento alugado na rua Haddock Lobo, 290. Era 1955, eu frequentava a faculdade de Filosofia, Ciências e Letras, onde senti minha verdadeira vocação de professor, e praticava esportes no América Futebol Clube e no Clube Municipal. Mas sempre trabalhando. De repente, o apartamento foi vendido, e dona Nazir, que nos alugava o espaço, resolveu retomar o imóvel. O caso acabou na Justiça e, pela terceira vez, fomos despejados.

Imediatamente, começamos a procurar outro endereço, mas, se os aluguéis já eram caros para nós, a falta de fiador era um problema maior ainda. Na rua Doutor Satamini, 176, estava em final de construção um prédio bonito, pequeno, de apenas cinco andares, onde havia um apartamento para alugar. O doutor Olavo, dono do edifício, estava irredutível: queria um fiador. Papai, caixeiro-viajante, ausente; mamãe, cuidando dos filhos; o irmão mais velho morando em São Paulo, o Odilon ganhando pouco no Banco do Brasil, o Júlio fazendo política (ele dirigia o jornal *Novos rumos* e não ganhava nada), a irmã Rachel entrando para a faculdade de Medicina, estudando em tempo integral. Exemplos, todos eles, de caráter e de integridade. Vários parentes foram acionados e até meus amigos da comunidade judaica. Nada. Eles simplesmente se recusavam a nos dar essa ajuda.

No prazo-limite, em desespero, tomei coragem e procurei seu Adolpho, afinal, já trabalhava há dois anos na empresa, na *Manchete Esportiva*.

"Acontece que achei um apartamento para alugar, na rua Doutor Satamini, mas me falta o fiador."

"Gosto muito dessa rua, já morei lá, há muitos anos... como é o seu nome?"

"Arnaldo."

Ele fechou um olho e quis saber:

"Você não vai deixar de pagar o aluguel todo mês, vai?"

"Claro que não!"

"Então, fale com o doutor Antonio de Pádua para preparar os papéis. Mas, se você não pagar, corto os seus ovos, hein!"

Era eu quem pagava o aluguel. E jamais atrasei um dia sequer. Moramos lá durante sete anos, até meu casamento com Ruth — que tem uma participação muitíssimo importante, fundamental, nestas relembranças todas — sob as bênçãos do rabino Rachmil Blumenfeld, no Grande Templo, dia 3 de maio de 1962. Chovia muito, e disseram que aquilo era sinal de felicidade futura. Vieram os queridos filhos, Celso, Andréia e Sandra, e as adoráveis netas, Giovanna, Dora, Gabriela, Fernanda, Bruna e Paula, além da nora Andréa e dos genros Isio e Beto. Todos tratados como filhos.

***

Quem procurou o Adolpho, também por problemas particulares, foi o redator Ivan Alves. Com o Ato Institucional nº 5 (AI-5), as coisas estavam complicadas para ele, depois que o filho foi preso e torturado pelo regime militar. O jeito era tentar uma fuga para o exterior. O patrão ouviu a história e foi direto ao chanceler Magalhães Pinto, pedindo a liberação de um passaporte para o rapaz, que três dias depois já estava em Paris, engrossando as fileiras dos asilados políticos. Tudo sob o patrocínio — o dinheiro, inclusive — dele, Adolpho, que sempre detestou o comunismo, regime do qual sua família tinha fugido anos antes, mas jamais deu importância à ideologia política de seus funcionários.

Ivan e seus companheiros de partido nunca esqueceram esse gesto de Abrasha, nome pelo qual Adolpho era conhecido em Jitomir, na Ucrânia, onde tinha vivido os terríveis e jamais esquecidos *pogroms*[2]. E quando ele descia aos limites da alma, costumava contar as atrocidades cometidas pelos cossacos que, confessadamente, detestava.

Pois era exatamente aquele homem que estava levantando um império gráfico que, muitos anos depois, viria a desmoronar. "A vida só é digna de ser vivida quando se faz algo pela vida, em vida."

Nessa sua frase, a síntese do grande empresário, ou melhor, do grande empreendedor que ele foi. Sempre à frente de todas as suas corajosas iniciativas, na tempestade e na bonança.

Tudo tinha começado lá longe, em Jitomir, cidade de cem mil habitantes, na Ucrânia, banhada por seis rios, com muitas florestas em volta e grandes campos de trigo, onde o menino Adolpho nasceu. Ele tinha nove anos quando a revolução de outubro de 1917 transformou a Rússia em União Soviética e então chegaram os cossacos ("Tão belos no palco, tão ferozes na vida real", segundo Adolpho Bloch) com seus sabres afiados. O porta-joias da mãe foi o preço para salvar a vida de toda aquela família, composta de gráficos e editores. A fuga foi em uma diligência que levou sete dias para percorrer os 120 quilômetros de distância até Kiev, cujos quiosques pertenciam à família. A tensão era tanta que, quando chegaram, os cabelos escuros da mãe estavam totalmente brancos. Com a bandeira vermelha do novo regime tremulando no mastro do parlamento da capital ucraniana, instalaram-se no apartamento de cortinas italianas da rua

[2] Atos de violência em massa contra judeus, protestantes, eslavos e outras minorias étnicas da Europa. (N.E.)

Pushkinskaia, 23 que o pai, Joseph Bloch, tinha comprado poucos anos antes. Conformado com todas essas e outras dificuldades, o menino achava que a vida era assim mesmo, embora o sono só viesse depois de um chá de casca de laranja. Foi na desapropriação da litotipografia da família que as coisas pioraram mais ainda e eles — 11 pessoas — tiveram de ir morar em um só quarto, ouvindo a mãe dizer que tudo ia melhorar.

Sentados no chão do vagão durante outros sete dias, embarcaram num trem de carga, fiscalizados de duas em duas horas por patrulhas que pediam documentos, vocábulo que naquela eventualidade tinha mudado seu significado para qualquer objeto de valor. Quando já não tinham mais nenhum documento, a irmã Bella ofereceu a um dos guardas o livro de poemas de Pushkin que estava lendo. Ele era analfabeto, sentiu-se ofendido e, por esse pequeno detalhe, ela quase morreu. Da última estação antes de Odessa foram andando até uma grande plantação de milho, onde se esconderam à espera do momento propício para atravessar o rio Dniester e chegar à Bessarábia. A sede era terrível e, apesar de estarem a menos de duzentos metros da água, tinham que se contentar com gotas, quando podiam. Até que, enfim, numa noite mais escura, aconteceu a travessia. Na etapa seguinte da longa viagem, escondidos em carroças para carregar palha de milho, foi preciso confiar na sorte mais do que nunca: os guardas da fronteira enfiavam enormes tridentes no carregamento, em busca de fugitivos. Assim, milagrosamente, chegaram a Dobreven e, dias depois, ao porto de Galátz. A travessia do rio Constança, do mar Negro e do mar de Mármara foi a bordo de um pequeno navio, com escala em Constantinopla, no dia 8 de outubro de 1921, quando Adolpho completou 13 anos, com *bar mitzvah* abençoado em turco, no porão da embarcação.

Finalmente, chegaram a Nápoles, onde ele dizia ter conhecido a miséria rica: dois pratos de espaguete davam para alimentar a família inteira. No Cine Margarida, da Galeria Umberto I, arranjou um biscate de "vaga-lume" e assistiu à passagem de um enterro solene, com o povo chorando nas ruas. Era o tenor Enrico Caruso, que ele conhecia de nome pelos libretos de ópera que vendia e os cartazes que colava em Kiev.

De Nápoles até Gênova, outro trem, e a percepção de um país cheio de cartazes anunciando a era Mussolini. Finalmente, a bordo da terceira classe do cargueiro *Re d'Italia* rumo ao Brasil, do qual ele só conhecia um lugar, através de uma fotografia do nosso consulado em Nápoles: o mangue, com suas palmeiras e o canal no meio. Era o início do ano de 1922, e o país comemorava o centenário da sua independência, quando cada nação convidada pelo presidente Epitácio Pessoa construiu seu pavilhão, dos quais quase nada mais restou além do Petit Trianon, que passou depois a pertencer à ABL. Na área esportiva, dois eventos de grande porte estavam incluídos na programação das festividades: os Jogos Olímpicos Latino-Americanos (precursores dos Jogos Pan-americanos) e o Campeonato Sul-Americano de Seleções Nacionais de Futebol (que exigiu um aumento da capacidade do estádio do Fluminense, em Laranjeiras, de vinte para trinta mil espectadores), em cuja final o Brasil venceu o Paraguai por 3 x 0, o que nos valeu o título continental.

Naquele velho Rio de Janeiro, já se vendia muita coisa nas ruas, mas as compras domésticas eram anotadas em cadernos escritos a lápis. Não havia juros, muito menos correção monetária.

Como bagagem eles traziam a saúde. Como riqueza, apenas um pequeno pilão.

A casa modesta de uma sala e dois quartos, alugada por oitenta mil réis mensais em uma vila da rua Conselheiro Costa Pereira, 45, atrás da Fábrica de Tecidos Corcovado, no subúrbio de Aldeia Campista, no Rio de Janeiro, era o endereço daquelas dez pessoas, ajudadas por uma empregada mineira chamada Aurora, que fazia a feira depois do meio-dia para aproveitar as xepas e diariamente queria saber detalhes dos sonhos de todos, para jogar no bicho, com esperança de ganhar 1.400 com apenas 200 réis. Os Bloch dormiam de janelas abertas. E, graças a lições do guarda-noturno da região, acabaram aprendendo como usar luz sem pagar à Light, colocando uma moeda de 400 réis no lugar do fusível. Um dia, a irmã teve dor de garganta, e Adolpho a levou até à Santa Casa. Como ele era o intérprete, os médicos entenderam outra coisa, e acabaram arrancando um dente dela. Aos domingos, depois do cinema América, ele ia até a Confeitaria Tijuca para apreciar as moças. De longe, aquele falatório lembrava o idioma russo. Logo, o corso, as batalhas de confete no boulevard 28 de Setembro, em Vila Isabel, e na rua Dona Zulmira, no bairro do Maracanã, se encarregariam de transformá-lo num cidadão "carioca da gema". O que mais o encantava eram as cadeiras na calçada e as senhoras distribuindo croquetes e empadinhas a todo mundo. Mas, mesmo já meio ambientado no modo de viver daquela gente, o jovem Adolpho ainda não tinha esquecido a cena mais triste desde a chegada: a carroça levando os móveis, quando foram despejados daquela casa da rua Pereira Nunes.

Por enquanto, ele era apenas um emigrante pobre, que andava de taioba e comia meia-porção no China, juntando dinheiro para as passagens que os levariam para os Estados Unidos.

Esse, pelo menos, era o plano inicial.

***

Na trajetória de Adolpho Bloch, que acompanhei durante 37 anos, era possível identificar uma crença ilimitada no Brasil, no nosso povo, no nosso futuro. O importante era gerar empregos, sem medo dos obstáculos, na certeza de que — como afirma Martin Buber — o ideal supremo só pode ser alcançado através dos meios coerentes à sua essência. E ele sempre foi, acima de tudo, profundamente coerente em seus ideais.

Por isso, ao longo da vida, foi muito homenageado. E sempre com justiça. Sua ousadia empresarial era elogiável e sua lealdade aos amigos, mais ainda. Foi assim que, em 1971, recebeu o título de Benemérito da Comunicação e disse:

> A forma mais expressiva de comunicação humana é a fé. A fé nos homens, a fé em si mesmo. Só vencemos na vida quando temos fé. Foi em Kiev que comecei a trabalhar em comunicação: colava cartazes em quiosques de propriedade do meu pai, que imprimia o dinheiro do governo provisório de Aleksandr Kerenski de maio a novembro de 1917, quando foi deposto pelos bolchevistas. Desde então trabalho naquilo que gosto, portanto sou um homem feliz. Fazendo edições da *Manchete* em português e em inglês, para mostrar o Brasil aos brasileiros e aos estrangeiros, doando escolas, imprimindo cartilhas e folhetos, organizando museus de arte, montando teatros e editando livros de cultura, estamos realmente ajudando a comunicação entre os homens. Tenho a certeza de que, se todos se comunicassem em 360 graus, os problemas do mundo estariam resolvidos. O maior cronista de todos os tempos foi Moisés com suas Tábuas da Lei. Milênios se passaram,

delas foram feitas traduções em todos os idiomas, e quanto mais exploramos o cosmos, mais perto estamos dos dez mandamentos.

Está fazendo meio século de minha chegada ao Brasil. Quando comecei a trabalhar aqui, em propaganda, os anúncios eram feitos em bondes, com uma certa graça. Quando cheguei ao Brasil, a primeira coisa que aprendi a ler foram aqueles versos do Bastos Tigre — "Veja, ilustre passageiro/o belo tipo faceiro que o senhor tem a seu lado,/no entanto, acredite, quase morreu de bronquite/salvou-o o Rhum Creosotado" — que via nas minhas viagens de bonde da cidade até o subúrbio de Aldeia Campista. E cada vez achava aquilo mais bonito, tanto que cheguei até a declamá-lo durante uma festa da minha escola. O maior anunciante era então a Casa Mathias, que avisava a chegada de dona Virgulina com o Lafranhudo anunciando as suas muambas. Mas, em 1922, o que mais me impressionou, num dos pavilhões da Exposição Comemorativa do Centenário da Independência, foi um rádio que falava lá dentro e se ouvia cá fora.

Em 1926, quando conheci o Joracy Camargo, que trabalhava em *A Manhã*, publiquei os fascículos de "Pobre rapaz", com mais de 200 mil exemplares de tiragem. A vida de quem trabalhava em propaganda, arte e comunicação, naquela época, era uma verdadeira odisseia. Lembro-me de um amigo que ganhava o prêmio de mil réis apenas quando conseguia vender um telefone. As pessoas compravam quadros como se estivessem dando esmola ao pintor. Tudo, porém, mudou — para melhor. Acho a vida de hoje uma coisa fabulosa. Vivemos agora um momento no qual ninguém pode ser ortodoxo por mais de uma noite: o transístor acabou com as fronteiras do mundo. Assisti à chegada de Gago Coutinho e Sacadura Cabral ao Brasil e, depois, à descida do homem na Lua. Participei da inauguração de Brasília. Ouvi Stefan Zweig preconizar esta nação-continente como o país do futuro. E assisto agora à construção de um país com o qual sempre sonhei!

E foi assim também que, em 1977, ele recebeu o título de "publicitário do ano" em evento promovido pela Associação Brasileira de Propaganda. Diante do governador Faria Lima, no Clube dos Caiçaras, seu agradecimento foi com as seguintes palavras, que guardei em meus arquivos:

Em 1978, vamos investir mais 200 milhões de cruzeiros em projetos para melhorar o nosso parque industrial. Tudo isso devemos a quem? Às agências de publicidade, aos clientes, ao desenvolvimento, aos nossos leitores. A publicidade brasileira evoluiu muito. Quando vejo o original de uma de nossas agências, tenho certeza de que posso mostrá-lo em qualquer parte do mundo. É bem-diagramado, bem-produzido, inteligente, perfeito, porque nossos publicitários são profissionais de alto nível. Comemoramos hoje o Dia Mundial da Propaganda. E aqui estamos todos juntos, em família, otimistas, confiando no Brasil Grande que ajudamos a construir.

Repare-se no texto, ditado por ele uma semana antes, onde há uma soma de intenções positivas: o crescente investimento, o reconhecimento de nossos profissionais, a ideia da comunhão familiar e, acima de tudo, o permanente otimismo. Esse era o seu estilo.

Os ricos têm problemas, os pobres têm necessidades, as famílias têm dificuldades, cada país tem seus desafios. Depois de trabalhar durante 64 anos, cheguei à conclusão de que basta estar vivo para ter problemas, mas aprendi na matemática que todos eles têm uma solução. E que este é um país privilegiado: aqui não faltam nem terra nem água, não temos fronteiras hostis, vulcões, terremotos ou maremotos, aqui não há discriminação racial ou religiosa e não tivemos a guerra das Falkland. Temos as feiras e mercados sempre lotados de alimentos. E no futebol só não somos campeões quando a teimosia dos técnicos atrapalha. Se eles soubessem jogar xadrez, talvez suas mentes fossem mais esclarecidas. Parece que todo brasileiro está preocupado com a dívida externa que, para mim, será resolvida no seu devido tempo. As riquezas da Amazônia dão recursos para pagar nossas dívidas com a maior facilidade. Conheço os banqueiros. Dívida é uma questão de contabilidade; a nossa firma, por exemplo, sempre esteve no vermelho. Eu vivo no vermelho desde que nasci e é isso que me faz trabalhar e cumprir meus compromissos. Se eu estivesse no preto, não teria feito nada. Estou resolvendo todos os meus problemas com otimismo, porque acredito no Brasil Grande.

Deus foi generoso para com este país. Precisamos é resolver problemas internos — que é a base de tudo. Quem viaja para o exterior tem de usar o dólar; os empréstimos e os arrendamentos mercantis, mais o Imposto de Renda, são calculados pelas ORTNs, a compra da casa própria é paga em UPCs, os aluguéis são majorados em INPCs, os salários são pagos em cruzeiro. Afinal, qual é a moeda nacional? Se o Brasil não tivesse correção monetária, os juros seriam de 8% a 12% ao ano. Os homens de recursos teriam de trabalhar e de dar trabalho. Quem quisesse ter renda maior seria obrigado a investir em empreendimentos produtivos, mas o que se vê atualmente são pessoas empregando seu dinheiro a 100% ou 200% ou mais, ao ano. Nada fazem e não dão oportunidades a ninguém, sobrecarregando apenas aqueles que estão trabalhando. Os empresários estão sendo obrigados a descapitalizar seus negócios, pagando juros altíssimos para garantirem uma sobrevivência precária. Em benefício dos profissionais do lucro fácil. A equação é esta: juros + reajuste semestral + correção monetária = inflação, falência e desemprego em massa.

Em 1973, diversos banqueiros me aconselharam a desaquecer a economia de nossa empresa. Se eu tivesse ido nessa conversa, hoje, em 1983, nem sei onde eu estaria, nem onde estariam os meus cinco mil companheiros de trabalho! O ano 2000 está próximo. Disseram que só então eu poderia ser diretor da Rede Manchete de Televisão, porque serei então brasileiro nato (até lá só me aceitam como avalista nato). O importante na vida não é ter, ser ou parecer; o importante é fazer, construir, desenvolver.

***

O otimismo de Adolpho estava presente inclusive no primeiro papagaio[3] assinado. Uma velha história que ele havia contado assim, em 1973, no lançamento da revista *Tendência*:

> Em 1922 morávamos no subúrbio de Aldeia Campista; a família estava deslumbrada com tanta alegria e felicidade. O carnaval era a única coisa organizada no país. O nosso corso era feito de bonde, jogando serpentinas, confetes e lançando gotas de “Colombina”, cantando o “Pé de anjo” A vida era barata, mas muito difícil, porque, apesar de termos profissão, não tínhamos onde trabalhar. Juntamos 300 mil réis

[3] Nota promissória. (N.E.)

com a ideia de voltarmos ao cais de Nápoles, onde sabíamos que a miséria é rica. Isso era muito importante para nós, pobres, porém orgulhosos. De repente, o inesperado. Passando pela loja do Mestre Blatgé, não resisti e comprei um carro aberto para tomar parte ativa no carnaval. Foi assim que assinei meus primeiros trinta papagaios de 20 mil réis cada um, dando como entrada os tais 300 réis da passagem do navio. De lá para cá, faz mais de trinta anos que assino outros papagaios, já virou tradição. Desde então sempre tive automóveis de marca estrangeira, mas, quando surgiu a indústria automobilística nacional, em 1956, fui dos primeiros a comprar carros brasileiros para a nossa sucursal de Brasília. Hoje, estacionados no Parque Industrial de Parada de Lucas, há mais de quinhentos deles, de nossos companheiros de trabalho. Fico orgulhoso desse fato. Por isso, quero prestar aqui uma homenagem ao meu amigo e companheiro Juscelino Kubitschek. Uma das metas dele vocês cumpriram. E ampliaram.

Diretor da revista, criei ainda o Prêmio Tendência (uma escultura de Agostinelli e o respectivo diploma), que a cada ano era entregue em solenidade no Teatro Adolpho Bloch, seguida de um jantar de gala. Um sucesso. Para se ter uma ideia da importância desse prêmio, basta dizer que, em 1981, vários ministros, como Hélio Beltrão, Mário Andreazza, Jair Soares, José Carlos Freire, Ângelo Amaury Stábile e João Paulo dos Reis Velloso, participaram da solenidade, aberta com um discurso do ministro Ernane Galvêas. E, com a presença de trezentos convidados, entre os escolhidos por um júri presidido pelo senhor Nestor Jost, estavam o prefeito de São Paulo, Reynaldo de Barros, e o ministro da Educação, Rubem Ludwig.

***

Embora sabendo que suas atividades principais estavam indissoluvelmente ligadas ao setor gráfico-editorial, onde viveu grandes empreendimentos, portanto, grandes emoções, Adolpho fez de tudo um pouco. Chegou, inclusive, a sonhar com a entrada do Brasil no mercado de desidratados. Foi em 1978, depois de visitar o *kibutz* Bror Chail, de quatrocentos hectares, em Israel, onde viviam quase duzentas famílias, a maioria brasileiras, onde havia uma fábrica de alimentos desidratados com uma produção anual de mais de 15 milhões de dólares e que fornecia seus produtos para a Unilever, a Knorr e a Nestlé. Ficou tão entusiasmado que chegou a fazer um convênio para produzir desidratados aqui, com a mesma eficiência da tecnologia deles. Era preciso que o Brasil tivesse produtos hortigranjeiros da mais alta qualidade.

Técnicos israelenses vieram, escolheram Pouso Alegre, em Minas Gerais, para iniciar o projeto e ele comprou uma pequena fazenda de dez mil metros quadrados. A terra foi tratada com calcários e adubos, foi feita a irrigação e destinados 92% da área para a produção. Ali seriam colhidas quinhentas toneladas de batatas, quarenta toneladas de alho, cem toneladas de cebola e muitas outras toneladas de tomate. No mês seguinte, iniciariam o plantio de pimentão, couve-flor e cenoura; depois seria a vez da soja.

"A terra tem ciência, a terra tem genética. Mas ela precisa de amor. Aí, retribui mais do que pede", dizia Adolpho, para quem o homem da cidade, quando descobre o campo, começa uma nova vida. "A minha vida começa agora, aos setenta anos."

Ele chegou até a alugar um caminhão e encarregar o Marechal — chefe da portaria —, o Charuto e o Machadinho — uma espécie de especialistas em generalidades — de venderem espigas de milho na Praça XV.

E vibrava quando seus vendedores improvisados voltavam com alguns gloriosos trocados de lucro.

Davi e Golias

Mas é inegável que sua vida mudou mesmo quando a televisão chegou às Empresas Bloch. Era 1983, a economia passava por alguns sobressaltos que tornavam a vida dos brasileiros ainda mais difícil. Os juros estratosféricos impediam que os empresários bem-intencionados tivessem condições de promover investimentos que gerassem mais empregos. Além disso, o país convivia com uma dívida externa que crescia a cada mês. Para piorar, a crise levou à maxidesvalorização do cruzeiro — a moeda da época —, acarretando grandes complicações para todos. Esse cenário era relatado nos textos assinados por Adolpho Bloch, que também demonstrava outras preocupações e apostava em ações e iniciativas para o desenvolvimento do país. Folheando números antigos da revista daquela época, liam-se algumas frases marcantes dele:

"Conheço o êxodo em minha própria carne."

"Há sessenta anos, eu saltava do bonde na praça da Bandeira e ia a pé até a praça da República para economizar um tostão e poder almoçar um caldo de cana com um sanduíche de salame. A vida era barata, mas não havia trabalho."

"Quem viveu quatro anos de fome na Rússia sabe que o dinheiro, o ouro e os diamantes não têm importância. O que vale são os alimentos que a terra produz."

"Pobreza não é filosofia. Um país que produz tudo o que precisa é abençoado e feliz."

"Não devemos transformar dinheiro em deus. O trabalho é mais digno e mais importante do que tudo."

"Tenho pensado muito na vida de um empresário que trabalha e faz trabalhar mais de cinco mil pessoas em nível elevado. Estou lutando 24 horas por dia, apesar de possuir um sólido patrimônio construído durante sessenta anos de luta e que já faz parte do patrimônio deste país."

"O exemplo do trabalho é o da dignidade e o da tradição; o exemplo da especulação é o oportunismo."

"Tenho saudades dos 'mil réis'. Naquele tempo o dinheiro tinha valor, era respeitado."

"Estou sofrendo, porque sou obrigado a pagar quatro vezes mais o preço do dólar imposto pela política cambial."

"A indústria é irmã gêmea da agricultura. Sem um grande parque industrial, não poderemos ter uma boa agricultura."

"Não há países subdesenvolvidos. O que há são homens subdesenvolvidos."

"Não sou economista, graças a Deus, mas a correção monetária é um câncer na economia nacional. Se alguém tem dinheiro, deve procurar investi-lo através do trabalho e não explorá-lo através do lucro fácil."

Na época, percebiam-se nele, principalmente, certas esperanças com relação à inauguração da TV Manchete.

***

Naquele momento da noite do domingo, 5 de junho de 1983, em que a primeira imagem apareceu, o Oscar e o Jaquito estavam na sala de controle, e nós, no décimo andar da rua do Russel, 804, junto de muita gente, entre outros, o cientista Albert Sabin, benfeitor da humanidade, seu grande e querido amigo. Sabin conversava com o governador Leonel Brizola, a quem Adolpho me pediu que socorresse. "Ajuda o Brizola a falar com o Sabin. Ele não sabe inglês."

Quando o relógio marcou sete horas, o aviso: "Atenção! Vai entrar no ar a Rede Manchete de Televisão!".

Foi a única coisa que se ouviu. A imagem inaugural, com a fala de Adolpho Bloch, pré-gravada, apareceu sem som. Instantes depois, em seu lugar surgia na tela o primeiro anúncio, com um apresentador em traje de gala, dizendo que Lubrax-4, o óleo lubrificante da Petrobras, saudava a entrada da TV Manchete no ar. Era o cartão de visitas da mais nova emissora da televisão brasileira, 33 anos depois da pioneira TV Tupi. Com a melhor qualidade de imagem e de som da época, era uma televisão de primeira classe, conforme seu slogan. E, naquele momento, já ocupava o segundo lugar na audiência.

Adolpho sofria calado. Olhou para mim, atrás dele, e perguntou: "O que é que você acha?"

Eu não achava nada. Estava tão perplexo quanto ele, pouco antes da explosão, enfim, do som forte, bonito, cristalino, anunciando o começo de mais uma aventura dos Bloch.

"E eu que sou apenas um tipógrafo!", comentou.

Sob sua marca registrada, o M estilizado — logotipo criado pela agência DPZ de publicidade —, havia começado o grande desfile musical da primeira noite da Rede Manchete de Televisão: Milton Nascimento, Ney Matogrosso, Kleiton & Kledir, Paulinho da Viola, Astor Piazzolla, Arthur Moreira Lima, Elba Ramalho, Alceu Valença, dona Yvone Lara, Sérgio Mendes, Ana Botafogo e Fernando Bujones, Cláudio Tovar e Lucinha Lins, e Watusi se apresentaram antes da exibição do filme *Contatos imediatos do terceiro grau*, entremeado de intervalos com outro show, o de anunciantes, entre os quais, Petrobras, Shell,

Atlantic, Nestlé, Arno, Philips, Walita, Maggi, Gilette, General Motors, Supergasbras, Gradiente, Ariola, Cônsul, Minerva, Doriana, Ponto Frio, Brastemp, Sul América, Souza Cruz, Volkswagen e Johnson & Johnson.

Depois das dez horas daquela noite inicial, a nova emissora tinha ultrapassado a Globo no primeiro lugar da audiência (em São Paulo, foram 27 pontos contra 12).

Antes da estreia, Adolpho chegou a ir pessoalmente a Positano, na Itália, para convidar Franco Zefirelli para dirigir alguns espetáculos na nova televisão, convite prontamente aceito, já com uma sugestão: a ópera *Aída* nos moldes das Termas de Caracalla. Acontece que, para encená-la, eram necessários seis elefantes.

"Eu teria de pagar cachês aos elefantes", dizia ele, "e como explicar isso a um sócio?"

Essa seria — segundo Adolpho — uma das razões pelas quais, apesar de todos os muitos problemas que apareceram, ele nunca ter tido sócios.

***

Sete anos e vários tipos de elefantes depois, Adolpho estava sentado à mesa da secretária Martha, ao lado do telefone, aguardando uma chamada. E eu, diante do enorme aparelho de televisão instalado na sala dele, no oitavo andar do prédio da rua do Russell, testemunhava o nascimento de uma estrela, elogiando a apresentadora Angélica, ainda quase menina, porém já revelando as qualidades que a tornaram famosa: "Meu Deus, como essa moça é bonita!"

Ele, então, virou-se para mim, espumando, e exclamou, irritado: "Você não viu que estou de costas para a TV?"

Eu já tinha percebido a posição em que ele estava, só não tinha sequer desconfiado do motivo.

"Estou perdendo milhões nesse negócio aí. Bem que eu era contra. Foram meus sobrinhos que inventaram essa novidade, que vai levar a empresa à falência!"

Já não havia mais quaisquer motivos para ilusões, muito menos esperanças de equilibrar as despesas monumentais das custosas operações da Rede Manchete de Televisão.

Saí da sala em silêncio profundo, altamente impressionado com a cena. E com a certeza de que pelo menos a Angélica não tinha culpa de nada.

***

No entanto, a partir de 27 de março de 1990, a novela *Pantanal*, de Benedito Ruy Barbosa, havia se transformado em um marco da televisão brasileira. Inédita, enigmática, magnética, com uma boa trama na história invulgar e um elenco homogêneo e sem estrelismos, a audiência aumentava a cada dia. As imagens externas deslumbrantes e surpreendentes complementavam o enredo, e o ritmo era diferente, mais lento, original na época. Enquanto os capítulos se desdobravam, a TV Manchete se mantinha em permanente liderança, naquele horário nobre. E nesse confronto de Davi e Golias, a hegemonia da Globo havia sido quebrada. O resultado foi que ela, pela primeira vez intimidada, ampliou a duração do *Jornal Nacional*. À toa, porque o público continuou fiel à saga pantaneira até o último capítulo, em 10 de dezembro, quando foram registrados 40 pontos contra 21.

***

Só muito tarde o vigia noturno conseguia apagar as luzes daquela sala em constante ebulição do sexto andar do prédio do Russell, as únicas acesas até altas horas (mais acesas ainda na hora em que Pantanal ia para o ar). Ali era o quartel-general do diretor artístico da emissora, Jayme Monjardim, onde três dos responsáveis diretos pelo sucesso daquele golpe de mestre da TV Manchete tinham um encontro marcado diário: Jayme, diretor também da novela, Bruno Villas Boas, diretor de produção, e Roberto Faustino, chefe do departamento de chamadas dos intervalos da programação. Os três assistiam juntos ao programa, diariamente, acompanhando a cada vez mais tranquila liderança no horário. Em cima da mesa redonda de reuniões no canto da sala, uma garrafa térmica de café e pacotes e mais pacotes de panetones devidamente devorados a cada número do Ibope que subia, como se fosse um regime para engordar meio quilo por dia. Nos bolsos de Monjardim podia faltar tudo, menos analgésicos, paliativo para as dores de cabeça dele, que só iam mesmo embora quando terminava o capítulo do dia e começavam os trechos das cenas que seriam exibidas na noite seguinte, continuação da trama de Benedito Ruy Barbosa.

Quando o Ibope registrou 28 pontos, entre muitos abraços, houve uma pequena comemoração regada a uma dose de panetones a mais.

Aos 30, alguns gritos tipo Maracanã. Aos 35, Jayme dava pulos que quase balançavam os andares mais próximos. No 30º ponto de audiência, ele prometeu uma cambalhota para os 37. Aos 37, adiou, rindo, para os 38. Aí virou desafio: e quando chegasse aos 40 pontos?

"Uma cambalhota daquelas de circo!", garantiu.

Não demorou. Poucos dias depois, lá estava o número mágico, 40, mostrando que não havia mais possibilidade de reação da Globo: a TV Manchete era a nova campeã de audiência do horário nobre!

Sem dizer uma palavra, Jayme Monjardim levantou-se, foi andando lentamente para o canto oposto da sala, respirou fundo, levantou os braços e, como se estivesse no picadeiro, correu e deu uma cambalhota que, certamente, em toda sua vida nem sequer tinha pensado que seria capaz de dar. Parado, de cabeça para baixo, as mãos no chão e os pés apoiados num pedaço de parede entre dois janelões de vidro, ficou dando sonoras gargalhadas que ecoaram pela escuridão do edifício em silêncio.

No fim daquela noite, o bar do vizinho Hotel Novo Mundo teve de reforçar seu estoque de garrafas. Eles tinham secado quase todas as disponíveis para o dia seguinte.

***

Há informações — inclusive publicadas no livro *Rede Manchete: Aconteceu, virou história*, de Elmo Francfort — segundo as quais a emissora nunca faturou tanto como naquele ano de 1990: 126 milhões de dólares (para se ter uma ideia, consta que toda a montagem da emissora não teria chegado aos cem milhões). Isso depois de deixar de vender cerca de 11 mil segundos por mês, porque os contratos de publicidade foram feitos antecipadamente, com base nos cinco por cento de audiência dos programas de até então. Venderam *Pantanal* apostando nos cinco e a novela deu mais de 40 pontos de audiência. De repente, existia uma fila de anunciantes e não havia espaço para produto mais nenhum.

Um mês mais tarde, no dia 26 de abril, a Globo comemorava seus 25 anos programando o filme *Os intocáveis*, a um custo de duzentos mil dólares. Mais uma batalha perdida: *Pantanal* é que se mostrou intocável, com 51 contra 30 no Rio e 29 contra 27 em São Paulo.

A TV Manchete começou a anunciar na mídia: "O Brasil mudou de canal."

Desde que as Empresas Bloch receberam a concessão do canal de televisão, Adolpho e Boni se falavam, vez ou outra. E reza a lenda que um dia, em pleno êxito de *Pantanal*, Boni ligou para Adolpho e não foi atendido imediatamente. Teria reclamado. E recebido como resposta: "Vocês não sabem ser o segundo lugar. Nós não sabemos ser o primeiro."

Adolpho gostava muito do Boni.

***

A TV Manchete já tinha vivido outro grande momento, em 1984, na transmissão do carnaval de inauguração oficial do Sambódromo. O então governador Leonel Brizola recebeu um documento do Boni, abrindo mão da cobertura do carnaval carioca, por não concordar que o desfile fosse durante dois dias, em vez de um, como era de praxe. Foi então que Brizola procurou Adolpho, para que a TV Manchete transmitisse o evento. Às vésperas da festa, o doutor Roberto procurou Adolpho propondo que a Globo também transmitisse. Mas a TV Manchete já tinha vendido os espaços comerciais com base na condição de transmissão exclusiva.

Semanas antes, após uma reunião na Liga das Escolas de Samba, o Allan Caruso me contava: "Surpreendentemente, a Globo não quis entrar no *pool* proposto; o representante deles disse que não estavam interessados na cobertura do evento, tinham muitos compromissos com patrocinadores e anunciantes e não poderiam mudar a programação."

A TV Manchete, então, aproveitou a deixa e ficou com a exclusividade, dando um banho de 70% de audiência (no desfile da Mangueira, lembro bem, foram 35 pontos a 12) e apresentando suas credenciais como uma opção de escolha. Pela primeira vez desde sua estreia, em 1973, o *Fantástico* era desalojado de seu inabalável primeiro lugar. A Globo tinha programado também o filme *Uma rajada de balas*, inédito na TV, e não passou de oito pontos. Isso nunca tinha acontecido. Adolpho explicou:

> Foi a inteligência da nossa equipe, diretores, engenheiros, técnicos, câmeras, operadores, repórteres; e até o nosso chef Severino, que não

faltou com suas quentinhas. Foram seiscentas pessoas nossas na Passarela, 120 horas no ar, mostrando a beleza do carnaval, sua riqueza e sua gente. Usamos balão, helicóptero e uma supergrua para conseguirmos as melhores imagens na cobertura inédita da grande festa popular. Assim conquistamos a simpatia do público e da escolas de samba e o respeito da crítica. O nosso Ibope está cada vez mais firme e nossas equipes são aplaudidas por onde passam. Essa é a nossa riqueza. Agora estamos nos preparando para dar um show na próxima Copa do Mundo, repetindo o êxito de nossa cobertura olímpica em Los Angeles. O que mais posso desejar da vida?

Roberto Marinho tinha ficado aborrecido e, tempos depois, na comemoração do 14 de julho, no consulado da França, comentou comigo que ficar com exclusividade da transmissão daquele carnaval tinha sido um golpe da Manchete. Tentei convencê-lo de que a Globo é que tinha se desinteressado, em vão: senti que ele não acreditou na minha versão. Anos mais tarde, porém, entre uma água de coco e outra, na casa da praia de Mombaça, em Angra dos Reis, confessou-me que eu estava com a razão. E falou de um telefonema trocado com "o Bloch" (como ele chamava Adolpho) quando a Manchete demonstrou interesse pela área eletrônica audiovisual: "Não faça isso, meu amigo! Se eu não tivesse tido um apoio forte no início, não teria prosperado no ramo, onde tudo é muito, muitíssimo dispendioso!"

E completou Roberto Marinho, com ar quase paternal, porém triunfante: "Ele não quis me ouvir. Disse que tinha um sobrinho ainda mais talentoso do que o Boni. E deu no que deu..."

***

"Eu nunca quis essa tal de televisão!"

No fundo, ele era contra a ideia, mas acabou rendendo-se à vontade de seus dois sobrinhos, Oscar e Jaquito, os quais ele chamava "bossa-nova". E quando, em 2002, vendeu a rede para Hamilton Lucas de Oliveira, do Instituto Brasileiro de Formulários (IBF), mandou abrir champanhe para comemorar.

Fui testemunha da seguinte frase: "Dr. Hamilton, não deixe de fazer novelas, é muito importante. Hoje eu sei como se faz, aprendi tudo. Se o senhor quiser saber como se faz, fale comigo."

O doutor Hamilton limitou-se a sorrir. Eu também.

Foi o que se viu. Hamilton, que parecia agir em nome do governo, com seus cheques do Banco Rural, só deu a entrada de três milhões de dólares e não pagou nenhuma das demais prestações. Quando Adolpho soube que ele estava colocando à venda as TVs de Recife e Fortaleza, sentiu que tinha sido vítima de um golpe. Foi à Justiça e retomou as televisões e emissoras de rádio. Dos males, o menor.

No fim, diante de todas as gigantescas dificuldades decorrentes da Rede Manchete de Televisão, Adolpho responsabilizava pelo que chamava de "desgraça da vida dele" apenas uma pessoa: o sobrinho e vice-presidente do grupo Oscar, que tinha se empenhado muito pela concessão do canal, junto ao governo do general João Baptista Figueiredo, onde tinha alguns amigos, como o general Otávio Medeiros.

A verdade é que, em ocasiões anteriores, por exemplo na década de 1970, o próprio Adolpho me estimulou a disputar uma concessão. Primeiro foi o canal 13, que perdemos para o Sílvio Santos, depois o canal 9, que acabou indo para o *Jornal do Brasil*, e depois o canal 7, que ficou com a Bandeirantes. Era eu quem organizava os processos de licitação, com a ajuda do amigo incondicional que foi Moisés Weltman. A incumbência me deu um imenso trabalho, entre outros, o de ir diversas vezes, pessoalmente, até o Ministério das Comunicações, em Brasília. Só que, na hora de bater o martelo, éramos sempre os preteridos.

Quando da disputa do canal 13, que tinha pertencido à antiga e histórica TV Rio, o nosso projeto estava dentro de todas as exigências, mas a briga era com o Sílvio Santos, que tinha feito um investimento de cinquenta milhões na montagem de estúdios, onde gravava seu já bem-sucedido programa dos domingos. Foi quando o ministro Euclides Quandt de Oliveira me chamou a seu gabinete com uma proposta: "Falei com o presidente Geisel sobre o canal e concluímos que o melhor seria promover uma parceria entre a Bloch, com seu prestígio cultural, e o Sílvio Santos, que dispõe dos equipamentos. Ele está de acordo. Se vocês também estiverem, a concessão será assinada para os dois."

Exultante, liguei do aeroporto de Brasília para o Adolpho: "Chegarei aí por volta das oito da noite, com uma excelente notícia."

Fui direto para o Russel, onde o Adolpho me esperava tomando chá. Contei tudo, com detalhes, e ele, depois de um breve silêncio, soltou a frase: "Então você acha que eu vou ser sócio do Baú da Felicidade? Não quero saber disso!"

Ainda tentei argumentar que um canal valia em torno de vinte milhões de dólares, portanto a concessão era, além de tudo, um bom negócio. Mas não adiantou, ele continuou firme em sua recusa quanto àquela sociedade.

No dia seguinte, bem cedo, liguei para o ministro, agradecendo e relatando a nossa posição no assunto.

"Pois então, por favor, diga ao senhor Bloch que leia o *Diário Oficial* de amanhã, onde vai estar publicado o resultado da concessão."

O presidente Ernesto Geisel tinha concedido o canal para Sílvio Santos, sozinho.

Foi a origem do atual SBT.

***

Em 1984, ano seguinte à inauguração da TV Manchete, o Brasil caminhava para a redemocratização. Já estavam em curso a campanha pelas eleições diretas e os debates que levariam à eleição do presidente da República, a última pelo processo do colégio eleitoral (Tancredo Neves foi eleito, morreu antes de tomar posse e quem assumiu foi seu vice José Sarney, em 1985). A inflação anual atingia 223,7% e o governo já estava na sexta carta de intenção ao FMI, solicitando ajuda financeira. O ministro da Fazenda, Ernane Galvêas, ia a Washington para revisar o plano econômico brasileiro. E Adolpho Bloch escrevia, entre outras coisas:

> "A riqueza de uma nação está em seu povo, e a missão de todos é fazê-lo crescer em bem-estar e cultura."
>
> "Quando me perguntam como vou resolver meus problemas, penso sobre o que farão, no futuro, os que estão nascendo hoje."
>
> "As grandes fortunas no Brasil estão sendo feitas com base em juros desumanos, na correção monetária, na especulação de simples papéis."
>
> "A decadência de nossa classe média é a decadência das próprias empresas nacionais."

"Vamos imaginar que o Brasil não deve nada a ninguém, não sofre com inflação, não tem desemprego, os juros são humanos, o financiamento à casa própria é de 8% ao ano, não há desemprego nem violência."

"Creio firmemente que esse Brasil que todos queremos pode existir, que esse sonho é possível. Só depende de nós."

"No entanto, a inflação impera: 230% ao ano. E diziam que JK, com 32% no pique da construção de Brasília e de suas metas, teria sido o pai da inflação. Ele conseguiu reduzir a taxa para uma média de 22% ao ano e os juros bancários eram de 10 a 12% ao ano. Havia entusiasmo no trabalho e otimismo nos corações."

"Recordo-me dele dizendo que ganhar sem trabalhar era uma indignidade."

"Sofri muitas incompreensões por causa de nossa amizade, mas estava disposto a perder tudo, menos a sua companhia."

"De uma coisa tenho certeza: um tzar morto é sempre melhor do que um tzar vivo."

"Os grandes simpatizantes do Kremlin têm a felicidade de viver fora da Rússia, no Quartier Latin ou em Ipanema."

O especialista

Quando as Empresas Bloch se constituíram, em sua última configuração, as ações estavam divididas em quatro porções: 25% para Boris Bloch, 25% para Arnaldo Bloch, 25% para Adolpho Bloch e 25% para Oscar Bloch Sigelmann — filho de uma das irmãs, Sabina —, um grande trabalhador.

Adolpho era intuitivo e tinha uma certa inveja do irmão Boris, mais chegado às artes, dom do qual se orgulhava. Um dia, um pintor praticamente desconhecido chamado Antonio Bandeira apareceu na Frei Caneca querendo vender alguns quadros. Feita a compra, em boas condições, Adolpho foi alvo de gozações do irmão mais velho. Tempos depois, já em Paris, Bandeira ganhou um prêmio internacional e imediatamente sua pintura subiu de cotação no mercado. Diante das telas, ainda no chão, Adolpho ajoelhava-se, dizendo pra quem quisesse ouvir: "Ainda bem que eu não sou metido a entender de artes plásticas!"

O sobrinho Oscar tinha alcançado a posição de diretor por méritos próprios. Entretanto, na prática, mesmo tendo chegado ao posto de vice-presidente, jamais recebeu o devido respeito, pelo menos por parte do tio, Adolpho, que não gostava de dividir o comando. Basicamente um centralizador, tudo era com ele, tudo, até demissão ou admissão de contínuos. Assim, a empresa girava em torno de uma cabeça só. E isso não melhorou com o tempo; pelo contrário, acentuou-se.

Oscar, ao contrário, tinha uma formação de administrador menos conservadora e, portanto, nas ausências mais longas do tio, promovia reuniões, ouvia muita gente, dava alguma liberdade de ação aos chefes, enfim, respirava-se um clima de maior liberdade de ação na empresa. Entretanto, apesar da sensação de descontração geral nos trabalhos, havia uma certeza: a de que, na volta, Adolpho anularia todas as medidas adotadas em sua ausência.

A primeira providência era saber da Contabilidade se as despesas tinham aumentado. E, se tivesse havido aumento de salários, mesmo por merecimento, mas com assinatura do outro, Adolpho mandava trazer as fichas dos agraciados e rasgava, na frente de várias pessoas, num ato claramente autoritário. Era uma demonstração dupla de força dentro do esquema da firma e, principalmente, de desejo de desmoralizar a autoridade do seu substituto.

Quanto aos assuntos salariais, não se pode afirmar que ele fosse dos patrões mais generosos. Gostava de tratar de cada caso pessoalmente, com memória prodigiosa em relação às quantias, desde os mais modestos empregados até os diretores. E tinha um controle absoluto sobre a folha de pagamentos. Pelo menos até o advento da Rede Manchete de Televisão, cujos salários fugiam completamente a seus parâmetros.

Sua assinatura nas papeletas de aumento valia ouro. Quando alguém se queixava de que ele havia concedido reparação salarial para determinado repórter ou fotógrafo de forma pessoal, deixando outros no sereno, sua resposta indignada era invariável: "Para ele eu dou. Para o senhor eu não quero dar."

Antonio Loques, o responsável pelo setor, não concordava que tudo ficasse centralizado nas mãos do Adolpho. Quando cheguei à empresa, em 1955, havia um diretor-gerente respeitadíssimo chamado Nelson Alves, vindo do Banco do Brasil. Seria uma espécie de interventor, para controlar, já naquela época, as dívidas contraídas com o banco oficial. Era responsável pelas bobinas de papel importado estocadas no prédio da Frei Caneca e dadas como garantia. Homem sério, Nelson Alves ficou na Bloch até adoecer e se aposentar, anos mais tarde.

Embora mandão, Adolpho sempre quis ter alguém com quem se aconselhar na área financeira. Chegou a fazer, sem sucesso, inúmeras tentativas nesse sentido, contratando, entre outros, Helio Wrobel, Paulo Costa Bastos e, já nos últimos tempos, David Elkind. A todos eles, chamava de "meu ministro da Fazenda". Chegou até a pensar, seriamente, no nome de Carlos Alberto Vieira, que foi presidente do Banco Safra e hoje pertence ao conselho administrativo da instituição. Era uma contradição: com a faca e o queijo na mão, Adolpho tentava uma parceria bancária. No fundo, ele adorava o chamado *trottoir*, que acabou aproximando-o dos maiores bancos do país.

Ainda nos velhos tempos da rua Frei Caneca, quando ele foi de navio para a Europa, Antonio Loques e Oscar decidiram modernizar o departamento de contabilidade e contrataram um especialista da Fundação Getúlio Vargas (FGV) para realizar a grande reforma. Mãos à obra, trabalhou-se como nunca para dar outra roupagem administrativa à empresa, então em fase de plena expansão. E medidas foram implementadas, tendo por base o saudável princípio da delegação de poderes.

Enquanto isso, Adolpho acompanhava sua esposa, dona Lucy Mendes Bloch, em visita ao Vaticano. Ela era católica e jamais abandonou sua crença. Lembro-me da missa que mandou rezar em memória de sua mãe, na igreja da rua Barão de Ipanema, em Copacabana, e ele, de paletó e gravata, coisa rara, ajudou a receber os cumprimentos. Foi na época em que dona Lucy começou a insistir para ver o papa Paulo VI. Marcada a audiência, lá estava o casal em frente ao sumo pontífice. Ao lado de dona Lucy ajoelhada, Adolpho apenas levantou levemente a cabeça e, ainda com as mãos enlaçadas às do chefe da Igreja Católica, não teve outras palavras: "Então... o senhor é que é o papa!"

Paulo VI sorriu, discretamente, como se tivesse entendido a curiosa constatação.

Aí ele voltou. Em meio a grande expectativa, no começo apenas observou as modificações. Fez cara feia. E, aos poucos, foi desmanchando uma decisão aqui, outra ali, num crescendo interminável. De repente, com dez dias de retorno, tudo tinha voltado ao estágio anterior.

O técnico da FGV não se conformou com tanto trabalho jogado fora. Foi direto ao assunto: "Lamento muito o tempo perdido, seu Adolpho. Fiz o melhor que pude para modernizar sua contabilidade, mas não há jeito mesmo. O senhor é o culpado!"

Pediu licença e deu meia-volta, para nunca mais. O moço ainda não estava muito longe, quando Adolpho se refez da surpresa. Chamou o Antonio Loques e, na frente de outros diretores, entre os quais eu estava, disse a frase lapidar: "Ele pensa que é quem, Rui Barbosa? Que sabe tudo?" Passou a mão na cabeça e completou: "Eu compro uns livros, estudo de noite, acabo com ele!"

E tudo na empresa continuou exatamente como era.

***

Tio e sobrinho não se suportavam.

O champanhe Moët et Chandon corria solto, animando a festa de casamento do Ivo, filho mais velho de Oscar Bloch Sigelmann, aumentando o volume das alegres conversas à beira da piscina do terceiro andar do prédio da Russel. O casal Ivo-Manúcia circulava, feliz, entre as mesas dos convidados, quando Adolpho chegou, atrasado, no auge da comemoração. Sentou, olhou o rótulo de uma garrafa, conferiu a segunda; na terceira, já vermelho de visível insatisfação, chamou o *maître* Severino:

"Quem deu ordem para servir essa bebida?"

"Foi seu Oscar, seu Adolpho."

A contraordem veio rápida como um raio:

"Recolha o 'Chandão'! E bota guaraná pra eles."

ACADEMIA, UM GRANDE SONHO

O problema é sua idade. Quando você for mais velho, vai ser mais fácil.
Raymundo Magalhães Júnior

Em 1990, com a minha natural inquietação e estimulado pela militância no Partido do Movimento Democrático Brasileiro (PMDB), resolvi me candidatar a deputado federal. O comentário era geral: com meu prestígio oriundo da TV Manchete e pela antiga condição de secretário de Estado de Educação e Cultura, seria uma barbada. Sem dinheiro, fiz uma campanha bem simples. Recebi pouquíssimos apoios, inclusive da Bloch, que me deu vinte mil volantes e meia dúzia de cartazes. Senti que Adolpho não queria me perder, então não facilitou as coisas, como havia feito antes com o senador Mário Martins e a deputada Heloneida Studart, ambos dos nossos quadros.

Mesmo assim, com o número 1.579, alcancei cerca de 14 mil votos. Fiquei na suplência. O PMDB, cujo candidato a governador era o senador Nelson Carneiro, fez uma pífia campanha, elegendo somente dois deputados federais (na eleição anterior haviam sido oito). Acompanhei a apuração durante três dias e aprendi como acontecem as fraudes. Tudo resultava do famigerado mapismo. Os votos eram colocados no mapa, verticalmente, sendo fácil a algum desonesto deslocar o voto de uma coluna para a outra, com predominância dos votos nulos e em branco, utilizados para engrossar o nome deste ou daquele protegido.

Nos dois primeiros dias, sobretudo na Zona Sul e no Complexo do Alemão, meu número 1.579 estava recebendo a média de 1,1 voto por urna. Como eram 23 mil urnas no estado do Rio inteiro, tudo indicava que eu teria mais de 23 mil votos. Mas foram 14 mil. Ainda assim, com 23 mil, eu não seria eleito, mas a performance teria sido mais expressiva. A fraude era uma realidade.

Na metade daquele ano de 1990, um fato ficou na minha mente: certa manhã fui chamado pelo Adolpho e ouvi dele: "Acabei de tomar o café da manhã com o governador Brizola, que mandou um recado: vá para o PDT, que ele garante sua eleição."

Minha resposta foi instantânea: "Agradeço. Mas não quero deixar o PMDB, onde só tenho amigos, desde o nascimento do partido. Não me sentiria bem mudando de legenda, até por motivos doutrinários."

Veio a eleição, e o último deputado federal eleito pelo PDT, o médico Eduardo Mascarenhas, teve menos votos do que eu. Aquela vaga poderia ter sido minha. Mas não houve arrependimento de minha parte. Será que seria mais feliz na vida parlamentar?

***

Depois de ter sido o primeiro secretário de Estado de Ciência e Tecnologia do país (1968-1971) no governo Negrão de Lima, quando tornei o Planetário da Gávea uma realidade, e de ter sido também secretário de Estado de Educação e Cultura (1979-1983) do governo Chagas Freitas, quando presidi também a Fundação Anita Mantuano de Artes do Rio de Janeiro (Funarj), a ação cultural me deu ânimo para disputar uma vaga na ABL. E chorei de emoção, quando consegui me eleger para a vaga deixada pelo acadêmico Peregrino Júnior. Fui diretor da Comissão de Publicações e responsável pela instalação do banco de dados. Trouxe a informática para a ABL, inserindo no sistema informações indispensáveis aos nossos estudiosos de língua e literatura. Em 1998, depois de exercer a função de secretário-geral da ABL, fui escolhido por unanimidade para a presidência da academia, primeiro judeu a ocupar tal posto. O menino pobre do bairro proletário de Pilares sentava-se na mesma cadeira em que estiveram, por muitos anos, Machado de Assis, Rui Barbosa e Austregésilo de Athayde.

Entrar para a ABL era uma antiga aspiração. Certa vez eu até havia perguntado a Austregésilo de Athayde por que havia tantos intelectuais brasileiros que desprezavam a Academia. Chegavam até a falar mal dela. Ele me olhou com ar de pena e soltou a pérola: "Não se preocupe, filhote. Assim que eles entram para a Casa de Machado de Assis mudam de opinião..."

Isso é verdade. E alguns falam mal porque não entraram, foram rechaçados. Na verdade, se há os que quiseram e não foram felizes, existem os que a ABL sempre quis, e eles, por motivos variados, não quiseram. Uns porque não gostariam de cabalar votos, caso de Carlos Drummond de Andrade, outros por acharem não ter "espírito acadêmico", como Érico Verissimo, e alguns sem motivo aparente, como Oscar Niemeyer e Antonio Candido. Quanto ao poeta gaúcho Mário Quintana, a história é curiosa: ele tentou duas vezes, orientado por Viana Moog, e não se deu bem, perdendo uma delas para Carlos Castelo Branco. Sua campanha foi feita com ingenuidade, o que em política, como se sabe, costuma ser fatal. Aí surgiu uma vaga, que era para Quintana. Athayde me chamou, perguntando: "Você se dá com Mário Quintana? Essa é a vez dele. Vai entrar por unanimidade."

Entrei em contato com o diretor da sucursal da *Manchete* em Porto Alegre, Edgard Wallau Jr., muito amigo do poeta, e dei o recado. A resposta foi uma saraivada de impropérios. Quintana tinha ficado muito magoado e não queria mais saber de academia nenhuma. Nós ficamos mais tristes ainda do que ele com essa decisão.

Fernando Sabino foi outro sempre desejado. Recusou várias cantadas. Um dia, ele me telefonou, com toda a intimidade dos velhos tempos da *Manchete*: "Você me convenceu. Quero uma vaga na Academia."

Dei um pulo, do outro lado da linha.

"Que bom, vamos realizar o sonho acadêmico de tê-lo conosco."

"Quero uma vaga na Academia, sim, mas na garagem do prédio! Ando fazendo uns trabalhos no centro da cidade e está muito difícil estacionar por lá."

É claro que não atendi ao pedido dele, embora se tratasse de um querido amigo de muitos anos de convívio. Durante um bom tempo ele me ligava de Londres, onde era adido cultural, para discutir o tema de suas crônicas semanais para a revista. E adorou quando lhe sugeri a palavra porreta, que ele desconhecia, embora fosse um dos termos mais comuns na obra de Jorge Amado. Acabou escrevendo uma página inteira sobre o tema com direito à inclusão de meu nome no bojo daquela peça literária.

***

Quando fui eleito para a cadeira número 18 da Casa de Machado de Assis, em 1984, fui saudado por Adolpho Bloch com as seguintes palavras:

> Eu não podia faltar a esta homenagem ao nosso acadêmico Arnaldo Niskier. Conheci-o há muitos anos, quando veio trabalhar comigo na rua Frei Caneca, e nos tornamos amigos para sempre. Conheci sua família, pais e irmãos, conheço hoje sua mulher, Ruth, e seus filhos. Em *Manchete* sempre tivemos orgulho do Arnaldo. Foi repórter, chefe de reportagem, hoje é nosso diretor. Seu entusiasmo pela causa do ensino levou-o a se dedicar à Universidade. Também venceu nesse setor e, com o prestígio alcançado, foi duas vezes secretário de Estado de dois governadores, Negrão de Lima e Chagas Freitas. Mas nunca deixou de ser da *Manchete*. Hoje, ao chegar à ABL, olhando o caminho percorrido, ele pode se orgulhar do esforço que o elevou na vida. Tínhamos em *Manchete* outro acadêmico ilustre, o meu saudoso companheiro Raymundo Magalhães Júnior. Agora conservamos a tradição com Arnaldo Niskier, que é mais nosso ainda, porque sua carreira de jornalista foi toda transcorrida em nossa casa. Quero me associar à alegria da comunidade que vê nele um símbolo de luta e vitória. Serve ele de exemplo para nossos jovens. Vindo de família pobre de imigrantes poloneses, ele soube conquistar o respeito de todos pela maneira com que se lançou na vida. A consagração acadêmica que acaba de receber é um estímulo para todos os jovens que um dia resolvem vencer e, animados pela esperança e pelo otimismo, concretizam todos os seus sonhos. Costumo dizer que na vida o importante não é ser, ter ou parecer, o importante é fazer, construir, desenvolver. E é com alegria que vejo, em Arnaldo Niskier, uma realização desse ideal.

Na página 98 da Manchete número 1.668, de 7 de abril de 1984, Carlos Heitor Cony escrevia "O nosso Arnaldo":

> Para um garoto que nasce no Piauí ou no Amapá é relativamente fácil chegar aos quarenta anos morando em Ipanema. Difícil mesmo é o garoto que nasce em Pilares atravessar o túnel e morar na Zona Sul. Coisas da vida em geral, e do Rio de Janeiro, em especial. Arnaldo Niskier, filho de imigrantes, precisou percorrer vários caminhos de muitas léguas para se deslocar, topograficamente, de um polo a outro

da cidade e da vida. Conheceu a pobreza e dela extraiu o legado da paciência e da humildade. Valor, garra e destino, isso já estava nele: a semente dentro do fruto — para obviamente citar o *Dom Casmurro* de Machado de Assis. Semana passada, concorrendo com um dos intelectuais mais brilhantes da atual geração — o professor Cândido Mendes de Almeida —, o nosso Arnaldo foi eleito para a ABL, na vaga deixada por Peregrino Júnior. Uma *finest hour* na trajetória de qualquer homem, mas na dele, de forma peculiar, um momento de verdade e desafio. Há 28 anos trabalha em *Manchete*, cumprindo todos os cargos de uma carreira que o levou à direção e à estima de todos. De suas comportas sobrava muita energia para acumular outra função, somar outro destino. E de igual modo dedicou-se ao ensino, tornando-se, a seu tempo, na Uerj, o mais jovem catedrático universitário do país. Educador e jornalista, torcedor do América, papo ameno e firme, Arnaldo destacou-se na imprensa e no magistério. Duas vezes secretário de Estado, realizou notável trabalho na Funarj, dando ao Theatro Municipal algumas de suas melhores temporadas de balé e de ópera.

Para Adolpho Bloch, que o recebeu de calças curtas na antiga redação da Frei Caneca, Arnaldo é e será sempre "o bom menino". Para nós, amigos e companheiros de Arnaldo, este é um momento de emoção. Não exatamente pela sua chegada à Academia, mas pelo seu *timing* de lutador, pelo seu carisma de vencedor.

Por falar na Academia: foi um bonito pleito esse. Devia servir de laboratório ao pleito maior que se aproxima no cenário nacional. A começar pela lisura da campanha, pela mecânica do voto (direto e já) e a terminar com o belo exemplo de Cândido aparecendo aqui na *Manchete* para cumprimentar seu opositor vitorioso, para confraternizar com Arnaldo na vitória que nos pareceu comum.

Não podia terminar estas linhas sem evocar Raymundo Magalhães Júnior. A redação de *Manchete* tem, novamente, o seu acadêmico. Raymundo deixou escrito que Arnaldo era um extraordinário trabalhador cultural — e nesta frase está embutido o vigésimo voto que Arnaldo não teve. Ao lembrarmos a figura de Raymundo no momento em que saudamos a vitória de Arnaldo, associamos os dois companheiros na mesma admiração e em nosso orgulho.

***

Esse era um assunto recorrente nas velhas e saudosas conversas matutinas da redação, quando meu amigo Raymundo Magalhães Júnior proclamava em alto e bom som que eu tinha todas as condições para ser "imortal".

"O problema é sua idade. Quando você for mais velho, vai ser mais fácil."

Finalmente, ao ser eleito, senti falta do abraço dele, uma espécie de padrinho para mim, pelo menos o primeiro a defender a ideia. E eu não podia deixar de homenageá-lo em meu discurso de posse. Foi o que fiz:

> Aprendi a admirar a Academia Brasileira de Letras através das incontáveis conversas, ao longo de mais de vinte anos, com meu inesquecível companheiro de *Manchete*, o escritor Raymundo Magalhães Júnior, a quem presto agora minha comovida homenagem.

Meses antes, num lamentável acidente, de trânsito, bem em frente ao prédio do Russell, Magalhães Júnior morreu atropelado. E Adolpho Bloch escrevia:

> Naquele sábado, 12 de dezembro, às cinco e meia da tarde, começou a chover. Os trovões davam salvas ao acadêmico Raymundo Magalhães Júnior. Como imortal, ele entrava no mausoléu da Academia Brasileira de Letras, usando o fardão que tanto soube honrar. Ali estava um homem que conquistou, em vida, tudo o que desejou ser. Foi meu amigo durante quarenta anos e meu companheiro de trabalho nos últimos 25 anos. Era uma figura humana extraordinária e brilhante. Às oito da manhã, no oitavo andar, já se ouvia a sua máquina de escrever a 100km/h, o dedo direito batendo o texto, o esquerdo na tecla das maiúsculas. Sua capacidade de trabalho era enorme. Sabia e conhecia tudo. Gostava da vida e do trabalho. Era um apaixonado e um romântico. Nos últimos tempos já não me passava mais telegramas pedindo aumento, alegando que já pagava muito ao Imposto de Renda. O oitavo andar agora tem seu nome, amigo Raymundo. Hoje, segunda-feira, pela primeira vez não ouço o bater veloz do teclado de sua máquina. Da minha mesa olho o pessoal da redação e só vejo você. Não posso esquecê-lo. Você foi um grande homem para todos nós.

Em 1986, eu tinha sido nomeado pelo presidente da República como membro do Conselho Federal de Educação por um período de seis anos, o que me levava a Brasília uma semana por mês. Presidi a Câmara de Ensino Superior e, de 1996 a 1998, nomeado pelo presidente da República, fui membro do Conselho Nacional de Educação.

Almoços, muitos almoços

Naqueles bons tempos, era tanto almoço — e tão gostosos — que Murilo Melo Filho gostava de repetir a frase: "A *Manchete* se transformou num restaurante que edita revistas."

Diariamente, na parte da manhã, Severino Dias, *maître* paraibano — e orador trapalhão nas horas vagas —, comparecia à sala do Adolpho para combinar o prato do dia. Embora houvesse, isso era certo, o macarrão surpresa de quase toda segunda-feira e, não raro, as feijoadas às quartas e os cozidos às sextas. Pratos primorosos, todos, sempre.

Adolpho apreciava certas finuras. Em dias mais solenes, com convidados de luxo, a mesa principal era à base de serviço inglês. Roberto Marinho sempre reconheceu: "Fui muito amigo do Bloch. Nos seus famosos almoços, ele me reservava sempre um lugar de honra."

Diz-se até que, na montagem da Rio Gráfica e Editora, Roberto Marinho apelou para os conhecimentos especializados de Adolpho Bloch no assunto, decisivos para o funcionamento das máquinas instaladas na rua Itapiru, no Rio Comprido. O desentendimento entre os dois grandes empresários só surgiu depois do início das operações da TV Manchete.

O que pouca gente sabe: o Boni, naturalmente com a anuência de Roberto Marinho, se reuniu algumas vezes com o alto comando da emissora rival, a fim de dar opiniões, afirmando sempre que o caminho da nova televisão — a televisão do ano 2000, como era o slogan do canal caçula — devia passar primordialmente pelo jornalismo e não pela novela. Opinião que prevaleceu apenas nos primeiros meses, antes de o velho Bloch ser convencido de que deveria também fazer teledramaturgia, quando então passou inclusive a discutir os temas, com a ativa participação de Carlos Heitor Cony. E assim vieram *Dona Beja*, *Kananga do Japão*, *Pantanal*, *Amazônia* etc.

Lautos almoços também aconteciam na casa de Comary, em Teresópolis, nos fins de semana, quando Adolpho gostava de receber os amigos e os colaboradores mais diretos, às vezes apenas para jogar conversa fora. Até que foi a vez do casal Israel Klabin (ele costumava dizer que o velho Wolf Klabin, antes de morrer, havia pedido que olhasse pelos três filhos, Israel, Daniel e Armando).

Antes de se sentarem à mesa para a apetitosa carne assada, foram dar uma volta pelos arredores da propriedade, onde havia uma quase floresta em que alguns altos eucaliptos eram a atração. Altos, porém carecas. Israel não gostou do que viu e sugeriu a troca dos eucaliptos por pinheiros, que ele mandaria vir de sua fazenda no Paraná. Adolpho ficou pensativo. Tinha muito amor àquelas velhas árvores, mesmo assim parecia bastante convencido a aceitar o conselho, quando Israel completou: "Só tem uma coisa: eles demoram 15 anos para pegar."

Na flor dos seus mais de setenta anos, Adolpho não titubeou: "Não tem importância. Eu espero."

O autêntico e o inevolúvel

Mesas fartas sempre foram uma tradição da empresa, desde os tempos da velha sede. Adolpho convidava muita gente, enquanto fazia o *trottoir* bancário de praxe pelas ruas do centro da cidade.

Num dia de casa cheia no restaurante do sétimo andar da Frei Caneca, adentra o recinto Zacarias do Rego Monteiro, lendário pierrô dos desfiles de fantasias de luxo dos antigos carnavais cariocas. Assumidíssimo, com todos os trejeitos característicos, foi direto à mesa onde Adolpho, descontraído, deixava os problemas de lado, rindo muito, cercado de seus convidados do dia.

Foi recebido com uma pergunta, maliciosa na forma e no conteúdo: "Zacarias, meu querido, diga aqui pro pessoal: você gosta de mulher?"

A resposta veio de bate-pronto (era um homem inteligente e culto): "Que é isso, seu Adolpho... eu sou au-tên-tico!"

Poucas vezes tantos riram tanto naqueles alegres almoços quanto naquele dia.

***

O setor gastronômico da empresa tinha um pequeno czar nordestino chamado Severino Dias, cujo apetite maior estava na mesa da política (tanto que se meteu nela, chegou a prefeito de Vassouras, no interior do Estado do Rio, e acabou assassinado). Como convinha à vocação, cometia verborrágicos discursos nos quais perpetrava alguns atentados ao Vocabulário Ortográfico da Língua Portuguesa, que, por mero acaso, tinha sido editado pela Casa. Então, entre inexistentes adjetivos entremeados de erros gramaticais como "figura formidávi" ou "gesto admirávi", lá ia ele, xerografia autenticada de Odorico Paraguassu, desconstruindo o idioma em seu palanque eleitoral imaginário.

Assim foi quando Raul Giudicelli, ex-chefe de reportagem da *Manchete*, que tinha se transferido para *O Cruzeiro*, comemorava aniversário e fomos levar a ele um abraço coletivo. Já devidamente calibrado, Severino não se fez de rogado diante de uma unânime convocação e, docemente constrangido, deitou falação inflamada. Tudo corria bem, até que, de repente, ele empacou numa frase: "Raul Giudicelli, esse grande jornalista, essa figura... essa figura ... essa figura..."

Nem pigarros bastaram. O adjetivo não lhe chegava à ponta da língua. Diante da plateia atiçando-lhe a imaginação com aplausos motivacionais, sem perder a pose de tribuno, ele se safou à sua maneira, dando à luz mais um vocábulo — como diria mestre Magalhães Júnior — ainda não lexicografado: "...essa figura ine-vo-lú-vel!"

Não conseguiu terminar, nem a frase, nem a saudação, nem mais nada. Foi carregado em triunfo. Severino "Odorico Paraguassu" Dias tinha se suplantado a si mesmo.

***

Na suntuosa sede nova da rua do Russell, a tradição desses festivos almoços não só se manteve, como foi aprimorada. E era comum Adolpho chamar pessoas díspares para estarem com ele. Por volta do meio-dia já começava a ligar para os colaboradores mais próximos, a fim de distribuir seus convidados. Foi quando apareceram dois rabinos ortodoxos vindos de São Paulo para conversar com o "titio".

Ele estava exultante com minha vitória na Academia: "O Arnaldinho merece. Ele ganhou a eleição que o Juscelino perdeu. Estou vingado!"

Trouxe os dois convidados até o lugar onde eu estava (a mesa chamada "boca maldita", onde a conversa era ágil e quase sempre maledicente). E disse: "Vejam vocês, o Arnaldo foi eleito para a Academia, sabem para qual cadeira? A 18!"

O 18 é o número mágico da religião judaica. Representa, em hebraico, a palavra chai, que significa vida.

"É incrível essa coincidência, não é verdade?"

O mais velho dos rabinos, ainda de pé, levantou o dedo indicador para o céu e disse esta preciosidade: "Seu Bloch, para Deus não há coincidência."

Com os olhos visivelmente molhados, Adolpho retirou-se com seus dois convidados em direção à mesa principal, a dele. Tinha ganho o dia.

A cena me remeteu a outra homenagem que ele tinha prestado a mim, anos antes, quando me tornei professor catedrático da Uerj, em concurso público de títulos e provas. Depois dos emocionantes discursos de João Lyra Filho e Raymundo Magalhães Júnior, Adolpho pediu a palavra e disse: "Gosto do Arnaldo. Ele é um trabalhador. Vem de uma infância muito pobre. Querem saber de uma coisa? Se eu tivesse tido um filho, gostaria que fosse como ele!"

E começou a chorar, convulsivamente.

A primeira namorada e a última saúva

Em 29 de dezembro de 1997, já desligado da empresa, eu estava de volta, em visita, para ser homenageado novamente, por motivo da minha posse na presidência da ABL. Levei toda a diretoria da Academia para o almoço festivo. O Murilo Melo Filho falou em nome das Empresas Bloch, lembrando o meu passado de dificuldades extremas e também como Adolpho estaria feliz com o meu sucesso, se vivo fosse.

Sentado ao meu lado, à mesa, o Jaquito. Cochichamos bastante, como nos velhos tempos. Confessando sentir falta de pessoas qualificadas ao seu lado, revelou-me o desejo de compartilhar a presidência da empresa com outros profissionais. Na verdade, concretamente, desejava a minha volta, para dividir com ele e o Fernando Barbosa Lima aquela função.

Fiquei feliz, mas nos despedimos com a vaga intenção de voltar a conversar posteriormente, embora eu ainda não tivesse esquecido os meus últimos tempos difíceis na *Manchete*.

***

Portador de uma lógica no mínimo curiosa, certa vez, acabrunhado, Adolpho me pediu que marcasse uma audiência com o presidente José Sarney. Eles tinham se conhecido em 1955:

> Eu havia chegado ao Rio, ainda capital federal, para ocupar a cadeira de deputado federal, quando a Câmara funcionava no Palácio Tiradentes. Foi quando, na sala de espera do escritório de Magalhães Pinto, na avenida Presidente Vargas, um homem robusto, de fala mansa e uma promissória na mão, me perguntou onde eu tinha nascido. Era o Adolpho.
>
> — No Maranhão — respondi.
>
> Mote suficiente para ele engatar uma conversa:
>
> — Eu tenho uma grande ligação com o Maranhão. Quando cheguei da Rússia, minha primeira namorada era de lá. Artista de circo, contorcionista, fazia o papel de mulher-sapo. Às vezes a cabeça dela estava no pé, outras vezes o pé estava na cabeça.

Foi a primeira história misturando imaginação e realidade que José Sarney ouviria de Adolpho Bloch. E primeiro passo para se tornar um admirador daquele otimista com grande capacidade de enfrentar problemas: "No Plano Cruzado ele entrou em minha sala chorando. Bem à sua moda de czar caipira, enxugando as lágrimas com uma promissória, quitada."

***

Liguei para o Sarney, meu colega da Academia, que foi muito receptivo: "Devo muito ao Bloch favores feitos no começo de minha carreira, isso eu nunca mais esqueço. Diga a ele que pode vir, na quinta-feira, às duas e meia da tarde."

E lá fomos nós, Adolpho, David Elkind e eu. Na ida, muito calado, ele aparentava uma certa depressão. Do aeroporto fomos direto para o Palácio do Planalto, onde Sarney nos recebeu, sorridente, à porta de seu gabinete, como um *gentleman* e como um velho amigo, dizendo que havia acabado com a saúva. Era uma referência à frase de Adolpho segundo a qual ou o Brasil acabava com a correção monetária ou a correção monetária acabaria com o Brasil.

"Então, seu Bloch, estava com saudades do velho amigo!"

"Presidente, vim aqui antes de me suicidar. Quero morrer. Não aguento mais as dívidas e a falta de trabalho."

E, com a cabeça entre as mãos, começou a chorar. Sarney, visivelmente emocionado, me perguntou o que poderia ser feito. Elkind deu a resposta, lendo um arrazoado.

"Em síntese, presidente, o Adolpho deseja que os juros pagos ao Banco do Brasil sejam reduzidos à metade."

Isso significava passar de 6% para 3% ao mês.

Sarney se comunicou diretamente com o presidente do Banco do Brasil, que o alertou: se os juros fossem reduzidos, sob qualquer pretexto, o presidente seria processado por favorecimento indevido.

Esclarecida a questão, Adolpho, aparentemente refeito, retrucou: "Então me dê mais trabalho, presidente. Nossas oficinas estão pedindo."

Antes da resposta oficial, dei uma ideia: poderíamos fazer uma série de reportagens sobre educação. Isso nos ajudaria, ainda mais se o governo comprasse exemplares da revista para distribuir entre universitários. Sarney pegou o telefone outra vez e ligou para o ministro Marco Maciel, seu grande amigo: "Você sabe como eu gosto do Bloch. Ele vai até você, agora, para lhe dar uma ideia que conta com minha bênção total."

Antes de sairmos, Adolpho me pediu para acompanhá-lo até o banheiro, onde caiu num choro convulsivo. Não havia jeito de parar. E, com as lágrimas escorrendo pelo rosto, repetia sem parar: "Nunca passei por uma humilhação tão grande! Eu não mereço..."

Pouco depois, Adolpho já refeito, fomos até o Ministério da Educação. Marco Maciel perguntou pelos nossos livros didáticos, ouviu nossa proposta, tomando nota de tudo, e prometeu que faria todo o possível para nos atender. Pediu um prazo. Mas não pôde fazer nada: pouco depois era substituído no cargo.

Batendo a porta com estrondo

Ninguém é perfeito. Adolpho Bloch tinha uma capacidade extraordinária para perceber as qualidades de uma pessoa competente, porém assimilava intrigas com a maior facilidade. Uma de suas maiores fraquezas era se deixar influenciar pelo que ouvia dizerem. Pouco dedicado à leitura, gostava imensamente era de conversar, de rir das histórias engraçadas em tom de piada que lhe contavam. Acontece que ele vivia cercado de bajuladores e costumava acreditar em quem falasse mal de alguém. Sem buscar confirmação, era capaz de espinafrar uma vítima inocente dessas armadilhas não muito raras em grandes empresas, ainda mais nas do tipo "familiar" como aquela.

Lembro-me bem de uma história que me foi contada pela doce figura de Wilson Passos: um dia, o editor Justino Martins pegou a matéria que eu, por insistência do Carlos Heitor Cony, tinha escrito sobre o Instituto Weizmann de Ciências (IWC). Aprovou tanto o texto quanto as fotografias e passou para o Wilson diagramar em quatro páginas da edição especial dedicada ao aniversário da independência de Israel. Logo um espírito santo de orelha desses correu ao Adolpho perguntando se ele tinha lido o tal artigo. Como de hábito, ele não tinha visto coisa alguma, mas ligou para o Justino, vetando a reportagem sob um argumento indiscutível: "Aqui na empresa só quem escreve sobre o Instituto Weizmann sou eu!"

Em seguida, ligou para mim, que apenas queria ajudar. Ouvi a bronca, tentei passar a impressão de que não estava entendendo nada e parti para cobrar satisfações do Justino. Antes, porém, fui atalhado pelo Wilson Passos, que me contou como tudo aconteceu. Segundo ele, o Justino também era inocente; aquilo era obra de um puxa-saco de plantão. Imediatamente, desci até a sala do Adolpho e repeti uma cena passada tempos antes, com relação à revista *Tendência*: a pedido do diretor Cícero Sandroni, tinha escrito sobre um Congresso de Recursos Humanos no Hotel Glória e alguém, desses especialistas em intrigas generalizadas, achou que o texto não estava à altura. Resultado: a reação do Adolpho foi realmente terrível. Mas revidei nos mesmos termos.

Dessa vez, porém, já entrei de fogo aceso, dizendo a ele que estava para nascer alguém para me humilhar, que ele enfiasse a reportagem, a revista e mais o que ele quisesse naquele lugar. E mais: que dali em diante, não escreveria sequer uma linha em qualquer publicação da Casa, muito menos algum discurso para ele, como eu já tinha feito tantas vezes. Assustado, Adolpho ouviu tudo sem dar uma palavra. E me viu sair batendo a porta com estrondo.

Não demorou muito e o Oscar, a pedido dele, estava à minha procura, para me acalmar. Adolpho havia então lido, e gostado, mandando liberar tudo (exatamente como tinha ocorrido no caso anterior). E assim, de futricas e fuxicos, chegou o momento em que me senti sufocado dentro da empresa. Foi quando escrevi para o Adolpho a seguinte carta-desabafo, datada de 7 de agosto de 1974:

> Espero que o senhor tenha paciência e leia até o fim. Eu perdi uma noite inteira, creio que possa lhe pedir que perca alguns minutos com a leitura deste bilhete. Ontem, em meio a outras pessoas, o senhor disse claramente que estava cansado, entre outras razões, porque eu não fazia picas dentro da empresa. Além da profunda injustiça contida nesse desabafo, o fato revela de sua parte um desconhecimento muito grande do que tem sido o meu trabalho.
>
> Estou em paz com a minha consciência; de qualquer modo, se essa minha contribuição leva o presidente da empresa a considerar assim meu esforço, o que me resta é deixá-lo inteiramente à vontade para fazer o que bem entender dos cargos que ocupo. Certamente, o senhor há de encontrar com facilidade alguém mais competente, mais dedicado e mais leal para preenchê-los.
>
> De qualquer modo, o respeito que tenho pela sua pessoa me leva a relacionar, sucintamente, as minhas atuais ocupações, nas quais tenho me colocado todo, num trabalho que se inicia diariamente às oito horas da manhã (o senhor sabia disso?) e que se estende, em geral, por nove ou dez horas diárias.
>
> 1 — Diariamente, pela manhã, discuto com o Flávio Costa a pauta da *Manchete* e participo das eventuais reuniões para escolha dos assuntos da revista. Controlo o pagamento de seus colaboradores e os gastos com viagens.
>
> 2 — Faço o mesmo, também diariamente, com o Moisés Weltman, para assuntos da *Amiga* e agora para a parte promocional da *Manchete*.
>
> 3 — Dou toda a assistência necessária ao Moisés Fuks nos assuntos da *Fatos e Fotos*. Coordenei a contratação do Adirson de Barros e da Marisa Raja Gabaglia. Controlo também os mapas de colaboração da revista.
>
> 4 — Presto toda assistência jornalística às sucursais e acabo de resolver um problema de pauta do Sylvio Silveira (Paris).
>
> 5 — Estou dirigindo o VI Curso Bloch de Comunicação, com trinta alunos de primeira qualidade (é o melhor grupo que já houve). Certamente, essa gente vai significar sangue novo para a empresa.

6 — Estou organizando o Curso de Fotografia, com o Gervásio Batista.

7 — Estou dirigindo a revista *Tendência*. Não sai nada sem que eu autorize. Aprovo a pauta e dou toda a cobertura a ela, ao lado do Oscar.

8 — Estou dirigindo a dificílima *Revista de Medicina*. O Ézio está paginando o número zero, todo ele já composto, para ficar pronto no dia 9 de setembro, data de aniversário da *Tendência* (hoje, o terceiro faturamento da empresa, o senhor sabia?).

9 — Estou dirigindo a parte didática de Bloch Educação. Estamos com quase trinta livros, tudo controlado por três pessoas (incluindo o diretor, eu) quando a Abril fez uma porcaria, com sessenta pessoas. No ano passado vendemos quatro milhões e 125 mil cruzeiros (três milhões e meio só para o Ministério da Educação). Este ano deveremos dobrar esses números: já tenho o resultado de seis estados e estamos com 440 mil livros indicados.

10 — Estou dirigindo a Rádio Federal, com todas as aporrinhações daí decorrentes. Faço reuniões três vezes por semana com o pessoal de lá, para melhorar a programação, o som, o faturamento (o senhor sabia disso também?).

11 — Estou tentando novos faturamentos com a IBM: o *Dicionário Ilustrado* (a Marlene já está levando o pedido) e material para o Ministério do Planejamento, que tem 12 milhões de dólares para gastar. O homem vem almoçar aqui no dia 14, para tratar desse assunto.

12 — Estou preparando para o Jaquito um estudo de livros e revistas infantis, com pesquisa de mercado (isso dá muito trabalho, não lhe parece?). Dentro de dez dias terei uma ideia definitiva a respeito. Queremos novos faturamentos e aí talvez exista um campo.

13 — Estou fazendo um projeto com o Curso Miguel Couto, para livros destinados aos vestibulares. Já presidi diversas reuniões dentro e fora desta Casa (aos sábados) para trazer isso para cá. Não tenho qualquer outro interesse ligado ao assunto que não seja o das Empresas Bloch, pois não escrevi livros para vestibulares.

14 — Dou, com todo carinho, assistência aos seus projetos ligados ao Instituto Weizmann e agora ao Instituto Adolpho Bloch, de Itatiaia.

15 — Minha sala é o "Muro das Lamentações" da empresa. Tenho sempre acalmado uns e outros nas suas reivindicações, algumas até

justas. Isso dá uma tremenda mão de obra (o senhor sabe o que é aguentar choradeira diária de fotógrafos?).

16 — Fico feliz quando uma ideia minha traz resultados para a empresa. O senhor sabia que foi minha a ideia de fazer do Brasil 74 uma edição dedicada ao II Plano Nacional de Desenvolvimento? O senhor sabia que havia uma ordem do general Golbery proibindo publicidade e que essa ordem só foi levantada por ele porque gostou? A ordem continua em vigor, menos para nós! Quanto vale uma boa ideia, o senhor não acha?

17 — Estou criando para o Jaquito, sem ônus, um Departamento de Revistas Especializadas (depois da *Tendência*, a de medicina, depois a de turismo, a de automóveis e a de agricultura). Não lhe parece que deveria haver uma porção de gente cuidando disso e não só uma pessoa (o tal que não faz picas?).

Bem, não quero me estender em demasia. Não tenho arrependimento do esforço e da dedicação com que me empenho aqui dentro, depois de quase vinte anos de trabalho (mais da metade de minha vida). Só espero que, a se confirmar sua opinião de ontem, seja eu liberado de atividades que nada representam, pelo menos no conceito do presidente desta empresa.

A resposta de Adolpho Bloch foi um profundo silêncio. Antes de passar, novamente, a me tratar de forma respeitosa.

JUSTINO E O OLHO CLÍNICO DE FAZER REVISTA

Em 1959, (...) desembarquei no velho Galeão, fui direto para a redação, e nunca mais saí da empresa. (...) Comecei pelo seu aspecto gráfico e, aos poucos, fui dando personalidade à revista, coisa que ela ainda não tinha. (...) Tive que mexer em tudo, fazendo dela uma publicação moderna, diferente. Afinal, eu estava vindo de Paris, onde assisti a toda a ascensão de Paris Match. *(...) Implantei mais agressividade jornalística na* Manchete. *Era a beleza estética acrescida à boa informação. Eu queria uma revista equidistante, do ponto de vista político, mas democrática, que abordasse todos os assuntos, acatando todas as opiniões.*

Justino Martins

Em 1952, cada vez que Adolpho lia a *Revista do Globo*, de Porto Alegre, elogiava a inteligência com que ela era feita. Gostava da paginação e das reportagens. Seu diretor, Justino Martins, estava indo para Paris como correspondente de revistas e jornais brasileiros. Adolpho acabou indo vê-lo, no apartamento da rua Laos, 15.

> Gostei do gaúcho. Convidei-o para ser nosso correspondente também. E, sete anos depois, em 1959, ele veio para ficar, assumindo a direção da *Manchete*, criando um novo estilo de jornalismo ilustrado, cargo que ocupou durante 24 anos. Quero contar a vocês uma história, para que conheçam melhor o Justino. Em 1971, na sexta-feira véspera do carnaval, ele e o filho Carlito foram ao Baile do Havaí, no Iate Clube. Às nove horas do dia seguinte, ele chegou à redação, a fim de começar a fechar o número da revista, enquanto Carlito ia para casa, no Joá, descansar um pouco antes de seguir para Petrópolis,

onde estavam a mulher dele, Camila Amado, e os filhos. Na avenida Niemeyer, perto da Gruta da Imprensa, uma carreta chocou-se com o carro do Carlito. O aviso da ocorrência nos chegou logo e então começamos a pedir que Justino nos desse o número do telefone do filho. Ele se recusava, sob a alegação de que o rapaz precisava repousar. Diante de nossa insistência, Justino começou a ficar desconfiado e acabou, claro, sabendo da tragédia. Foi ao necrotério, fez o reconhecimento do corpo e voltou para a redação, a fim de terminar seu trabalho daquele dia. De vez em quando ia até a saleta de projeção e chorava um pouco. Esse era o Justino Martins.

***

Justino tinha bem clara na memória a imagem de uma velha cena nas antigas instalações da *Manchete* na Frei Caneca, quando Henrique Pongetti lhe disse com um ar de desolação e cansaço: "Fica fazendo essa revista. Eu não posso mais!" Ele levou um susto. De férias no Rio, vindo de Paris, onde morava, tinha sido convocado para uma conversa com Adolpho Bloch.

"Eu queria continuar na Europa, tanto que só aceitei o convite sete anos depois, em 1959, quando ele tornou a me chamar, pelo telefone. Desembarquei no Galeão, fui direto para a redação, e nunca mais saí da empresa."

Tudo tinha começado em 1937, em Porto Alegre. Ele estudava medicina e a convite de Erico Verissimo, seu conterrâneo de Cruz Alta, foi ser revisor na editora Globo, onde editavam uma publicação quinzenal com tiragem de 1.500 exemplares, uma espécie de *Vida Doméstica* local, fundada por Getúlio Vargas, quando governador do Rio Grande do Sul, para ser uma revista de cultura. Vários editores tinham passado por ela, inclusive o próprio Erico, que ali havia começado a praticar a ficção, escrevendo contos sob pseudônimo.

De repente, perguntaram se eu podia fazê-la. Senti que podia, aceitei. Mas, logo me vi diante de um problema, porque minha ideia de revista era outra coisa completamente diferente. Oito anos depois, a *Revista do Globo* era uma das mais importantes do Brasil, moderna em sua apresentação gráfica e em seu conteúdo também. Em 1946, porém, fui para a Europa, deixando em meu lugar, na direção da revista, um jovem que tinha sido meu secretário de redação chamado José Amádio. E parti, com a licença de um ano. Acabei ficando 15 anos por lá, como correspondente do *Correio da Manhã*, do *Diário Carioca*, da *Última Hora* e de *O Globo*. Fui um dos primeiros repórteres de jornais brasileiros lá fora.

Em 1952, Adolpho foi procurá-lo em Paris, com o convite para dirigir a *Manchete* recém-nascida. Justino não aceitou, porém cada vez que vinha ao Rio, de férias, era chamado para visitar a redação da revista e discutir os problemas dela. Algumas vezes, a passagem ficava por conta dessas assistências. Mais tarde, em 1955/56, tornou-se correspondente também da *Manchete* na França, enviando todas as semanas reportagens que ele mesmo fotografava. Paralelamente, talvez já pensando numa possível volta, teve um breve aprendizado de rotogravura na oficina Lang, que imprimia a *Paris Match*.

> Jornal não me interessava. Então, quando vim para ficar na *Manchete*, comecei pelo seu aspecto gráfico e, aos poucos, fui dando personalidade à revista, coisa que ela ainda não tinha. Seu Adolpho queria um produto sólido, que desse uma marca ao desenvolvimento de sua empresa. Curiosamente, antes de começar a trabalhar ainda em Paris para a *Manchete*, convidei-o para irmos visitar uma exposição de equipamentos gráficos, onde eu tinha de ver uma pequena máquina de rotogravura para a editora Globo.

Quando saíram de lá, Adolpho disse que tinha comprado uma rotativa. Justino ficou surpreso: "O senhor me disse que estava sem dinheiro."

E ele respondeu: "Não tenho todo o dinheiro, mas o resto vou arranjar."

E mostrou o prospecto da Frankenthal, com uma máquina enorme, maravilhosa. Justino ficou impressionado com a coragem daquele homem.

***

Logo que cheguei ao Rio para ficar, fui até Brasília acompanhar, a convite da Rhodia, a feitura de umas fotografias de modas por Otto Stupakoff, para um encarte da *Manchete*, com 12 manequins em frente ao único prédio já pronto de lá, o Palácio da Alvorada. Fiquei admirado com a nova capital, da qual a imprensa falava muito pouco, achando que ela seria uma fonte de inflação. Então, além do encarte, publiquei um pequeno relato. No dia seguinte, seu Adolpho mandou o Raymundo Magalhães Júnior fazer uma reportagem completa sobre o que estava acontecendo no Planalto. A partir daí, a tiragem teve de ser aumentada, porque a venda nas bancas subiu e a publicidade também cresceu.

Antes disso, José Amádio havia sido chamado da *Revista do Globo* para *O Cruzeiro,* e a tiragem de alguns números da revista de Assis Chateaubriand chegava aos setecentos mil exemplares. Justino disse:

> Tive que mexer em tudo, fazendo dela uma publicação moderna, diferente. Afinal, eu estava vindo de Paris, onde assisti a toda a ascensão de *Paris Match.* Comecei por melhorar a seleção de fotos e de preparo dos *layouts,* implantei mais agressividade jornalística na *Manchete.* Era a beleza estética acrescida à boa informação. Eu queria uma revista equidistante, do ponto de vista político, mas democrática, que abordasse todos os assuntos, acatando todas as opiniões. A minha ideia era que ela fosse, também, basicamente otimista e que insuflasse o progresso do país.

Ao contrário da alemã *Stern,* que restringia as cores à publicidade, *Manchete* tinha 70% de suas matérias coloridas. E, entre outras coisas, preenchia a lacuna de falta de material escolar de pesquisa entre as populações do interior brasileiro.

Quanto à concorrência da televisão, ela era ainda muito relativa. A mídia impressa será sempre uma necessidade. A gente não pode esquecer que jornalismo é uma forma de literatura. André Gide considerava o jornalismo uma meia arte, mas eu o considero uma arte completa.

***

Justino tinha chegado à *Manchete* com mordomia total: além de um salário expressivo e mais duas passagens anuais de ida e volta a Paris (cinéfilo assumido, não abria mão de assistir ao Festival de Cannes), ele recebia em casa as mais importantes revistas do mundo. Sua preferência, nítida, era *Paris Match,* com fotos bem-produzidas, diagramação arrojada e grandes aberturas de matérias, o que não era nada comum na época. Uma sacola cheia de revistas importadas fazia parte do seu traje diário. E, quando chegava com alguma matéria previamente escolhida, a primeira providência do dia era chamar o diagramador Wilson Passos à sua mesa: "Vamos dar três páginas disto aqui, o texto na última, diga com quantas linhas. Depois eu passo o *layout* para um redator. Você abre com esta foto e depois faz um 'cineminha' com esta, esta, esta, esta..."

Justino era "revisteiro". Tinha um olho clínico incrível, olho de cinemaníaco. Mas os primeiros seis meses dele foram terríveis, porque não conseguia fechar o número em tempo hábil e causava grandes problemas para a parte industrial do processo. Sua tarefa era árdua: a de levantar a circulação da *Manchete*, sob a recomendação de "fazer milagres, se preciso". E isso era quase impossível, diante da concorrência de *O Cruzeiro*, com uma média de mais de quinhentos mil exemplares de tiragem e uma cobertura de âmbito nacional através dos Diários Associados, com jornais e emissoras de rádio em praticamente todos os estados, além da TV Tupi em pleno processo de conquista do mercado.

Acontece que Justino não tinha certeza de quase nada, filosofia ideal para quem preferia dividir responsabilidades. Os títulos das reportagens eram criação coletiva e, diz a lenda, até o Marechal, chefe da portaria, teve algumas vezes suas sugestões publicadas. A capa? Bem, isso era uma outra conversa. A revista ia para as bancas toda quarta-feira, através da Distribuidora Imprensa, do Altair de Souza, mas era fechada (tradução: ficava pronta para ser impressa) dois dias antes, às segundas-feiras, quando Adolpho interrompia seu "balé bancário" telefônico, religiosamente ao meio-dia, para escolher a foto da capa. Acreditava-se que, se a capa não fosse bem-escolhida, haveria um encalhe adicional de pelo menos 15%. Outra verdade absoluta, pelo menos nos primeiros tempos da *Manchete*: a de que homem na capa não vendia.

Tese, aliás, confirmada na época da Copa do Mundo de 1958, a primeira que o Brasil ganhou, quando publicamos o jogador Mazola na capa e foi um dos maiores encalhes da história da revista, algo por volta de 45%. Na verdade, a escolha da foto da capa era o ponto final, vital, de todo o processo de gestação da revista. O clímax. Quando a foto o desagradava, Adolpho costumava se irritar com o autor dela e, se alguém argumentasse, ficava nervoso, pegava os cromos da mesa do Justino e os amassava com violência. Até o dia em que, no auge do exagero, estraçalhou a foto com os dentes, como se fosse comê-la. Tinha nascido a "cromofagia" na *Manchete*.

Adotei, então, uma tática que se revelou eficaz. Fazia sempre duas ou três tentativas de capa, em geral com mulheres bonitas, para submetê-las ao crivo das segundas-feiras. Mesmo assim, surgiram grandes impasses. Até que, debaixo do proverbial silêncio dinâmico do Justino (ele não entrava em bola dividida), surgi com uma ideia genial: quando o Alberto Carvalho, assistente da editoria, começava a projetar as opções para a capa, deixava sempre para segundo ou terceiro lugar uma que era a mais confiável, precedida da frase: "Seu Adolpho, essa agora é a que o senhor sugeriu."

Ele olhava desconfiado, não dizia nada, mas quase sempre passava a admitir a hipótese daquela foto com mais simpatia do que as outras. E, geralmente, depois de alguns instantes, olhava para o Justino e sacramentava: "Essa é boa, não é verdade isso?"

Justino concordava, malandramente. E descíamos para o terceiro andar, onde lautos almoços nos esperavam todos os dias da semana. Com a certeza de que, como diziam, a *Manchete* era mesmo um ótimo restaurante que editava belas revistas.

A vista que não valia tanto assim

Naquela luminosa manhã de novembro de 1968 em que o céu exibia um azul fascinante, lá estava Adolpho Bloch com seu olhar de peixe, passando a mão pela cabeça já prometida à calvície e apontando em gesto panorâmico a inebriante visão do oitavo andar da rua do Russell, 804, embevecido com a caprichosa geografia da baía de Guanabara, aquela maravilha de cenário visto do alto. Diante de tal deslumbramento, alguém poderia até pensar que quem havia feito aquilo tudo tinha sido ele (Adolpho) e não Ele (Deus).

Logo surgia um avião Electra da ponte-aérea atrás do Pão de Açúcar, ali pertinho, à direita, e começava a descer, suavemente, como um cisne de prata, na pista ensolarada do aeroporto à nossa esquerda. "Essa vista pode até fazer com que vocês escrevam melhor."

A mesma vista que serviu de cenário para outra deliciosa cena real acontecida naquele palco de tragicomédias que era o oitavo andar do belo edifício da *Manchete*: eram tantas as crises vividas por Justino Martins como diretor-editor da revista, a maioria delas coincidindo com quedas de vendagem, que a muitos parecia que Adolpho estava arrependido de tê-lo trazido de Paris. O drama geralmente tinha início quase toda quarta-feira, quando começavam a chegar as papeletas da distribuidora, contendo o boletim de vendas. Dois dias depois já era possível calcular se haveria, ou não, encalhe superior a 10%. E aí se configurava — ou não — a bronca. É claro que não havia uma razão objetiva, então Adolpho ouvia todo mundo, os competentes e os incompetentes, dando palpites de todo tipo. Numa dessas "sextas negras", alguém sugeriu que a salvação da pátria estaria na troca do Justino por um jornalista que, na ocasião, tinha merecida fama e que estava dirigindo o jornal *Zero Hora*, de Porto Alegre. Augusto Nunes era o nome dele.

Pouco depois, lá estava ele do outro lado da linha, ouvindo um convite de Adolpho Bloch para uma feijoada carioca, no dia seguinte. Pegou um avião e veio. Após a lauta refeição, da qual participei na mesma mesa, Adolpho puxou Augusto para um canto do salão, perto do piano, e fez a proposta:

"Posso lhe oferecer 25 mil cruzeiros por mês. Nunca paguei tanto a ninguém."

Augusto recuou um passo e foi claro:

"Isso eu não posso aceitar, seu Adolpho. É o que estou ganhando hoje no jornal. E, para sair de lá, só com uma proposta realmente muito boa."

Adolpho fechou o olho direito e argumentou:

"Augusto, porra, é muito mais prestígio para você dirigir a *Manchete* do que o *Zero Hora*!"

"Mas a gente não paga as contas com prestígio, seu Adolpho."

Levando o convidado pelo braço:

"Você está desprezando o quanto vale essa vista daqui. Olhe para fora... veja... isso aí tem preço?"

Fazia um dia desses dignos de placa. Augusto Nunes apenas sorria. Virou-se de costas para a vista que não tinha preço, agradeceu o almoço, abraçou Adolpho e voltou para Porto Alegre.

Ficaram amigos. Amigos, mas negócios à parte.

Assim era a lógica particular e intransferível de Adolpho Bloch, aquela figura especial que o mesmo Otto Lara Rezende definia como "subterrânea", cheia de curvas, fluvial, lamentosa, confiante, risonha, nostálgica, eufórica, delirante, sempre catedralesca, nunca perdedora.

***

Uma das bobagens que se propalava era que Adolpho Bloch preferia trabalhar com judeus. E, na época, nem eram tantos assim. Ele, inclusive, andava afastado da religião de seus pais. Só nos idos de 1967, com a Guerra dos Seis Dias no Oriente Médio, durante sua primeira visita a Israel, é que o espírito sionista despertou nele. Reencontrou-se com o judaísmo, passando a ajudar o Instituto Weizmann de Ciências (IWC) na construção do Observatório Geofísico de Eilat, que revisitei em 2008.

Foi a partir dessa viagem que ele se tornou amigo íntimo do cientista Albert Sabin, que presidiu aquela entidade por três anos, de 1969 a 1972. Os dois se tratavam como irmãos e foi Adolpho quem apresentou Sabin à sua futura esposa, a brasileira Heloísa Dunshee de Abrantes, em uma recepção de homenagem ao professor Chagas Filho, no apartamento da dra. Regina Feigl, à qual eu também estive presente.

***

Cabia a mim organizar o quadro de repórteres e fotógrafos. Toda semana, uma reunião para discutir a pauta dos assuntos, às quais o Justino nunca comparecia, sob a seguinte alegação: "Quero as matérias em cima da minha mesa, e pronto!"

Foi sempre assim. Raramente ele criava alguma reportagem. Em compensação, ninguém escolhia melhor o material para ilustração. Justino dava um corte cinematográfico nas fotos, fazendo a revista ficar cada vez mais elegante e bonita. Quanto ao jeito de trabalhar, eu só fazia restrição ao modo de ele reagir, criticando os autores das reportagens, quando Adolpho reclamava que o número da semana estava fraco (Justino quase não lia os textos, mas tinha um faro editorial invejável). "Com essa equipe não se consegue nada melhor do que isso."

A culpa nunca era dele. E isso azedou, em parte, nossa relação. Eu defendia os rapazes, mas, em alguns casos, houve até mesmo demissões.

Em duas ocasiões, aliás, arrisquei a pele. A primeira foi com o fotógrafo Hugo Góes, que uma vez fez um serviço meio fraco; o Justino reclamou e o Jaquito tratou de mandar embora aquele "bigodudo". Recém-casado e com a esposa grávida, chamei-o à minha mesa, olhei bem para a sua cara e perguntei: "Você tem muito amor a esse bigode?"

Primeiro espantado, depois sorridente, Hugo disse que não. Então, sugeri que ele fosse até o Robertinho, barbeiro da empresa, e tirasse aquilo do rosto. Foi a salvação dele, que ainda ficou mais dois anos conosco, antes de se transferir para a editora Abril. O Jaquito passava por mim e perguntava:

"Você já mandou embora aquele bigodudo de merda?"

"Claro! Era mesmo incompetente..."

O sobrinho sorria, satisfeito. Ele gostava de demitir.

Em outro caso com fotógrafo, Nelson Aranha Santos, da sucursal de Belo Horizonte, nos enviou fotos que realmente poderiam ser melhores. Justino fez a onda, Adolpho mandou demitir, mas eu combinei uma estratégia de salvação com o chefe dele, Lúcio Portella Valadares: "Nunca mais deixe o Nelson assinar reportagens com o nome dele completo. Daqui pra frente, ele é Nelson Santos, só."

Nelson Santos "só" ficou mais dez anos na *Manchete*.

***

Até que aconteceu uma cena que nunca mais me saiu da cabeça e, de vez em quando, ainda aparece em meus sonhos: num sofá recoberto de plástico de um apartamento da Zona Norte, uma mulher relativamente jovem se debatia sem parar, segurando uma escova de dentes com as duas mãos. Deitada, ela repetia a mesma frase, em tom monocórdio: "Quero o meu Zezinho de volta ... quero o meu Zezinho de volta."

Eu estava ali para, em nome da empresa, prestar-lhe solidariedade. Mas, sem desgrudar os olhos da escova de dentes, ela não ouvia nada, de ninguém.

Tudo tinha acontecido em, no máximo, duas semanas.

Na reunião semanal de pauta da *Manchete*, rotina que cultivei durante muitos anos, o repórter Marcelo Escobar tinha sugerido uma grande reportagem na Bolívia, sobre o tráfico de drogas (cocaína). Detalhou que chegaria com um fotógrafo a Santa Cruz de la Sierra, faria várias entrevistas e, na volta, escreveria o que ele considerava uma garantia para ganhar o ambicionado Prêmio Esso de Jornalismo. Perguntei pelos riscos da empreitada, pois sabia que se tratava de uma região extremamente perigosa e violenta. "Se tomarmos cuidado, nada acontecerá."

Extremamente confiante, ele chegou a sugerir: "Posso levar o José Avelino, que já topou a viagem."

Eu não estava convencido. E fiquei com o pressentimento de que não valia o risco, entre outros motivos, porque aquele não estava entre os temas considerados preferidos dos nossos leitores. Pedi um tempo para pensar e toquei a pauta de sugestões para a frente.

Entretanto, fui surpreendido 48 horas depois com a euforia do Marcelo Escobar. Inconformado com minha nada entusiasmada reação à sua sugestão, ele recorreu ao então diretor de *Fatos e Fotos*, que concordou de imediato com a aventura. Como chefe de reportagem, não tive outra alternativa se não assinar as papeletas para que eles viajassem, com o dinheiro necessário para as despesas e, importante, alertados de que viajariam pelo "trem da morte", assim chamado menos pelos riscos da velha ferrovia do que pelos colegas de percurso: traficantes de todos os tipos, cores e tamanhos.

Não demorou a sermos sacudidos pela terrível notícia: um acidente de trem, perto de Santa Cruz de la Sierra, havia causado a morte de dois jornalistas brasileiros. Os dois últimos vagões da composição tinham tombado sobre a linha férrea e houve 72 feridos. Só dois mortos, exatamente Marcelo Escobar e José Avelino. A tragédia tinha interrompido a carreira de dois brilhantes colegas. E nunca se conseguiu desvendar esse estranho mistério, embora pairasse a suspeita de sabotagem e/ou até mesmo de um premeditado assassinato duplo.

Segundo o porta-voz da embaixada do Brasil na Bolívia, os corpos estavam horrivelmente mutilados, porque um dos vagões tinha virado exatamente em cima deles. Para trazê-los de volta houve outro penoso drama, pois chegariam de avião, em caixões lacrados, com a explícita recomendação de não mostrá-los às respectivas famílias, para que elas não ficassem chocadas. Mas, como saber se eram mesmo os corpos deles?

O sepultamento, enfim, foi marcado, e realizado sob intensa comoção. Eram dois queridos profissionais. Um deles, José Avelino, o Zezinho, era cria da casa, onde começou como modesto laboratorista, antes de tornar-se um competente repórter fotográfico. E de toda a triste ocorrência, algumas perguntas ficaram no ar: o desastre teria sido intencional? Por que só eles dois morreram? Traficantes da região saberiam os motivos da viagem deles?

A polícia boliviana jamais se interessou em apurar o caso. Restou-

-nos a dor da perda de dois companheiros de trabalho.

***

Quando houve necessidade de renovar os quadros, remoçar a equipe, criei, na década de 1960, de forma pioneira, o Curso Bloch de Comunicação, contando com a ajuda do meu assistente José Carlos de Jesus. Então, surgiram os primeiros anúncios da novidade, nas revistas da casa:

> Venha aprender jornalismo. Faça a sua inscrição no Primeiro Curso Manchete de Jornalismo. Os candidatos deverão estar cursando o oitavo período de Comunicação ou já formados a partir de dezembro de 1980. O curso terá duração de oito semanas, incluindo atividades de natureza profissional e familiarização com o sistema de televisão. As aulas serão às segundas, quartas e sextas-feiras, das nove às onze horas. No final do curso você receberá um certificado e as Empresas Bloch aproveitarão em seus quadros os alunos que se adequarem às vagas disponíveis. Inscrições até 31 de maio, na rua do Russell, 766. Traga duas fotos 3x4 e carteira de identidade. O curso é inteiramente gratuito.

As aulas, teóricas e práticas, eram dadas pelos nossos profissionais mais experientes. E os melhores alunos foram contratados. Assim nasceu um bom repórter chamado Celso Arnaldo Araújo, da sucursal de São Paulo. Depois de outro curso semelhante, de fotografia, estávamos preparados para o salto na circulação de nossa revista, que ocorreu a partir de 1983.

JUSCELINO, LOTT, JÂNIO E A SALVAÇÃO DA LAVOURA

Claro que será preciso amarrar muita gente e isso não é muito constitucional. Mas, afinal, essa nossa Constituição tem sido tantas vezes violada, que uma vezinha mais não tem a menor importância e, afinal de contas, trata-se de um caso de salvação nacional.

Rubem Braga

Ninguém pode contar história alguma sem relembrar como é que estava a vida, na cidade, no país e no mundo, onde e quando aconteceu um determinado fato. E assim estavam o Rio, o Brasil e, enfim, o planeta Terra, quando o primeiro número da *Manchete* foi para as bancas:

Logo após o fim da Segunda Grande Guerra Mundial (1939-1945), Churchill, Roosevelt e Stalin tinham estado reunidos na Conferência de Ialta, uma estação balneária às margens do mar Negro, na Crimeia. A famosa cena dos três juntos, sorridentes, era o retrato de uma perfeita sintonia. A histórica foto não deixava nenhuma dúvida de que eles falavam a mesma língua. Entretanto, sete anos depois, vieram os estilhaços: o mundo dividido em duas metades e os antigos aliados, vencedores, já não se vendo com os mesmos olhos, muito menos olhando na mesma direção. Da Organização do Tratado do Atlântico Norte (OTAN) ao Pacto de Varsóvia, do macarthismo à guerra da Coreia e do Vietnã, da disputa armamentista à corrida espacial, do Plano Marshall até a queda do Muro de Berlim, Estados Unidos e União Soviética alimentavam uma divergência insustentável no campo ideológico e da hegemonia política, econômica e militar. De um lado, o sistema capitalista e, de outro, o sistema socialista. Resumindo, a economia de mercado contra a economia planificada esquentava a chamada Guerra Fria. Assim, enquanto houvesse equilíbrio bélico entre as duas superpotências, quer dizer, o medo de um ataque do rival, a paz estaria garantida, pelo menos teoricamente.

E assim, em meio a essa "paz armada", nascia o ano bissexto de 1952 (5712, no calendário hebreu, e 1371, no calendário islâmico) cheio de ocorrências, de todos os tipos, para contar.

Em fevereiro, morria o rei Jorge VI, e Elizabeth II se tornava rainha do Reino Unido, enquanto o primeiro-ministro Winston Churchill anunciava que eles tinham a bomba atômica. E a Organização das Nações Unidas (ONU) realizava a primeira reunião na sua sede permanente, em Nova York. Em março, o general Fulgencio Batista y Zaldivar assumia o poder em Cuba. Em junho, a finlandesa Arni Kuusela era eleita a primeira Miss Universo. Em julho, morria Eva Perón. François Mauriac ganhava o Prêmio Nobel de Literatura, e Albert Schweitzer, o da Paz. Começavam os Jogos Olímpicos de Helsinki, uma cidade de apenas 367 mil habitantes (o estádio tinha setenta mil lugares, portanto podia acolher um quinto da população inteira). Entre as 69 nações participantes que disputavam 19 modalidades esportivas, o Brasil ficou na 24ª colocação, com uma medalha de ouro, de Adhemar Ferreira da Silva no salto triplo, e duas de bronze, uma de José Telles da Conceição no salto em altura, e outra de Tetsuo Okamoto, terceiro lugar nos 1.500 metros nado livre. Em agosto, acontecia um eclipse lunar. E Dean Acheson, secretário de Estado do governo Truman, chegava ao Rio para um encontro com o presidente Getúlio Vargas. Em outubro, nascia Vladimir Putin, futuro presidente da Rússia não mais sovietizada. E era fundada a Conferência Nacional dos Bispos do Brasil (CNBB). Em novembro, falecia Chaim Weizmann, primeiro presidente de Israel. E em dezembro, o general Dwight Eisenhower era eleito presidente dos Estados Unidos (depois, reeleito em 1956) derrotando o democrata Adlai Stevenson. Ian Fleming criava o personagem James Bond. Aníbal Freire assumia a presidência da ABL. *Othello* ganhava a Palma de Ouro do Festival de Cinema de Cannes, e *Um americano em Paris* levava o Oscar de melhor filme. O professor de Harvard, John Kenneth Galbraight, teorizava o *american capitalism*. E, devido ao grande número de escolas de samba, o desfile do carnaval daquele ano passou a ter duas divisões, mas, por causa do grande temporal que caiu sobre a cidade, quatro dos cinco julgadores abandonaram o evento, que teve o resultado anulado;

ficou valendo apenas o julgamento do recém-criado segundo grupo, cuja vencedora foi a Unidos de Indaiá, promovida ao desfile principal do ano seguinte.

Mas nada disso, nem mesmo o surto de paralisia infantil em São Paulo e Minas Gerais, foi mais publicado, falado, comentado e lamentado do que a morte do cantor Francisco Alves, um dos maiores ídolos do rádio da época, num desastre de automóvel até hoje não esclarecido satisfatoriamente, na Via Dutra, voltando para o Rio, com o rádio ligado no jogo América e Bangu (o rei da voz era torcedor rubro).

Quanto ao cotidiano carioca, a vida prosseguia risonha e franca.

A popular atriz do cinema mexicano, Ninón Sevilla, estrela do filme *Vende caro o teu amor*, chegava à cidade para protagonizar uma produção asteca-brasileira que levaria o título de *Aventura no Rio*. Enquanto isso, os cinemas Palácio, Rian, Leblon, Botafogo, América e Ideal exibiam o filme *O poder da fé*, com Charles Boyer e Barbara Rush. No Metro Passeio, Metro Tijuca e Metro Copacabana, *Rica, moça e bonita*, com Wendell Corey e Danielle Darieux. No Plaza, Parisiense, Astória, Olinda, Ritz, Colonial, Primor, Mascote e Haddock Lobo, *A revolta dos apaches*, com Ronald Reagan e Rhonda Fleming. No Vitória e Ipanema, *Cúmplice das sombras*, com Van Heflin e Evelyn Keyes. No Cineac Trianon e Capitólio, jornais, desenhos, comédias, documentários e curtas, em sessões contínuas a partir das dez horas da manhã, para deleite dos folgados por vocação, desvinculados permanentes, fiscais intermitentes da natureza e quejandos.

A revista musical dita cômica e naturalista intitulada *Branco, tu és meu* encerrava temporada no palco do Teatro Carlos Gomes. Todas as noites, às oito e dez horas, *Eu quero sassaricá* estava no Teatro Recreio, que já preparava outra atração, com Colé e Silva Filho em *Há sinceridade nisso?* No Teatro Jardel, *Banana não tem caroço*, e no Teatro Follies, *Tira a mão daí*. As comédias *Para servi-la*, madame, *A amiga da onça* e *Madame Sans Gène* eram os cartazes do Teatro Alvorada, do Serrador e do Rival. No Teatro Regina, Bibi Ferreira em *La Conchita*. No Teatro Copacabana, *Os ovos do avestruz*, com Madame Morineau, Jardel Filho e Laura Suarez. E, à uma hora da madrugada, *Burlesque*, de Carlos Machado, com Grande Otelo, Mary Gonçalves, Rose Rondelli e mais 25 belas *girls*, era o cartaz da boate Monte Carlo. No Hipódromo da Gávea, do Jockey Club Brasileiro, Francisco Irigoyen e Osvaldo Ulloa cruzavam o disco final. E, no segundo ano de vida do Maracanã, o Clube de Regatas Vasco da Gama, base de nossa Seleção na Copa de 1950, se sagrava campeão carioca de futebol, vencendo o América, na final, por 2 x 1. Mas a ferida uruguaia do 16 de julho ainda não tinha cicatrizado.

***

Naquela primeira metade da década de 1950, o *Jornal do Brasil* (diretor-presidente E. Pereira Carneiro, diretor-tesoureiro Aníbal Freire, diretor-secretário João MacDowell, com redação na avenida Rio Branco, 110, fone 22 1818) custava um cruzeiro, e em sua primeira página dava menos espaço para notícias do que para anúncios. Precisava-se de uma empregada que conhecesse serviços de balcão de farmácia, na rua Mariz e Barros, 470; de vendedoras, com prática, no Ao Bicho da Seda, na avenida Nossa Senhora de Copacabana, 810; de uma ajudante de alta-costura, na rua Barata Ribeiro, 539, apto. 802; de uma copeira-arrumadeira, na rua Bolívar, 147, apto. 901; e casal de fino trato pagava bem a uma cozinheira de forno e fogão, de quarenta a cinquenta anos, tratar pelo telefone 47-6811, entre 14 e 16 horas. Quem não preenchesse essas condições era favor não se apresentar. Procurava-se também um farmacêutico para trabalhar em horário integral, na rua Aristides Lobo, 71; um auxiliar de escritório para serviços de rua, com boas referências, na avenida Presidente Vargas, 529, sala 1.907; e um menino de 14 a 16 anos, para serviços de pagamento e cobrança, na avenida Princesa Isabel, 126-D, Túnel Novo.

Nas páginas internas, o 38 informava que o Partido Radical considerava fraudulentas as eleições na Argentina e exigia sua anulação (o presidente Juan Perón tinha sido reeleito para um segundo período de seis anos). No Brasil, as donas de casa queriam a liberação da carne tipo popular. Em sua coluna "Conversa do dia", Marques Rebelo escrevia:

> O sr. Walter Moreira Salles, jovem simpático e banqueiro, teve seu nome aprovado pelo plenário do Senado para nosso embaixador na terra dos dólares, do *swing* e do meu imortal Fat's Waller, deixando assim vaga a Superintendência da Moeda e do Crédito do Banco do Brasil.

> É certo que ele saberá fortalecer com sua atividade os múltiplos intercâmbios entre o Brasil e os Estados Unidos. E dar lembranças a quem perguntar por mim.

Na página 5, um texto de Benjamin Costallat, cronista-romancista com fama de escritor maldito (seu livro *Mademoiselle Cinema*, de 1923, foi acusado de atentar contra o pudor da família brasileira). Em "A justa apoteose", ele atentava contra outros pudores:

> O grande Villa-Lobos, que está assombrando a Europa com a sua ciclópica obra musical, não terá a mesma honra dos jogadores de futebol, de ser recebido oficialmente pelo sorriso bem-tratado do sr. ministro da Educação.

Ele se referia à seleção brasileira de futebol, dirigida por Zezé Moreira, que tinha vencido o Primeiro Campeonato Pan-Americano de Futebol, no Chile, sagrando-se campeã das Três Américas e recebida no Rio em clima de apoteose.

No jornal *Última Hora*, por exemplo, Paulo Rodrigues escrevia sobre Zezé Moreira no suplemento esportivo, que estampava na primeira página: "Glória aos campeões — Alvoroço no Galeão — Orgia nas ruas — Festa cívica na Câmara Municipal e no Palácio Guanabara — Grande espetáculo pirotécnico em frente à redação da *Última Hora* — Até as escolas de samba desceram dos morros, fazendo o povo cantar e bailar no maior delírio coletivo de todos os tempos."

Assim corriam os dias quando, em 1955, foi eleito para a presidência da República um ex-prefeito de Belo Horizonte pelo qual Adolpho Bloch tinha muita simpatia, embora ainda sem conhecê-lo bem: Juscelino Kubitschek. Contava Adolpho:

> Estava almoçando com o Otto Lara Resende em minha casa quando surgiu o dr. Israel Pinheiro, sogro de JK, comunicando-me que tinha renunciado ao mandato de deputado federal para assumir a presidência da Novacap, empresa que iria construir Brasília. Comprei um lote no setor destinado à indústria gráfica, onde depois construí a primeira sede da nossa sucursal na nova capital.

Adolpho tinha confiança em seus pronunciamentos e acreditava em suas metas — diria ele depois, sobre JK: "Conhecia-o apenas cordialmente e em todo o seu governo só o vi três ou quatro vezes."

Dois anos após a posse, Israel Pinheiro o chamou para mostrar-lhe fotos de Brasília, ainda em construção. Continuava Adolpho:

> Brasília foi muito criticada, mas eu via nela o despertar de um gigante. Fiquei tão entusiasmado que disse ao dr. Israel que a *Manchete* devia pagar ao governo para publicar uma reportagem sobre aquela obra grandiosa. E mandei o Murilo Melo Filho e o fotógrafo Jader Neves para lá. Eles foram os primeiros repórteres candangos. Acabamos comprando a causa de Brasília e do desenvolvimento do interior do Brasil. Foi nesse momento que a *Manchete* se tornou uma revista nacional. Em 1960, recebi um convite para a inauguração da nova capital. Mandei fazer uma casaca sob medida, pela primeira vez na minha vida. Meu coração estava tão feliz que esqueci de um detalhe e compareci à festa com um sapato que nada tinha a ver com o traje e a solenidade.

***

Datada de 21 de abril de 1960, foi para as bancas uma edição histórica da *Manchete*, lançada logo depois de o sino que anunciara outrora a morte de Tiradentes ter proclamado a inauguração de Brasília e Juscelino Kubitschek ter recebido a chave da cidade. Tinha começado uma nova História do Brasil.

E eu era o autor de um dos textos principais daquela revista:

> Até mesmo o marquês de Pombal falou em levar a capital para o interior do Brasil. Do século XVIII para cá, outros chefes de governo sonharam com a obra que JK afinal realizou em tempo nunca julgado possível. Nesta semana de festas, o país inteiro vive com o presidente da República as emoções de uma obra que vai nos enquadrar nos nossos destinos de grandeza.

Era a abertura da reportagem, que prosseguia:

> O avião deu uma guinada para a esquerda e o chapadão goiano cresceu lá embaixo, em toda a sua imensidão agreste, salpicado de claros de terra vermelha e pequenos riachos. Então o homem de cabelos

grisalhos, numa espécie de murmúrio, deixou escapar a exclamação: "Eu já imagino a cidade que se erguerá aqui, dentro de pouco tempo. O mundo ficará boquiaberto!"

Uma semana antes, o marechal José Pessoa, responsável pelo Serviço de Documentação Aerofotográfica do Exército, recebera do presidente a incumbência de fazer o reconhecimento dos 5.850 quilômetros quadrados da área delimitada para construção da nova capital. Lançando-se à obra, topara com documentos históricos em que as palavras do conselheiro Veloso de Oliveira propunham, em 1810, ao príncipe regente: "A capital se deve fixar em lugar são, ameno, aprazível e isento do confuso tropel de gentes indistintamente acumuladas."

Na verdade, a ideia da mudança era mesmo anterior, remontando à época do marquês de Pombal e dos inconfidentes mineiros. E teve em Hipólito da Costa, através de seu jornal *Correio Braziliense*, e José Bonifácio, fiéis defensores. O Patriarca, em outubro de 1821, chegara a afirmar: "Parece-me também muito útil que se levante uma cidade central no interior do país, para assento da Corte de Regência, que poderá ser na latitude pouco mais ou menos de 18 graus."

Através de mensagem ao Congresso, em 18 de abril de 1956, o presidente Juscelino Kubitschek tinha proposto a mudança da capital da República para o Planalto Central. E na inauguração das obras da barragem de Três Marias já tinha dito que iria cumprir a lei do Congresso que determinava a construção da nova cidade. Até que no dia 2 de outubro de 1956, em tosca mesa de madeira, foi assinado o primeiro ato oficial em Brasília: a nomeação do ministro Mário Meneghetti e a declaração de JK segundo a qual Brasília não seria uma improvisação, mas um amadurecimento. "Se a necessidade de interiorização existe, então, mãos à obra!"

O entusiasmo do presidente contagiava a todos. Até que, a 3 de maio de 1957, 15 mil pessoas assistiam à primeira missa, celebrada sob um toldo de lona verde, por dom Carlos Carmelo Mota, cardeal arcebispo de São Paulo. "O plano-piloto de Brasília nasceu do gesto primário de quem assinala o lugar ou dele toma posse: dois eixos cruzando-se em ângulo reto, ou seja, o próprio sinal da cruz."

Foi assim inspirado que Lúcio Costa projetou, ao lado de Oscar Niemeyer, a obra que causava espanto. "O urbanismo de Brasília é aquele que leva os benefícios da cidade para o campo e traz as árvores e os espaços livres para dentro da cidade, visando ao bem-estar do homem comum, tanto no que se refere ao convívio quanto ao recato, restituindo-lhe a dignidade perdida."

Recordando que a construção dos 359.819 metros quadrados teve início somente em fevereiro de 1957, Oscar Niemeyer dava os detalhes: "Nossa arquitetura se expressa em maior concisão e harmonia, pureza e simplicidade, caracterizando-se em seus edifícios não pelos elementos complementares, mas pela sua própria estrutura que, longe de ser gratuita e desnecessária, decorre espontaneamente de conveniências funcionais e construtivas."

Niemeyer respeitava, assim, um dos princípios da filosofia cartesiana, segundo a qual a natureza busca sempre os caminhos mais simples. E era a concretização daquele discurso em que o chefe da nação dissera: "Deste planalto central, desta solidão que em breve se transformará em cérebro das altas decisões nacionais, lanço os olhos mais uma vez sobre o amanhã de meu país e antevejo esta Alvorada com fé inquebrantável e uma confiança sem limites no seu grande destino."

Essas palavras seriam depois consideradas históricas.

***

Já eleito, porém ainda não empossado (o que aconteceria só em 31 de janeiro do ano seguinte), JK tinha chegado de helicóptero — uma novidade na época — para um banquete promovido por Adolpho Bloch na nossa sede industrial em Parada de Lucas, subúrbio do Rio. Sempre sorridente, acenando para todos os lados, foi a primeira vez que falou em suas trinta principais metas do programa "Cinquenta anos em cinco", acrescido da expressão "mais democracia."

Adorei ver o ídolo de perto. Eu tinha participado, como líder estudantil, dos trabalhos do JJ Universitário, escritório eleitoral fundado por Yara Vargas, professora da UDF (e depois minha substituta como secretária de Educação do Rio de Janeiro, em 1983), e do qual também participavam alguns amigos, como Moisés Scheinkman, Hélio Barros de Aguiar e Samuel Wester. Situado na Praça Onze, tendo por objetivo estabelecer uma cunha no movimento estudantil de propagação das candidaturas de Juscelino e Jango, foi uma boa experiência política vivida por mim aos vinte anos. E foi aos dois JJ que dei o meu primeiro voto.

Antes da incrível cassação de JK, estive reunido com ele, levado por João Pinheiro Neto, num encontro em seu apartamento da rua Sá Ferreira, em Copacabana, onde também se encontravam o coronel Afonso Heliodoro dos Santos, Oswaldo Penido e Reinaldo Reis. Era o sonho do JK-65.

***

Poucos dias antes do término do governo JK, Adolpho tinha oferecido a ele um almoço com a presença de trezentos convidados. O convite dizia o seguinte: "Ao candango número 1, Juscelino Kubitschek, homenagem de *Manchete* pelas suas trinta metas + democracia."

Murilo Melo Filho perguntou o que aquele sinal (+) significava. E recebeu uma resposta misteriosa: "O tempo vai dizer por quê."

No dia seguinte, Adolpho e Murilo jantaram, a convite de JK, no Palácio Laranjeiras.

"A conversa foi muito agradável", disse Adolpho. E nos tornamos amigos para sempre. O país estava democratizado e tinha crescido cinquenta anos em cinco. Durante muito tempo, procurei convencê-lo a ser o cronista de sua própria obra. E tive a felicidade de editar seus quatro livros de memórias e fazer o prefácio, por exigência dele mesmo. Mais tarde, Carlos Heitor Cony fez o quinto volume, *Memorial do exílio*, em cujo prefácio, do próprio Cony, lê-se o seguinte:

> Este livro integra o projeto editorial das *Memórias de JK*, compreendendo o período entre 31 de janeiro de 1961, dia em que Juscelino Kubitschek passou o poder para seu sucessor, e 22 de agosto de 1976, data de sua morte. Ele interrompeu as suas memórias no momento preciso e com motivação também precisa. Escrita numa época de censura, a autobiografia de JK não incluiu o longo período que se seguiu: a senatoria por Goiás, a crise da renúncia de Jânio Quadros, a fase parlamentarista, o governo de Jango Goulart, o Movimento de 1964, a cassação de seu mandato e a suspensão de seus direitos políticos, os dias de exílio, os IPMs a que respondeu, a prisão em 1968, a sua participação na atividade privada, enfim, um período de sucessivas perdas políticas, mas de extraordinária força humana.
>
> Apesar das restrições da época, Juscelino não desanimara de continuar a redação de suas memórias. Começou a organizar documentos

e preparar esboços para um novo volume que teria o título *Mil dias de exílio*, referente aos três anos em que foi obrigado a viver no exterior. Ajudei-o a partir de então, uma vez que Caio de Freitas, seu colaborador nos livros anteriores, já estava adoentado e sobreviveria ao presidente apenas alguns meses.

Juscelino cultivava o gênero epistolar com entusiasmo. É enorme o número de cartas e bilhetes que enviou a seus amigos e parentes, expressando saudades e a vontade de regressar ao Brasil. Nos últimos anos, redigia um diário com breves anotações de seu dia a dia, com a intenção de se apoiar nesses apontamentos quando chegassem a hora e a vez de escrever novos livros autobiográficos.

Parte desse material, com exceção do diário entregue à sua família, ficou em poder de seu editor e amigo, Adolpho Bloch, que passou a me cobrar esse trabalho que agora começo a publicar, primeiramente em capítulos semanais, na revista *Manchete*, depois em livro.

É de praxe o autor chorar um pouco sobre as dificuldades encontradas na execução de sua tarefa. Na realidade, não existem maiores problemas em encaixar os últimos anos de vida de Juscelino Kubitschek no tempo do qual participei, modesto personagem cuja memória desta vida ainda não se consente.

Tal como aconteceu quando escrevi sobre Getúlio Vargas (*Quem matou Vargas*, editora Bloch, 1974), quero deixar claro que nada devo a JK — a não ser, como se diz em Portugal, o favor de sua amizade. Só o conheci pessoalmente quando deixamos, separadamente, a prisão de 1968. Mais tarde, a intimidade de tarefas comuns, a convivência diária nos últimos seis anos de sua vida, alguns momentos de alegria e tristeza compartilhados — tudo isso nos tornaria amigos e íntimos.

Como resultado dessa convivência, ficara acertado entre JK, Adolpho e eu que deveria haver um outro volume abrangendo o período que ainda vivíamos. Na impossibilidade de escrever ele próprio esse novo livro, deveria eu assumir essa responsabilidade — para mim honrosa, por sinal.

Assim sendo, *Memorial do exílio* tem a pretensão (talvez absurda, talvez explicável) de ser a continuação das *Memórias de JK*, a crônica do seguimento natural de sua trajetória política e pessoal. Tanto quanto me permitiram o engenho e a escassa arte, tentei relatar atos e fatos de seus últimos anos, sob um foco que, a meu ver, teria sido idêntico ou análogo ao de JK.

Essa, sim, foi uma dificuldade e também uma temeridade. Em muitos episódios precisei abdicar de critérios pessoais para adotar os de JK. Acredito que o leitor atento, familiarizado com os volumes anteriores deixados por Juscelino, saberá avaliar e desculpar.

Foram muitos os momentos de pressão e compressão comuns a milhares de brasileiros nesses anos. Em muitos lances, evidentemente, a minha posição pessoal coincidiria com a de JK. No mais, a captação de sua personalidade foi facilitada pelo próprio temperamento de um homem transparente, cuja mineiridade funcionava em espasmos. No fundo, o neto de imigrantes tchecos possuía alma cigana, seu universo não era labiríntico, fechado e silente. Por isso mesmo, ele encontrara na ação a sua melhor forma de exprimir-se. Afonso Arinos o definiria, um dia, como "o poeta da ação". Mais uma vez, a formiga que se dedicou ao trabalho superou, na perspectiva da História, o canto (não necessariamente belo, nem sequer necessário) das cigarras.

Uma explicação para o título. Sei, de início, que *Memorial do exílio* poderá ser atropelado pela recente inauguração do monumento quase homônimo, em Brasília. Aliás, a denominação Memorial JK provocou polêmicas entre filólogos, eruditos, pesquisadores e desocupados de várias procedências. Durante meses, a seção de cartas dos principais jornais do Rio e de São Paulo manteve acesa a discussão sobre o assunto, questionando-se o uso da palavra memorial, tida por alguns como anglicismo (apesar de sua origem latina) quando aplicada a lugar destinado a preservar ou cultuar a memória de alguém.

No meu caso, porém, o título é anterior até mesmo ao desaparecimento de JK em 1976. Fixei-me nele tão logo senti que teria pela frente, guardadas as proporções do personagem e do autor, um tipo de trabalho semelhante ao de Las Cases em *Memorial de Santa Helena* — obra clássica que tentei traduzir bem antes de ter escrito meu primeiro livro. Não pretendo forçar qualquer comparação, mas o período da vida de Juscelino Kubitschek que me coube levantar e retratar foi análogo e, em alguns casos, idêntico ao de Napoleão em *Santa Helena*: uma dolorosa sucessão de perdas. Perdeu o mandato de senador, perdeu os direitos políticos, perdeu a oportunidade de ser reeleito presidente da República em 1965, perdeu a liberdade de viver em seu país, perdeu depois a própria liberdade física, em 1968, perdeu a irmã e a mãe, perdeu a presidência de uma empresa privada, perdeu até mesmo uma eleição para a ABL — única eleição que não ganhou. E, finalmente, perdeu a vida, num acidente de estrada.

A sucessão de perdas contrasta, dramaticamente, com a fulminante escalada política, contada por ele próprio em seus livros de memórias. A mim restaram os escombros, o ocaso.

Contudo (e seguindo humildemente o balizamento traçado por Las Cases), não descrevi os últimos dias de um derrotado. *Memorial de Santa Helena* está longe de ser a crônica de um vencido. É, em muitos sentidos, o melhor livro escrito sobre Napoleão. Evidente que meu delírio não chegará a tanto. Cito a analogia como referência bibliográfica. Temos ainda, em nossa literatura, um clássico de Machado de Assis, *Memorial de Aires*. A constante no título deve ser mencionada.

Quanto ao exílio a que me refiro, não é exatamente o período em que JK foi obrigado a viver no exterior. O homem — lembrou Albert Camus — é um exilado eterno, nostálgico de um reino do qual foi expulso ou do qual se expulsa voluntariamente. Por acaso, Juscelino Kubitschek experimentou os dois: o reino e o exílio. Não é do meu temperamento me interessar pelo rei. Como objeto de pesquisa, estudo e até de amor, prefiro sempre o homem mergulhado na sombra — de onde, talvez, melhor se pode compreender a luz que o iluminou.

Outra observação que julgo necessária diz respeito ao ritmo da narrativa. Adotei a ordem cronológica, a mais comum em livros de memórias e biografias, além de mais fácil para o autor e o leitor. Foi, por sinal, a mesma que Juscelino escolheu ao redigir sua autobiografia. Contudo, balanceei de outra forma os dois níveis em que se movimentou o mesmo personagem. Na primeira parte, de 1961 a 1964, coloquei mais ênfase no painel político da época, limitando-me a pequenas notas de caráter biográfico. Juscelino ainda era, em plenitude, um homem público. A partir de 1964, porém, sua vida particular foi crescendo, ocupando cada vez mais espaço na narrativa. Assim, o leitor encontrará, nos primeiros capítulos, a confluência de outros personagens que conduzem a narração em escala maior do que o próprio JK.

À medida que os trancos da vida pública foram desbastando essa personalidade que, em certo sentido, não se pertencia, começou a surgir outro homem, outro personagem: a edição expurgada e ampliada do menino de Diamantina, o Nonô, filho de dona Júlia. Desse momento em diante, deixei de consignar as miúdas referências aos aspectos políticos e econômicos do país — o que não significa, de minha parte, que os considerasse bons.

Nas circunstâncias em que este livro foi escrito — como natural continuação de suas memórias —, obriguei-me a dar-lhe a moldura que ele, pessoalmente, me merecia: a do carinho.

Devido à defesa de Brasília e à solidariedade a JK, a verdade é que a tiragem da revista começou a aumentar, e, no final de 1963, a *Manchete* já incomodava, com seus quase duzentos mil exemplares de venda. Dali para a frente, ninguém se iludia, seria muito mais difícil a luta com a concorrência.

Um fato essencialmente jornalístico tinha acontecido, e foi assim que concretizamos um salto definitivo.

***

Durante os cinco anos do governo JK, eles só estiveram juntos meia dúzia de vezes. Mas, fora do poder, foram muitos anos de convivência fraternal, durante os quais Adolpho Bloch (autor da frase "cinquenta anos em cinco") dizia ter aprendido muito:

> Anos depois da fracassada rebelião de Aragarças, fui procurado por um amigo do coronel Haroldo Veloso, o líder daquele movimento. Os exilados daquela revolta estavam abrigados em Buenos Aires e o presidente já havia pedido a nossa embaixada na Argentina que não criasse qualquer tipo de dificuldades à vida deles, que em breve retornariam à pátria, pois ele pretendia dar-lhes anistia ampla. Realmente, o decreto que ele assinaria determinava que "ficassem em perpétuo silêncio quaisquer processos criminais e disciplinares".

Muito tempo depois, o coronel procurou Adolpho dizendo que gostaria de agradecer pessoalmente a generosidade de JK.

Levei-o ao gabinete de trabalho do ex-presidente, em nosso edifício-sede. Frente a frente, o coronel ficou mudo, emocionado. Foi JK quem o abraçou, calorosamente, com a frase: "Se eu estivesse com a sua idade, teria feito o mesmo!" Os dois conversaram o resto da tarde e se separaram como novos amigos.

***

Adolpho Bloch nunca se esqueceu de um pedaço de terra de trezentos alqueires chamado Fazendinha JK, a cinquenta quilômetros de Brasília, onde um dia ele tinha perguntado a Juscelino o que significava a palavra cerrado. E ouviu a explicação de que se tratava de terras milenares reduzidas a pó depois de corroídas pelo cupim. E que, abrangendo Goiás, Mato Grosso, Minas Gerais, São Paulo, Maranhão e Bahia, haveria no Brasil mais de um milhão de quilômetros quadrados de cerrados, uma área equivalente a duas Europas ocidentais.

De lá veio uma carta — talvez das últimas que JK escreveria —, datada de dias antes, 10 de agosto de 1976, cujo teor era o seguinte:

> Meu querido Bloch. Com a obstinação que sempre foi a peculiaridade do meu estilo de vida, estou aqui lutando para dominar o cerrado. Já me familiarizei com os aspectos desta terra pobre comida pelos cupins, pelas formigas e pela acidez, mas que renasce e produz quando a mão do homem lhe leva tratamento e carinho. É belo ver ao lado da esterilidade do solo abandonado surgir, pela força do trabalho, o verde animador que corresponde à germinação das sementes. Não podia imaginar que eu, um ser urbano, me adaptasse ao silêncio e à solidão dos vastos descampados. Estou há um mês sem contato com o que se convenciona chamar de civilização. Desta não tenho saudade. Só o que traz tristeza, sobretudo à hora do recolhimento à tarde, é a falta dos amigos, parte da minha natureza e do meu próprio organismo, e não senti-los perto é como privar-me de um braço ou de uma perna. E nenhum, mais do que você, pertence à categoria das pessoas que gostaria de ver diariamente, como fazia até há pouco. E o excelente escritório que você colocou à minha disposição, ao lado do seu gabinete, faz-me falta.
>
> Penso na *Manchete* e, por isso mesmo, leio a revista semanalmente, da primeira à última página. Agora mesmo, nesta manhã, terminei a leitura do artigo "Retrato da seca" (de Ricardo Noblat e Tadeu Lubambo). É uma das melhores sínteses feitas a respeito de um problema tão fascinante e que constitui a marca número um das nossas dificuldades com a natureza. Em poucas páginas não ficou nada para acrescentar. Todos os aspectos foram tratados com seriedade e definidos dentro da maior objetividade. Entre as secas trágicas que assolaram o Nordeste, a de 1958 foi das mais graves. Conhecia-a de perto, pessoalmente. Dela nasceu a Sudene [Superintendência do Desen-

volvimento do Nordeste], a mais destacada iniciativa do meu governo, visando à faixa onde dezenas de milhões de brasileiros enfrentam resistência que, sozinhos, não poderiam vencer.

Ao terminar a leitura fiquei pensando num discurso de Tardieu, ex-primeiro-ministro da França, que ouvi quando visitei Paris pela primeira vez. Referindo-se ao plano de governo que apresentava, afirmou: *"Ça n'est pas un programme de governement, c'est le rêve d'une generation. Il faut bien que quelqu'un commence. Et si démain nous voulons agir il faut aujourd'hui savoir penser."*[4]

Felizmente soubemos pensar, em 1958, quando idealizamos a Sudene, cujos frutos, vinte anos depois, ajudam a minorar a pobreza daquela região perseguida pela impiedade dos fatores adversos.

Espero abraçá-lo em breve.

Se tiver coragem, enfrente a poeira e venha, da janela do seu quarto nesta fazendinha, ouvir a singela melodia dos "fogo pagou, fogo pagou".

Um grande abraço com a amizade e a gratidão do amigo de sempre,

Juscelino Kubitschek.

***

Doze dias depois, o ex-presidente seria apenas uma saudade.

E Raul Giudicelli, um dos jornalistas de mais longa permanência na *Manchete*, escrevia no *Diário de Notícias* um texto intitulado "As lágrimas da coragem":

> Os insensíveis julgaram que fosse gratidão pecuniária; os ressentidos, que fosse provocação. Para ambos, nunca lhes passou pela cabeça que se tratasse do mais puro e evangélico sentimento humano que é o amor de amizade. Tornados pela incapacidade de nutrir afetos verdadeiros, não puderam supor que um homem se ligasse a outro pela comunhão de ideais, pela sólida crença no trabalho e por um incansável patriotismo. As minuciosas, exaustivas e ininterruptas investigações realizadas, com requintes de um detetive proustiano, em torno de

---

[4] "Não é um programa do governo, é o sonho de uma geração. É necessário que alguém comece. E, se amanhã nós queremos agir, agora é necessário saber pensar." (N.E.)

Adolpho Bloch e de seus vínculos empresariais com o governo do presidente Juscelino Kubitschek, constataram, para espanto de uns e desolação de outros, que as ligações entre a Presidência da República e Bloch Editores, de 31 de janeiro de 1956 até o dia do terrível adeus, foram idênticas, em alguns casos, e em outros, até menos acentuadas do que as que se verificaram nessa mesma época entre esse mesmo governo e outras empresas jornalísticas.

Durante 12 longos anos, as portas da *Manchete* e da residência de Adolpho estiveram abertas para Juscelino. A mão de um foi a primeira a apertar a do outro, na hora alegre de sua posse; a mesma mão foi a que se estendeu para ele no difícil transe da cassação do mandato e, ainda ela, a mesma mão de antes, foi a que repetiu agora, com uma ternura nunca vista, o último gesto de carinho para o amigo morto. Se Adolpho Bloch tivesse alimentado apenas por interesses financeiros sua amizade com o presidente Juscelino — como alguns o fizeram —, teria saltado da frágil nau que se afundava em 1964 para embarcar às pressas, como tantos o fizeram, no navio que o novo sistema político lançara ao mar. Durante os anos seguintes, não faltaram ameaças veladas, intimidações e insinuações de boicotes econômicos, além de medidas coercitivas contra a Bloch Editores.

As lágrimas de Adolpho Bloch derramadas sobre o túmulo de Juscelino Kubitschek foram de um homem que se contagiou pela coragem e pela grandeza de seu concidadão. As mesmas que hão de fazer com que, penetrando na terra, fixem em Brasília as raízes de sua perenidade, para sempre.

***

Decorridos 19 anos, na *Manchete* número 2.264, de 26 de agosto de 1995, Adolpho Bloch escrevia uma longa "Carta a JK":

> Meu presidente. Há 19 anos que não nos falamos. Todos os dias, o primeiro telefonema que recebia era o seu. Tenho muito o que contar. No dia 21 de agosto de 1976, quando dormiu sua última noite em nossa casa em São Paulo, casa que foi de Horácio Lafer, fui acordado pelo senhor, que desejava falar comigo. Queria contar a sua vida. Eu disse que não precisava, pois já a conhecia bastante. Sentamo-nos no sofá da sala, e durante cinco horas o senhor desfilou toda a sua

trajetória, desde os dois anos, quando, da janela de sua casa, ao lado de dona Júlia, viu passar o cortejo do funeral de seu pai, João César de Oliveira. A cena ficou gravada para sempre em sua memória. Seu pai era mascate e andava a cavalo percorrendo todo o estado de Minas para sustentar a família. Dona Júlia era professora. O lugar do menino Nonô era em um cantinho da sala de aula para aproveitar as lições da mãe e mestra. Como as ruas de Diamantina eram de pedra, os sapatos gastavam-se muito depressa e o senhor encontrou um meio de economizá-los usando um pé calçado e o outro enfaixado, alegando estar machucado. Sem condições de prosseguir os estudos, entrou para o seminário, mesmo sem vocação. Depois foi para Belo Horizonte, onde estudou medicina e trabalhou como telegrafista na estação da Central do Brasil.

Sua irmã, Nana, casara-se com o dr. Júlio Soares, um dos maiores amigos que o senhor teve. Com a morte do cunhado querido, o senhor disse que transferira essa amizade para mim. Nunca esqueci essa nossa conversa. Passei noites em sua fazenda em Luiziânia, ouvindo seus planos para a campanha "JK-65". Em um almoço na minha casa de Teresópolis, o governador Carlos Lacerda, acompanhado de 18 secretários de Estado, depois de muito vinho e da conversa agradável de Otto Lara Resende, estando eu em companhia do Murilo Melo Filho e do Jaquito, me perguntou: "Bloch, qual vai ser seu voto: em mim ou no JK." Respondi com sinceridade: "Governador, o senhor sabe que eu tenho a honra de ser judeu. Não posso faltar à verdade. Votarei em JK. Em compensação, as minhas irmãs, que sofreram tanto com o comunismo na Rússia, tiraram seus títulos de eleitor para votarem no senhor." Carlos Lacerda apreciou a minha sinceridade.

Pergunto ao povo brasileiro: o que seria da nossa terra se JK tivesse voltado a governar o país em 1965? Estou certo de que não teríamos as favelas, nem a atual onda de violência. A nossa agricultura e a vida no Nordeste não ficariam dependendo de São Pedro, que tem falhado muito e feito o povo sofrer.

Nossa amizade começou no segundo ano do seu governo. O senhor chamou o Leão Gondim, de *O Cruzeiro*, e a mim, para mostrar o que estava sendo feito em Brasília. As fotos apresentadas pelo coronel Afonso Heliodoro muito me impressionaram. O senhor perguntou ao Gondim quanto custaria a reportagem. A resposta foi muito cara. A revista se vangloriava da tiragem de 800 mil exemplares, desde que

Jean Manzon e David Nasser publicaram a foto do deputado Barreto Pinto de cueca no salão nobre do palacete dos Martinelli, na avenida Osvaldo Cruz. O senhor me perguntou: "E para você, Bloch, quanto é que vai custar?" Respondi: "Presidente, não cobro nada. Eu pago uma reportagem dessas."

Nunca vi fotos tão bonitas e que tanto significavam para o nosso futuro. A televisão, ainda em preto e branco, estava nascendo. Os telejornais não conseguiam transmitir a verdadeira imagem da grandiosa epopeia que o senhor estava realizando no Planalto Central. Eu perguntava a mim mesmo: quantas pessoas já tinham visto aquelas cenas? Vinte, trinta, quarenta mil? Éramos então 63 milhões de brasileiros que ignoravam a maior façanha da História do Brasil.

A partir desse dia, qualquer matéria que publicasse de Brasília fazia esgotar as edições. Daí surgiu a frase: Brasília e *Manchete* nasceram juntas. Em 1976, nosso encontro na Casa da Manchete, em São Paulo, terminou com minha insistência. Eu queria que o senhor viesse para o Rio num carro novo do Jaquito, mas o senhor mostrou-me o bilhete aéreo que comprara. Lembro com saudade e tristeza esse nosso último encontro. O senhor havia me telefonado dizendo que tinha compromissos em São Paulo e queria passar o fim de semana comigo. E teria de participar de uma reunião de ex-governadores da bacia do Prata-Paraná. No sábado, 21 de agosto, levou-me ao aeroporto de Congonhas, pois eu precisava regressar ao Rio. Na despedida, abraçou-me fortemente e beijou-me na testa. Tive uma premonição.

Eu havia lhe dado um exemplar do livro *Ó Jerusalém*, de Dominique Lapierre e Larry Collins, o senhor queria lê-lo e prometera fazer uma resenha para o próximo número de *Manchete*. Dei-lhe também o número da revista que estava nas bancas, com Jânio Quadros na capa. No domingo, o senhor pediu a um dos nossos motoristas que o levasse a um posto de gasolina no quilômetro 2 da Presidente Dutra, onde o aguardava, em seu Opala, o motorista Geraldo Ribeiro, que o acompanhava desde os tempos da prefeitura de Belo Horizonte. Ele se submetera a uma operação, recentemente, e não estava em condições de fazer, no mesmo dia, uma viagem de ida e volta entre Rio e São Paulo, sobretudo à noite.

Estava eu em minha casa com o professor Adriano Moreira e o Carlos Heitor Cony quando o telefone tocou. Era o seu genro Rodrigo Lopes, perguntando se eu sabia alguma coisa sobre um acidente na

Via Dutra. Respondi que, duas semanas antes, correra o boato de que o senhor tivera um enfarte na fazenda de Luiziânia. Pedi ao Sérgio Ross, nosso diretor da sucursal de Brasília, que fosse averiguar. Ele logo me ligou de volta desmentindo a notícia: o senhor estava recebendo amigos e rindo do novo boato. Minutos depois, telefonou-me o Mário Tamborindeguy, dizendo que estivera no local e vira a carteira de motorista do Geraldo Ribeiro e que o desastre fora fatal. Fiquei atordoado. Chamaram meu médico, dr. Raymundo Carneiro, que me deu várias injeções para adormecer. E eu ficava cada vez mais forte e decidido a acompanhar dona Sarah naquela ocasião.

Apareceram vários amigos em minha casa, inclusive o Carlos Lacerda, que chorou no meu ombro. Perguntei a ele por que haviam feito carreiras antagônicas. Lacerda me disse que temia a simpatia do presidente. Pedi-lhe que fizesse um artigo para o número especial da *Manchete* e ele escreveu, com muita emoção, um texto antológico.

Em casa de dona Sarah já estava combinado que o enterro sairia do Museu de Arte Moderna. Aleguei que JK tinha um escritório em nosso edifício. *Manchete* era sua casa, colaborava na revista assinando resenha de livros que acabava de ler. Seu gabinete até hoje está mantido tal como ele o deixou: foi o primeiro museu dedicado à sua memória. Dona Sarah compreendeu meus motivos e achou justo que o féretro saísse do nosso hall. Murilo e Cony foram ao Instituto Medico-Legal (IML) e assim foi feito.

O povo acorreu ao velório. Recebi um aviso da polícia para que o cortejo saísse ao meio-dia. Havia receio de manifestações de rua. Fomos a pé até o aeroporto Santos Dumont, onde a Varig colocou à nossa disposição um avião que nos levou até o Galeão, de onde partimos para Brasília. O seu velório na catedral de Brasília atraiu multidões. Foi a primeira aglomeração popular na nova capital. E o senhor foi levado para o Campo da Saudade. Encomendei, na Itália, um monumento de mármore de Carrara que ficou sendo sua casa até a inauguração do Memorial JK, anos depois.

O Memorial foi construído com muita dificuldade, mas conseguimos entregá-lo ao povo 13 meses depois, para que, no dia 12 de setembro de 1981, data de seu aniversário, o senhor tivesse um panteão digno de seu valor histórico.

Meu presidente. Rememoro esses fatos porque acho importante a verdade. Preciso the dizer uma coisa. O senhor sofreu bastante com a UDN.

Hoje, 145 milhões de brasileiros abençoam seu nome e o consideram o maior estadista do Brasil. Nas campanhas eleitorais, todos os candidatos prometem seguir seu exemplo. Tancredo Neves, tão nosso amigo, companheiro de nossas conversas, foi eleito, mas não chegou a governar. Tivemos o José Sarney, que tentou acabar com a inflação. Chegamos a 80% ao mês. Depois veio o Fernando Collor, filho do nosso amigo Arnon de Melo. Confiscou nossos depósitos e fracassou em tudo. Provocou um *impeachment*. Itamar Franco, seu amigo de Minas, fez um bom governo, teve muita sorte. Agora temos o professor Fernando Henrique Cardoso, que esteve em seu Memorial e prometeu ser um novo JK.

Nossa moeda é o real. Está valendo mais do que o dólar. Mas os juros estão altíssimos.

São sete horas da noite. Estou na rua do Russell, no fim de uma jornada de trabalho. Sei onde o senhor mora. Sua casa, agora, é digna de sua importância histórica. Continuo na luta. Quando penso nas dificuldades, é no seu exemplo que eu busco a solução e a recompensa.

Do seu amigo de sempre,

Adolpho Bloch.

***

Além do que representava em sua realidade de mármore e bronze, o Memorial JK sinalizava o instante da pacificação nacional, marcando o momento em que todos os brasileiros, novamente de mãos dadas e com os olhos voltados para o futuro, davam prosseguimento ao sonho de Juscelino em direção ao desenvolvimento nacional, aos valores democráticos da paz e da justiça social.

Foi ele quem conseguiu os recursos para a parte que lhe coube na obra, obtendo cimento através do Antonio Ermírio de Morais, do Grupo Votorantim, além de doações de vários amigos. Teve seguidas reuniões com dona Sarah Kubitschek, discutindo detalhes do projeto de Oscar Niemeyer. Eram periódicas as reuniões dele com o coronel Afonso Heliodoro dos Santos, ex-chefe da Casa Militar da Presidência e que foi o principal executivo da obra. Tiveram discussões acirradas, em geral por causa de detalhes da obra, incluindo a parte financeira. Depois, debateram muito a programação, com visões nada coincidentes de como funcionaria o Memorial.

Embora tendo cedido belíssimas (e importantes) fotos da vida de JK para figurar nos *stands* do Museu, Adolpho, visivelmente aborrecido, frequentou muito pouco o local.

Sem medo de cara feia

Apto a resistir aos maiores baques em sua vida, todavia, Adolpho era incapaz de se segurar em alguns abalos mais profundos. Não me esqueço das vezes em que o vi chorar, em muitas situações, uma delas na cassação de Juscelino. A notícia chegou-lhe por volta das sete horas da noite de uma segunda-feira, pela *Voz do Brasil*, através de um radinho de pilha que eu mantinha permanentemente ligado. Estávamos todos na redação, com o Justino, ultimando o fechamento de mais uma edição da revista. Amigo certo de todas as horas, ele não se conformou com a injustiça, começou a chorar e teve um princípio de desmaio. Quando se sentiu melhor, soltou uma série de impropérios e jurou: "Nunca mais vou esquecer o meu amigo!"

Dito e feito: por orientação dele, a revista "adotou" Brasília, nascida em 21 de abril de 1960. Enquanto a revista *O Cruzeiro* criticava até a poeira da nova capital, e Gustavo Corção escrevia que, diante da impossibilidade de estabelecer a necessária comunicação com o resto do país, aquilo seria uma ilha isolada, *Manchete* era uma das únicas publicações brasileiras que defendiam a transferência da sede do governo federal para o Planalto Central, como mostram os muitos artigos de Murilo Melo Filho, na ocasião. Ele e o fotógrafo Jader Neves passaram a morar lá, com as famílias, e foi isso que aproximou Juscelino Kubitschek de Adolpho Bloch. Enganam-se os que falam em interesses financeiros. Os que fizeram a escolha errada espalharam que a *Manchete* recebeu uma fortuna, tendo inclusive sido favorecida com empréstimos mirabolantes. Nada disso era verdade, Adolpho era admirador da ousadia, da coragem de JK e se identificava com ele.

Falava comigo diariamente, pedindo matérias sobre o andamento das obras. E não tinha o menor contato com JK. Nossos pedidos de facilidades para o trabalho jornalístico eram feitos através do coronel Afonso Heliodoro dos Santos, então chefe da Casa Militar da Presidência, amigo pessoal de um dos nossos diretores, Dirceu Nascimento. Sou testemunha de que até a inauguração de Brasília só houve uma reportagem paga de quatro páginas, conseguida por Pedro

Gomes junto à empreiteira Capua & Capua. De fato, a revista ganhou, porque suas tiragens aumentaram significativamente, em uma prova de que o Brasil estava interessado naquele fato jornalístico. E, se alguém quiser saber quando começou o verdadeiro sucesso da *Manchete*, terá de recorrer à campanha em favor da transferência da capital do país.

Foi somente após o término do mandato do ex-presidente que se consolidou a ligação fraterna entre Adolpho e JK. Tanto que foi só anos depois que, sabendo que ele estava em dificuldades financeiras no exílio, Adolpho mandou-me duas vezes como emissário a Paris e a Nova York, levando sete mil dólares para o ex-presidente. Lembro-me bem da minha chegada ao nosso escritório dos Estados Unidos, quando perguntei ao diretor da sucursal, Sérgio Alberto Cunha — que tinha sido meu assistente na chefia de reportagem, no Rio —, onde encontrar JK. Com o dedo, ele fez sinal de silêncio e me sussurrou: "Está lá dentro, aprendendo inglês. Quando terminar a aula podemos falar com ele."

Entreguei o pacotinho fechado, Juscelino agradeceu e perguntou como andavam as coisas no Brasil. Morria de saudades. E na viagem de volta trouxe comigo várias dúvidas na bagagem, entre elas, duas principais: como podia um homem daqueles passar por tantas dificuldades? E como poderiam dizer que ele tinha sido cassado pelos militares em seus direitos políticos porque era detentor da sétima fortuna do mundo?

Sob esse e vários outros aspectos, a revista não teve medo de cara feia. As recomendações que eu recebia eram sempre de preparar matérias sobre a capital, com flagrantes inéditos, mostrando novos ângulos da cidade. Instruções que eu repassava aos fotógrafos Gervásio Batista, Nicolau Drei, Antonio Rudge, além de Jader Neves e Jankiel Gonczarowska, recém-removidos para a sucursal do Planalto Central. Chegamos até a encomendar fotos de David Drew Zing com sua lente que era novidade entre nós, a *fisheye* (olho de peixe), que mostrava ângulos surpreendentes.

Assim foi durante vários anos, até que, em 1969, o então ministro Delfim Neto — muito amigo do Oscar — telefonou para transmitir um recado do governo militar: que eles não mais admitiriam essa forma velada de protesto. Elogiar a obra de JK era, então, tido como ato ofensivo.

"Está havendo muita pressão para fechar os créditos de sua empresa, seu Adolpho, por causa de sua mania de dizer que o Brasil deve tudo a Juscelino Kubitschek. O senhor não acha melhor parar com isso?"

A reação foi a mais imediata. Na nossa frente, pelo telefone da redação da *Manchete*, Adolpho ligou de volta: "O senhor poderia transmitir a minha resposta para o presidente Médici? Diga-lhe que eu não tenho nada a perder; quando vim para o Brasil cheguei só com um pilão na mão, sem trazer qualquer outra coisa comigo. Se vocês quiserem, eu lhes dou a chave de minhas empresas."

E completou a frase com a mão esticada, segurando uma chave, como se o ministro, lá em Brasília, estivesse na frente dele, no Rio: "Porque vou continuar falando bem e dando cobertura à memória do presidente Juscelino Kubitschek!"

Adolpho nunca teve medo de ameaças. Antes de desligar, completou: "O Brasil deve tudo a ele!"

Assim era aquele homem.

Uma posse complicada

Quando Juscelino Kubitschek ganhou a eleição para presidente da República, em 3 de outubro de 1955, João Café Filho era o sucessor de Getúlio Vargas no Palácio do Catete. Menos de um mês depois, sérios acontecimentos levavam a situação política do país a um momento crítico. Embora eleito para a vice-presidência pelo Partido Social Progressista (PSP), partido de Ademar de Barros, Café Filho inclinava-se mais para as posições da UDN, inclusive tentando impor, em vão, a retirada da candidatura da chapa Juscelino-Jango (João Goulart) para o mais alto cargo público da nação. Após recolher-se a um hospital, Café Filho passou o cargo para o presidente da Câmara dos Deputados, Carlos Luz, que por sua vez resolveu remover o general Teixeira Lott — um legalista, portanto obstáculo às tentativas de modificação do quadro político nacional — do Ministério da Guerra, nomeando para seu lugar o general Fiúza de Castro, que nem sequer conseguiu tomar posse.

Tanques saíram dos quartéis para as ruas e Carlos Luz refugiou-se a bordo do navio da armada Almirante Tamandaré, comandado pelo contra-almirante Penna Boto. Apesar do bloqueio do porto do

Rio de Janeiro, o navio saiu barra afora no rumo de Santos. O chefe de polícia, coronel Meneses Côrtes, foi destituído e preso, ao mesmo tempo em que o Congresso, reunido em caráter extraordinário sob a presidência do deputado Flores da Cunha, vice-presidente da Câmara Federal, reconhecia o *impeachment* de Carlos Luz e empossava o vice-presidente do Senado, Nereu Ramos, na presidência da República. Quando o Almirante Tamandaré atracou de volta ao Rio, trazia um ex-presidente e vários ministros destituídos. Ao sair do hospital, Café Filho não conseguiu recuperar o poder. O modesto edifício em que morava, na esquina da avenida Nossa Senhora de Copacabana com a rua Joaquim Nabuco, foi cercado pelos tanques de guerra e ele permaneceu como virtual prisioneiro.

Em meio a essas e muitas outras incertezas, especulava-se sobre divergências de caráter político entre os três ministros militares (general Teixeira Lott, da Guerra; brigadeiro Eduardo Gomes, da Aeronáutica; e almirante Amorim do Vale, da Marinha) a propósito da sucessão do então já ex-presidente Café Filho. JK e Jango estavam eleitos, mas a Justiça Eleitoral ainda não havia se pronunciado sobre o assunto. Enquanto isso, uma vez confirmado o resultado das urnas, a UDN passava a anunciar sua intenção de comandar a chamada "batalha judiciária", com o objetivo de "expurgar o pleito de seus vícios e fraudes" — o que, em outras palavras, significava impedir que Juscelino e Jango, os dois eleitos pela aliança entre o Partido Social Democrático (PSD) e o Partido Trabalhista Brasileiro (PTB), chegassem ao poder por via legal. Alguns comentaristas políticos chegavam a adiantar que, com exceção de Lott, os outros dois ministros militares se dividiam entre dois caminhos da mesma inconstitucionalidade: um era favorável à tese da maioria absoluta, portanto contra a posse; o outro preferia o impedimento puro e simples da posse.

Foi quando a *Manchete* do dia 19 de novembro de 1955 estampou uma foto do general Lott na capa, com a seguinte chamada: *Completa cobertura dos acontecimentos político-militares da semana*. Uma impressionante e minuciosa narrativa do ministro da Guerra era então registrada em histórica reportagem, com a seguinte abertura:

> 15 de novembro de 1955. Uma bela manhã para se comemorar o 66º aniversário da República. Dessa mesma República que há cinco dias vivera momentos decisivos para o seu destino. Cinco dias antes, outra

data histórica, mas contra a República: a da instalação da ditadura estado-novista. Diante de nós, tranquilo e seguro, o general Henrique Duffles Batista Teixeira Lott, figura central dos recentes acontecimentos que puseram em jogo a sorte da República, contava-nos, pausadamente, como e por que fora obrigado a desencadear no país, em nome dos ideais republicanos, uma intervenção militar de longo alcance. Um presidente da República, constitucionalmente investido de suas altas funções, tinha sido afastado do poder por iniciativa do Exército. Outro presidente, nascido de ponderáveis correntes políticas, tinha assumido a chefia do executivo federal. O momento ainda era — e é — bastante delicado, mas a tranquilidade da nação vem sendo recuperada.

Naquele momento, a *Manchete* desempenhava um papel verdadeiramente histórico. Publicando as palavras do ministro da Guerra, a revista teve o dom de tranquilizar a opinião pública. Esse depoimento, concedido em primeiríssima mão, era um dos muitos registros jornalísticos da revista que se transformariam em capítulos da História do Brasil na última metade do século XX.

A longa entrevista do general Lott — candidato à presidência da República em 1960, derrotado nas urnas por Jânio Quadros — reconstituía as peripécias daqueles graves acontecimentos políticos.

Assim era a magnífica reportagem de Otto Lara Resende:

A intervenção militar do dia 11 de novembro de 1955 tinha começado meses antes daquela data. A rigor, era uma continuação da crise que sacudira o país há pouco mais de um ano, quando, a 24 de agosto de 1954, o presidente Getúlio Vargas, afastado do poder por outra intervenção militar, viera a pôr fim à vida com um tiro no coração. Esse tiro continua ecoando e a crise atual lança aí as suas raízes. Por isso mesmo, o general Teixeira Lott, sentado em seu pequeno gabinete do nono andar do Ministério da Guerra, começa seu depoimento rememorando uma série de episódios que remontam aos dias anteriores. Esse homem sereno e firme que nos parece falar sem a malícia própria do jogo de astúcias que é a política, esse homem que foi sempre e faz questão de afirmar que continua a ser apenas um soldado, esse homem viu-se de repente, pela sua investidura na pasta da Guerra, colocado no centro dos acontecimentos políticos e militares, obrigado a escolher um caminho decisivo para os destinos do país.

São ainda recentes certos detalhes da sucessão presidencial, como o chamado "memorial dos chefes militares" em favor da "união nacional" e que o sr. Café Filho se incumbiu de comunicar à nação. O general Lott relembra fatos como esse, deixando bem claro que só assumiu atitudes de caráter ou repercussão política tendo em vista a preservação do regime constitucional vigente, a segurança do povo e a união das Forças Armadas. Foi, por exemplo, dentro desse espírito de alto e verdadeiro patriotismo que o general Lott veio a manter uma série de repetidos contatos com líderes políticos e parlamentares, por ocasião da reforma da lei eleitoral que iria reger o pleito presidencial de 1955:

— Era preciso resguardar a legitimidade das eleições. Nesse sentido, aqui, neste gabinete, conversei com líderes da maioria parlamentar. Aqui esteve o senador Apolônio Sales e aqui esteve o deputado José Maria Alkmin. A ambos, como a vários outros, encareci a necessidade de o Congresso votar uma nova lei eleitoral que viesse a impedir que, com base em impugnações, invocando a fraude, forças políticas de qualquer matiz tentassem subverter o regime, portanto a ordem pública. A todos esses parlamentares com quem conversei disse sempre que se tratava do interesse do país, não de um ou outro partido político. Era preciso que os homens públicos olhassem mais alto, acima dos interesses meramente particulares. Por várias vezes frisei que poderia vir a ocorrer a hipótese de, a 31 de janeiro de 1956, não termos um presidente legalmente eleito, diplomado e empossado. Foi quando surgiu o anteprojeto da chamada cédula oficial, uma iniciativa da Justiça Eleitoral que a dava como perfeitamente capaz de resguardar a legitimidade do pleito. O Senado aprovou o projeto. O tenente-brigadeiro Eduardo Gomes pediu-me então que manifestasse à Câmara o nosso comum ponto de vista de que o projeto viria tranquilizar a nação, garantindo eleições que exprimiriam a verdade. Minha missão era muito delicada e confesso que fiquei perplexo. Eu já tinha falado a alguns deputados, mas tratava-se agora de conversar com o presidente da Câmara, o doutor Carlos Luz. Pedir a ele para vir aqui ao meu gabinete não seria conveniente. Já ir eu à Câmara provocaria, por outro lado, inevitável celeuma. Foi quando me lembrei de que o dr. Luz tinha sido condecorado com a Grã-Cruz da Ordem Militar. Era uma excelente oportunidade para um encontro com ele, no qual pudesse manifestar-lhe a nossa ansiedade, dos chefes militares, acerca do projeto da cédula oficial. Com a lei eleitoral então vigente, não se afastava das eleições o poder do dinheiro. Uma eleição assim não viria a exprimir a verdadeira tendência do eleitorado e isso seria exatamente a porta aberta para os que desejavam subverter o regime. Pois no dia seguinte eu era desapiedadamente atacado, chamavam-me de "invasor da seara alheia". Acontecia exatamente o que esperava, apesar de todo o escrúpulo que pus no desenvolver da minha missão junto à Câmara e com a qual estavam de pleno acordo os ministros da Marinha e da Aeronáutica. Um jornal como o *Correio da Manhã*, que me vinha louvando, passou a desancar-me. A *Tribuna da Imprensa*, em compensação, suspendeu seus ataques a mim, tendo o deputado Carlos Lacerda inclusive chegado mesmo a tomar a minha defesa. Eu falava em nome do Brasil, acima dos partidos. Um pleito sem a reforma da lei eleitoral viria a ser inútil e até nocivo, porque desmoralizaria a instituição. Os vencidos no Brasil não se conformam. Viriam delongas na apuração, as impugnações fáceis, e estaria criado o clima propício à subversão. Estávamos vivendo um momento de crise social, econômica e política, sendo esta, até certo ponto, também militar.

Confessando-se impressionado, o deputado José Maria Alkmin procurou o ministro Edgar Costa, presidente do Tribunal Superior Eleitoral, assentando ambos que iriam estudar uma solução adequada. Naquela noite mesmo puseram mãos à obra e na manhã seguinte estava preparado o projeto da "cédula única". Era a cédula oficial, salvo o princípio da rotatividade dos nomes e o monopólio da impressão por parte do Estado. O projeto passou com a maior facilidade pela Câmara, e a lisura das eleições estava plenamente assegurada. Mesmo assim, o Senado chegou a pensar, quando por lá tramitava o projeto, em restabelecer a cédula oficial.

— Por que intervir nesse caso da votação da lei eleitoral? Por que, enfrentando todas as interpretações, expondo-me a toda sorte de ataques, parecendo invadir seara que não era a minha, me decidi a agir assim?

O general Lott raramente interrompe o fio de sua narrativa, que obedece, está visto, ao método cronológico. A maneira como está concedendo a entrevista, num tom de sincero depoimento, facilita-nos a missão de repórter. Agora, por exemplo, tinha feito uma pergunta que ele próprio respondia:

> Para evitar a cisão entre o Exército, a Marinha e a Aeronáutica. O meu propósito foi sempre, ontem como hoje, respeitar a lei, os ditames da Justiça, evitar por todas as formas a subversão da ordem e o derramamento de sangue numa luta fratricida que seria desastrosa para o país. Mantive, é verdade, certo clima de suspense para que assim, inclusive, o Congresso se desse conta da gravidade da hora e do motivo que me levava, em nome dos chefes militares, a assim agir.

Nessa altura, ele voltava a episódios anteriores à votação da cédula única, passava rápido sobre o lançamento da candidatura do general Juarez Távora, referia-se ao general Canrobert Pereira da Costa, cuja candidatura também tinha sido, por mais uma vez, sugerida às forças políticas, e prosseguia:

> Afinal, quando os resultados da eleição começaram a definir-se, o brigadeiro Eduardo Gomes e o almirante Amorim do Vale procuraram-me para induzir-me a concordar com eles em que o princípio da maioria absoluta era o que deveria prevalecer. Citando o parágrafo único do artigo primeiro da Constitutição — 'Todo poder emana do povo e em seu nome é exercido' —, aí estaria implícita a maioria absoluta. Mas meu ponto de vista era e é de que nós, militares, não deveríamos manifestar nossa opinião acerca de problemas dessa ordem, e voltei à posição que sempre defendi, a que sustenta que cabe a nós respeitar os julgados da Justiça Eleitoral e nada mais, quaisquer que sejam esses julgados. O máximo que eu poderia fazer era comunicar aos juízes do Tribunal Superior Eleitoral (TSE) que nós, os chefes militares, respeitaríamos integralmente as decisões da Justiça e nos esforçaríamos para impedir manifestações militares contra ou a favor dessa atitude. Além do mais, eu já tinha feito declarações públicas de que respeitaria a Justiça. Ora, não sou bifronte. Então, diante da minha decisão, o brigadeiro não gostou, mas nossas relações cordiais continuaram; o almirante, porém, tornou-se mais reservado comigo.

Até que Lott recebeu em casa, depois de muito solicitada, a visita de Carlos Luz, que pediu um relatório geral sobre a situação do Exército. Sem saber que já estava acertado que ele iria ocupar a presidência na ausência de Café Filho.

Disse-lhe que o Exército se empenhava a fundo no cumprimento da Constituição. Era o meu ponto de vista pessoal, identificado com o dos chefes sob minha jurisdição. Informei-lhe, outrossim, que havia um grupo, pequeno, mas muito atuante, que desejava a intervenção militar para suspender o regime. Por outro lado, um segundo grupo se mostrava violentamente contrário a isso. E contra era também o grupo de oficiais a que se podia chamar de moderado, ao qual eu pertencia, favorável ao respeito à Constituição e com muita cautela para não ferir a unidade das Forças Armadas. (...) Afinal, não sou um ingênuo. Aos sessenta anos de idade, não poderia ser um tolo incapaz de ligar os fatos. Eu sabia que havia manobras para tratar do meu afastamento. (...) Tinha tido uma discussão com o almirante Amorim do Vale, que, assim como o brigadeiro Eduardo Gomes, batia-se por uma participação ativa do Exército no problema político. O porta-voz dessa posição na imprensa era o deputado Carlos Lacerda e, provavelmente, se vingasse a medida, seria ele o mentor dos militares que iam empolgar o governo para mais um desastre, como aconteceu em 1930, por exemplo.

Era o ponto culminante da crise.

Chamado por telefone pelo coronel-chefe da Casa Militar, fui a uma audiência com o presidente. Como o automóvel tardasse um pouco, cheguei ao Catete sete minutos atrasado em relação à hora marcada. Conduzido ao salão ao lado da sala de despachos, no segundo pavimento do Palácio, percebi então, com surpresa, que várias pessoas que ali se encontravam eram atendidas, enquanto eu esperava. E, apesar da hora previamente marcada, só fui atendido às 11h30 ou 11h40. Iniciando sua exposição, o dr. Luz referiu-se ao parecer do dr. Temístocles Cavalcanti. Disse-lhe, então, que a audiência de um civil sobre matéria disciplinar do Exército, para mim, era inútil, pois a disciplina só se aprende servindo, comandando e sofrendo, dentro do Exército. (...) Perguntei-lhe a quem deveria passar a Pasta da Guerra. Fui informado de que seria ao general Fiúza de Castro. Ponderei que, na crise de agosto de 1954, o general Fiúza, como chefe do Estado-Maior do Exército, tomara parte ativa nos acontecimentos que culminaram com a morte do presidente Vargas. Mas marquei a posse do novo ministro para as quinze horas do dia seguinte, despedi-me e fui para minha casa. Pelo telefone de campanha que mandei instalar na cabeceira de minha cama, chamei o general Odílio Denys, meu vizinho, que chegou avisando que se demitiria do comando da Zona Militar do Centro e que outros comandantes tomariam a mesma decisão. Respondi-lhe que era muito difícil para eu transpor os limites da legalidade, mesmo em nome da defesa do regime legal. Sugeriu-me pôr de prontidão a tropa. Não concordei, porque essa medida poderia aumentar a preocupação e a ansiedade do povo, ìntranquilizando a opinião pública. Eu estava convencido de que deveria manter-me nos limites da legalidade. Jantei e deitei-me para dormir.

Lott pintava, então, com vivas cores, o drama de consciência que dele se apossou naquele momento.

Não consegui dormir. Passei cerca de quatro horas insone, com o coração aos pulos, cheguei até a recear que algo fosse me acontecer, apesar da rijeza dos meus sessenta anos. Conformar-me, aceitar minha demissão como fato consumado a que nada deveria opor, ou rebelar-me? A paixão pela legalidade me impedia de qualquer gesto que importasse em quebra das normas constitucionais. Por outro lado, meditava: minha demissão viria permitir a substituição de camaradas experientes e menos apaixonados por elementos exaltados, partidários da solução ilegal. (...) Sem nenhuma dúvida, poderíamos marchar a passos rápidos para a guerra civil, para a anarquia. Então, cheguei à conclusão, já de madrugada, de que tinha de agir imediatamente. Não havia tempo a perder. Vesti a farda, avisei o general Denys e partimos imediatamente para o quartel-general. A Marinha e a Aeronáutica já estavam de prontidão desde as sete horas da noite anterior. Para mim, isso era a previsão de que poderia haver a tomada do poder, a fim de impedir que a Justiça Eleitoral se manifestasse livremente. Era preciso começar a agir naquele momento, pois o movimento ilegal tinha tido início com meu afastamento do Ministério da Guerra. O golpe estava em marcha. De nossa parte, já sabíamos o que fazer, restava fazê-lo imediatamente. (...) Como o edifício estivesse às escuras e, enquanto meus auxiliares não chegavam, mandei reforçarem a guarda do Catete, com ordem de impedir a entrada ou saída de quem quer que fosse. A certa altura, não posso precisar a hora, pois tudo acontecia vertiginosamente, o general Fiúza de Castro me chamou

> ao telefone perguntando-me se era verdade que havia movimento de tropas na cidade e querendo saber o motivo disso. Confesso que fui obrigado se não a uma mentira, pelo menos a uma restrição mental. Evidentemente, não poderia inteirá-lo do que se passava, então disse-lhe que eu ainda era o ministro da Guerra e, como tal, responsável pela ordem pública. E que ele não se preocupasse. (...) Sabíamos que o dr. Luz pretendia desembarcar do Almirante Tamandaré em Santos e instalar a sede de seu governo em São Paulo. (...) De meus entendimentos com as autoridades civis surgiu a solução de promover, por meio do Congresso, o impedimento do dr. Luz para continuar à testa do Executivo e indicar o senador Nereu Ramos como seu substituto legal, o que foi feito. Estava assim plenamente vitorioso o movimento de retorno aos quadros constitucionais vigentes. A legalidade tinha sido resguardada sem que houvesse derramamento de sangue, embora com o sacrifício de algumas horas dramáticas de profunda expectativa. Foi uma vitória de nosso espírito democrático.

E foi graças a tudo isso que os eleitos Juscelino Kubitschek e João Goulart, enfim, puderam tomar posse, em 1956.

Carona para a missa de domingo

Até que, cumprido o mandato de cinco anos, tinha chegado a hora da sucessão, em 1961.

> Forças novas e impetuosas, impacientes por decisões imediatas, defrontam-se num e noutro campo com líderes calculistas e contemporizadores, os quais procuram resistir por todos os meios ao seu alcance. Mas, embora quisessem armar as coisas à sua feição, para apresentar soluções que melhor atendessem às suas conveniências, não conseguiram escamotear os dois nomes que desde o início surgiram para se impor e ficar. O ex-governador Jânio Quadros conta com uma base em São Paulo representada pelo sr. Carvalho Pinto, a quem colocou no poder como seu sucessor. E o marechal Teixeira Lott, sem ter feito vida política, não tem patrocínio nem governadores em dívida para com sua pessoa, embora pareça que o sr. Bias Fortes, em Minas Gerais, pretenda dar-lhe cobertura capaz de equilibrar as vantagens janistas em São Paulo.

Era Murilo Melo Filho, no número 378 da revista, abrindo sua entrevista exclusiva com o mesmo marechal Henrique Duffles Batista Teixeira Lott, então um dos dois candidatos (o outro era Jânio Quadros) a suceder Juscelino Kubitschek na presidência da República. "Não sou candidato militarista. Como não o foram Manuel Deodoro da Fonseca, eleito pelo Congresso como primeiro presidente do Brasil; Hermes Rodrigues da Fonseca, no cargo de 1910 a 1914; e Eurico Gaspar Dutra, de 1946 a 1951."

Dizia jamais haver pensado em ser ministro da Guerra — como era — ou pretendente à presidência — como tentava ser — e confessava:

> É bem verdade que outros ilustres antecessores meus chegaram à presidência, mas eles tinham ligações com os meios políticos. Eu, não. Durante mais de cinco anos como general de divisão, nunca tive contato com esses setores. Aos 64 anos, numa idade em que os hábitos já não mais podem ser alterados, sei que vou me meter em um tremendo cipoal. Mas, o candidato de agora ou o possível presidente de depois, serei o cidadão de sempre. Acredito e espero que as eleições sejam normais. Tenciono dizer o que penso, com sinceridade e simplicidade. Meu lema será: paciência e perseverança. Minha política se escreve com P grande. Nunca farei politiquice, politicalha ou politicagem.

Terminada a entrevista, Lott pediu uma carona no carro da *Manchete* para ir à missa em uma igreja na rua Haddock Lobo (estava sem condução, como sempre acontecia aos domingos, quando mandava recolherem seu carro oficial à garagem do ministério). E, levando o missal na mão, entrou no templo, sozinho, em meio à curiosidade popular. A primeira prece seria certamente pelo restabelecimento da esposa, que tinha ficado em casa, enferma.

***

Enquanto Teixeira Lott rezava, Jânio Quadros discursava em uma convenção que o lançaria como candidato ao mais alto cargo do país, conforme Murilo Melo Filho contava em uma reportagem intitulada "O Brasil não pode esperar", publicada em 31 de outubro de 1959:

> Mas como supor que, afinal, para coroamento, me chegasse esta indicação à presidência da República? O simples fato é honra tal que a recebo esmagado. E com a voz embargada pela emoção, a recebo nas festas íntimas da consciência cívica, mais do que nunca humilde e jurado a não desapontar, a não decepcionar, a não defraudar as esperanças daqueles que me estendem a mão generosa e me impelem no caminho do dever e dos altos encargos da nação.

Até aqui, aquele mato-grossense de Campo Grande, que tinha ingressado na política 12 anos antes, em São Paulo, através do Partido Democrata Cristão (PDC), elegendo-se vereador com 1.700 votos; depois deputado estadual, com 17 mil; prefeito da capital, com 300 mil; governador do Estado, com 680 mil; e deputado federal pelo Paraná, com 78 mil, falava como se estivesse dando uma aula a seus alunos do colégio Dante Alighieri, da capital paulista. Mas, de um momento para outro, ele se transfigurava, para reeditar uma das suas melhores performances como orador:

> Haveremos de repor na ordem esta nação. Haveremos de provar ao mundo que nossa democracia não é o governo da irresponsabilidade. Iremos ater-nos a rigorosas normas de moral administrativa. Iremos deitar mão no processo inflacionário e detê-lo, antes que ele nos destrua. Iremos encorajar o trabalho no campo e nas fábricas, voltados para o homem que cumpre valorizar. Não o faremos com acenos da pátria no futuro, mas comovidos pela tragédia que alcança o país no presente. Cogitaremos do que reputo uma das nossas mais graves deficiências, no despreparo que pode conduzir-nos a penas terríveis: a inadequação das condições que se registram na educação da juventude de nossa terra. Iremos escravizar-nos à lei como a lei está escrita e à Constituição, como expressão soberana da nacionalidade. Faremos sem ódios, sem preconceitos e sem prevenções um governo que nos permita recolher do povo o seu apoio e a sua sustentação. Não faremos um governo sectário, de retaliações, de rancores, mas um governo de justiça, de disciplina e de trabalho, edificando a República para os brasileiros de hoje e de amanhã, fortalecendo-a e dignificando-a na ciência que é nossa, dos riscos internos e externos que ora a envolvem, desamparada que a vemos, combalida e indefesa.

> A cada nova frase do seu improviso, os aplausos se redobravam.
>
> E me despeço levando para minha casa o mais raro prêmio que podem conferir: o de tornar alguém, um conterrâneo, um irmão de berço, candidato à suprema magistratura do Brasil. Conduzo esse prêmio para o recesso do meu lar e fico à espera dos nossos primeiros passos, serenos e firmes, que hão de construir o regime do povo, pelo povo e para o povo, que ainda nos falece: a verdadeira democracia, livre, igualitária, justa, e por isso, cristã.

***

Entre uma e outra reportagem sobre os dois candidatos a presidente, havia a seguinte nota no "Posto de escuta", seção fixa da revista, sempre escrita por Murilo Melo Filho, mesmo no tempo em que morou em Brasília (eu era o anjo da guarda dele, que enviava a seção para mim, no Rio, a fim de evitar inserções indesejáveis):

> Interessado em manter e fixar Teixeira Lott como candidato, a fim de garantir não só as eleições como também a posse do eleito, Jânio Quadros teria solicitado a alguns chefes eleitorais seus em São Paulo que mandassem engrossar o último comício do marechal naquele estado. E mais: porta-vozes janistas informam que já estão escolhidos alguns de seus futuros auxiliares, entre os quais o deputado Carlos Lacerda para o Ministério da Educação. E ainda: nos comícios da Caravana da Liberdade, o deputado Carlos Lacerda dizia que Juraci Magalhães era o grande candidato da UDN à presidência. E Juraci respondia a Lacerda, no próprio palanque, que o candidato natural da UDN era Jânio Quadros.

***

Pena que fosse mestre Rubem Braga — que era cronista e não candidato — quem tivesse a solução para a salvação do Brasil. Sua plataforma agrária estava lançada na mesma *Manchete* número 393:

> Outro dia fui a um jantar em homenagem ao nosso grande Roberto Burle Marx e aconteceu que puseram ao lado dele, à sua mão direita, no lugar de honra, não uma das numerosas damas de destaque ou um

dos muitos cavalheiros importantes que havia ali, mas um frangote melífluo de enormes bigodes e basta cabeleira, com roupa de listras escandalosas e ar de gênio. Perguntei quem era, me disseram ser um pintor francês "muito interessante, imagine que ele pinta diretamente com as bisnagas de tinta".

Isso quer dizer que continuamos com a chamada mentalidade colonial, ou basbaquial, dando cartaz a qualquer cabotino que apareça com duvidosas bossinhas. De qualquer modo, a visão daquele peralvilho gaulês trouxe-me à lembrança um velho plano para o desenvolvimento de nossa lavoura, cujo pessoal está vindo todo para o Rio e as grandes cidades. É preciso, pois, mandar gente para lá! Claro que será preciso amarrar muita gente e isso não é muito constitucional. Mas, afinal, essa nossa Constituição tem sido tantas vezes violada, que uma vezinha mais não tem a menor importância e, afinal de contas, trata-se de um caso de salvação nacional. Além disso, poderia ser dado um nome bonito à campanha, a escolher entre Voluntários da Lavoura, Amantes do Campo, Amigos da Natureza, Bandeirantes Agrícolas, Monções das Sementeiras ou coisa parecida.

A primeira turma a ser mandada para a lavoura poderia ser composta de poetas concretistas, juntamente com teóricos e críticos (e, em matéria de críticos, devemos ser bem liberais, escolhendo críticos de toda espécie, desde aqueles sujeitos que ainda falam em cinema mudo até aqueles outros que, no intervalo de um Fla x Flu, botam doutrina chamando o segundo tempo de "etapa complementar" e dizendo que o time que está perdendo "está inferiorizado no marcador". Outro escalão poderia ser composto por aqueles que usam as palavras "vivência" e "conjuntura", com direito à inclusão de diversos economistas e alguns sociólogos que só poderiam lucrar com esse demorado contato com a terra através da enxada.

Acho que a brilhante classe dos radialistas também poderia enriquecer nossos eitos: seria um espetáculo empolgante ver cantores e radiatores, lado a lado, amanhando o chão de nossa querida pátria. Nesse ponto, aliás, não devemos admitir protecionismo, sendo assim, não só o radioteatro, como todo o teatro, inclusive o de vanguarda, deve ser incluído na lista, jamais esquecendo a televisão, as modestas porém sinceras garotas-propaganda, alguns finos humoristas e, ah, animadores. Que falta fazem animadores em nossas fazendas!

Por fim, deixo a critério dos leitores organizar outros esquadrões, que podem incluir playboys, cronistas mundanos, *public-relations*, motociclistas, senhoras que se deixam psicanalisar, poetisas (se conseguíssemos algumas declamadoras, seria divino!), radiamadores, técnicos em publicidade, filatelistas, caçadores de autógrafos, paredros esportivos, rotarianos, enxadristas eméritos, pelo menos quatro dos e das mais elegantes e algumas candidatas a Miss Brasil com as respectivas genitoras. Nunca se esquecendo de levar charadistas e trocadilhistas para entretenimentos nos lazeres dominicais. Certas personalidades estrangeiras que nos visitam poderiam ser também docemente compelidas a praticar durante alguns meses a lavoura tropical em completa igualdade de direitos e obrigações com nossos patrícios. Pois não seria lindo ver o velho Lin Yutang lavrando a nossa terra cabocla e jovem com sua milenar sabedoria chinesa?

Meninos, é na lavoura que está a salvação do Brasil.

Foram 48 anos de capas lindíssimas.

O Parque Industrial de Parada de Lucas, com suas impressoras alemãs e italianas, era o mais moderno do Brasil. Imprimia 12 revistas. A área é de 60 mil m². Ao lado, havia o Parque de Água Grande, com 40 mil m².

São três prédios majestosos interligados, na rua do Russell. O projeto é do premiado arquiteto Oscar Niemeyer, com vista para o Pão de Açúcar. Foi sede também da Rede Manchete de Televisão e Rádio.

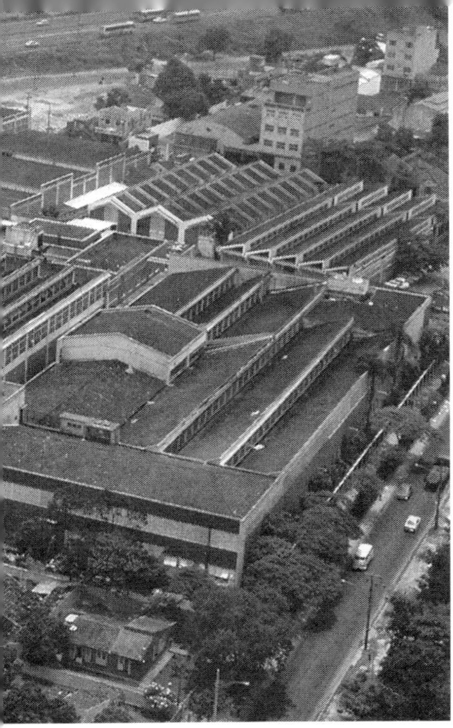

Seu Ferreirinha era um dos mais antigos linotipistas de Gráficos Bloch (1957).

Visita de diretores e jornalistas a Parada de Lucas, quando chegou a primeira rotativa Albertina. Na foto, aparecem Adolpho e Oscar Bloch, Jiri Biller, e também o diretor da *Manchete*, o jornalista Justino Martins (maio de 1978).

Foto de Ibrahim Sued, publicada na *Manchete*, que causou enorme celeuma no país: Otávio Mangabeira quase beijando a mão do presidente Eisenhower em visita ao Brasil. O registro provocou enorme confusão no Congresso Nacional.

Na primitiva redação da *Manchete*, na rua Frei Caneca nº 511: Arnaldo Niskier, Joel Silveira, Murilo Melo Filho e o imortal Raymundo Magalhães Jr. (1967).

Adolpho Bloch na inauguração do belíssimo teatro que leva o seu nome, numa noite de festa, em 1970. Ao lado, a sua inseparável Manchetinha.

No final do governo Negrão de Lima, no Rio, uma visita da sua equipe ao terraço recém-inaugurado do Edifício Manchete, na rua do Russell (1971).

Equipe de Bloch Educação, dirigida por Maria Eugênia Stein, no programa de TV dominical *Homens e livros*, que fez muito sucesso (1989).

O cientista Albert Sabin, benfeitor da humanidade, era tratado por Adolpho Bloch como irmão. Visitou várias vezes o país, sempre se hospedando no 12º andar do Edifício Manchete (26/08/1991).

Em 1954, JK, então governador de Minas Gerais, recebeu a visita do presidente Getúlio Vargas. Depois, JK teria um escritório no prédio da rua do Russell.

Murilo Melo Filho lê para Arnaldo Niskier e Carlos Heitor Cony um artigo de Adolpho Bloch, que aparece na foto com sua cachorra "Amiga" (1968).

Três amigos: Adolpho Bloch, JK e Octavio Frias (diretor da *Folha de S.Paulo*).

Dois aniversários no mesmo dia (6 de março de 1983): Chagas Freitas e Tancredo Neves comemoram na Manchete, ladeando o anfitrião Adolpho Bloch.

JK e Adolpho foram grandes amigos, como irmãos. O presidente da Manchete jamais se conformou com a cassação de JK e prestou-lhe toda solidariedade e cobertura, mesmo com o desagrado que isso provocava nos poderosos da época.

Velório de JK e do seu motorista, no saguão do Edifício Manchete, na rua do Russell.

Luiz Alberto/ © Agência O Globo

Durante cerca de dez anos, Arnaldo Niskier apresentou o *Debate em Manchete*, aos domingos, à noite. Neste programa, em 1983, a entrevista do governador Leonel Brizola (o último à direita), presentes os jornalistas Zevi Ghivelder, Murilo Melo Filho e Moisés Weltman (diretor da *Amiga*).

Dois grandes amigos: Adolpho e Austregésilo de Athayde, presidente da Academia Brasileira de Letras durante 34 anos.

No *Debate em Manchete*, com Murilo e Arnaldo, o então governador de Minas Gerais, Tancredo Neves (1984).

Visita do grande pintor Di Cavalcanti à Manchete. Na parede, quadros de sua autoria. Entre os presentes, o embaixador Raimundo Souza Dantas (primeiro à esquerda).

A Galeria de Arte do Edifício Manchete era muito apreciada, com esculturas de Bruno Giorgi, Stockinger e Agostinelli, e quadros como os de Mabe, Antonio Bandeira, Jenner Augusto e outros.

A primeira capa da *Manchete*. A revista foi publicada em abril de 1952.

Redação da *Manchete*, na rua do Russell. Em primeiro plano, os editores Roberto Muggiati e Zevi Ghivelder.

Homenagem do jornalista Carlos Chagas ao então vice-presidente Itamar Franco, em Brasília. Na foto, Márcia Peltier e o casal Adolpho e Ana Bentes Bloch.

V Curso Bloch de Jornalismo, em 1989. Era um sucesso, além de pioneiro. Mauro Costa, de microfone em punho, fala aos estagiários, aparecendo ainda Zevi Ghivelder, Arnaldo Niskier e José Carlos Jesus (coordenador do curso).

Redação da *Manchete*: aparecem Célio Lyra e, de pé, o grande fotógrafo Gervásio Batista, que trabalhou na revista desde o seu primeiro número e chefiou o Departamento Fotográfico durante muitos anos.

O Teatro Adolpho Bloch foi uma referência na cena cultural brasileira. O seu primeiro grande sucesso foi *O homem de la Mancha*, com Paulo Autran, Grande Otelo e Bibi Ferreira. Muitos meses em cartaz.

Adolpho Bloch gostava de ser chamado de tipógrafo. Era a vocação familiar, desde os tempos de Jitomir, na Rússia. Na foto, com a sua primeira máquina impressora.

A Rede Manchete de Rádio contava com cinco emissoras FM e uma AM, que existe ainda hoje com o nome de Rádio Manchete. Era a antiga Rádio Federal.

Dois grandes amigos: Adolpho Bloch e Salomão Schvartzman, que dirigiu a sucursal da Manchete no estado de São Paulo. O seu prestígio era tão grande que Adolpho gostava de chamá-lo de "Rei Salomão".

Foto histórica, de 1955, dos primeiros tempos de Gráficos Bloch. No centro, em pé, Nelson Alves, que foi diretor-gerente da empresa.

Dia de inauguração da escola Ginda Bloch, em Teresópolis (RJ). Foi a segunda escola doada ao Estado (a primeira foi a Joseph Bloch, em Parada de Lucas). Ambos os projetos de Oscar Niemeyer.

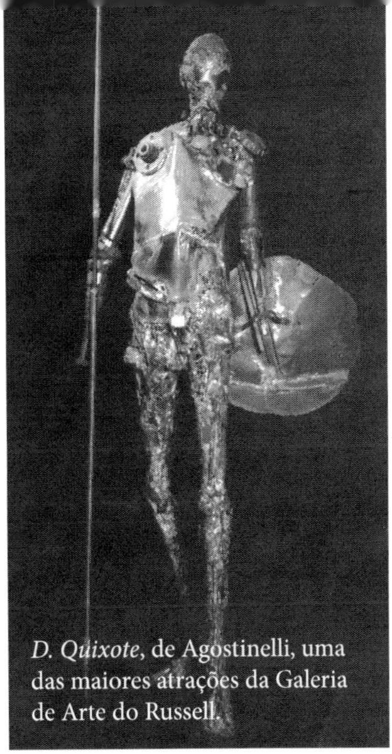

D. Quixote, de Agostinelli, uma das maiores atrações da Galeria de Arte do Russell.

Presença de Di Cavalcanti na Galeria de Arte.

Trabalho original de Cândido Portinari, *O retirante*. Era o quadro mais valioso da coleção de mais de mil obras de pintores brasileiros.

Escultura de Krajcberg, no hall de acesso do Edifício Manchete.

A sede da Empresa Bloch, em Brasília, chegou a imprimir a revista *Fatos e Fotos*. Foi palco de grandes recepções, inclusive a presidentes da República.

O maior sucesso editorial da *Manchete* eram os números de Carnaval. Vendiam em média, na Quarta-Feira de Cinzas, cerca de 500 mil exemplares. Tornou-se tradição, ao lado de *Fatos e Fotos*.

ENFIM, O PRIMEIRO ANIVERSÁRIO

Um ano de lutas, de sacrifícios, de renúncias, mas, principalmente, de certeza de que (...) a técnica e o planejamento substituíram, em definitivo, o empirismo e a improvisação.

Hélio Fernandes

E foi para as bancas o número 52, datado de 18 de abril de 1953 (ainda ao preço de cinco cruzeiros o exemplar). A revista completava um ano de vida, com novo diretor responsável: Hélio Fernandes.

> Iniciamos o segundo ano de vida ainda com a lembrança desse primeiro. Um ano de lutas, de sacrifícios, de renúncias, mas, principalmente, de certeza de que a imprensa brasileira evoluiu extraordinariamente e que a técnica e o planejamento substituíram, em definitivo, o empirismo e a improvisação. *Manchete* se orgulha — e não faz segredo disso — de ter conservado a independência contra tudo e contra todos, sem nunca ter se ligado a grupos ou pessoas. Passamos momentos difíceis, fomos tentados por propostas diversas, mas não abrimos mão do nosso sagrado e inalienável direito de continuar independente. E são os aplausos de um público que já nos acompanha, que nos encoraja para mais uma jornada. Se Deus quiser — e o Banco do Brasil concordar —, nossa nova máquina de rotogravura logo estará em funcionamento. E então estaremos mais capacitados tecnicamente para fazer a revista que já esboçamos. Uma revista absolutamente jornalística.

***

Na política, a fim de estabelecer uma planificação econômica para todos os países da América Latina, várias delegações estrangeiras estavam reunidas no Hotel Quitandinha, em Petrópolis, em conferência presidida pelo delegado brasileiro Euvaldo Lodi (o ministro Horácio Lafer declinou do cargo) e aberta com um discurso do presidente Getúlio Vargas. No futebol, apesar de o presidente Ciro Aranha ter declarado que, enquanto fosse presidente, Flávio Costa não seria mais técnico do Vasco, o "professor" estava de volta ao comando do time, mais prestigiado do que nunca. Sua indicação para técnico da nossa seleção na Copa do ano seguinte, na Suíça, deixava de ser uma possibilidade, passando a ser uma certeza indiscutível.

E, no cotidiano carioca, uma novidade para amenizar a fatigante espera da condução: as "filas sentadas". No Passeio Público, naquelas horas estratégicas da corrida para o sempre deficiente transporte público da cidade, dois portugueses recém-chegados d'além-mar alugavam banquinhos de lona ao preço módico de um cruzeiro para quem estivesse esperando ônibus. Uma solução de emergência, como tantas outras, que haveria de durar enquanto a polícia permitisse e um sonho se tornasse realidade: o metrô (que a vizinha Buenos Aires já dispunha desde o começo do século, em 1911).

***

Entre as novidades do primeiro aniversário da revista, algumas colunas assinadas: "Guia do fã", de Salvyano Cavalcanti de Paiva, sobre cinema; "Conversa literária", de Paulo Mendes Campos, sobre leituras; "Fatos do esporte", de Ricardo Serran, sobre futebol; e "Pernoite", de Antonio Maria; além de "Pelas esquinas da noite", de Fernando Lobo, sobre boemias. E, cuidando de grã-finagens, a seção chamada "Soirée", na qual, sob o título de "As ditadoras da moda", lia-se o seguinte, no exemplar número 62, de junho de 1953:

> Todas as senhoras presentes nestas páginas frequentam a sociedade, vão a chás, coquetéis, jantares elegantes e boates. Ditam a moda no Brasil. Se resolvessem aparecer de casaca e cartola, não duvidem, seriam imitadas e uma nova moda estaria lançada.

Acontece que quem assinava aquele espaço em *Manchete* é que estava lançando moda, um novo estilo de colunismo social que prevaleceu durante muitos anos e fez escola, no qual a revista também foi pioneira. Seu nome: Ibrahim Sued.

Sua longa caminhada foi iniciada com uma cena incomum, durante a visita solene do general Dwight Eisenhower (ex-comandante das Forças Aliadas na África do Norte, de 1942 a 1944, e na Europa, de 1944 a 1945, na Segunda Guerra Mundial) ao plenário do Palácio Tiradentes, no Rio, ainda capital da República, antes de ser eleito presidente dos Estados Unidos, cargo que exerceu de 1953 a 1961. Feitos os flagrantes de rotina, os fotógrafos deixaram o recinto. Naquela época, esses trabalhos aconteciam em regime de contenção de despesas, porque os filmes eram caros e, a cada flash, uma lâmpada queimada, além dos clichês, à base de ligas de zinco, elevavam muito o custo desse tipo de cobertura jornalística. Então, logo todos retornaram às redações, menos um, alto, inquieto, seus olhos atentos parecendo procurar alguma coisa que nem ele sabia bem o que poderia ser. Pura premonição. De repente, sentiu o coração acelerar. É que, quebrando o protocolo, o deputado federal Otávio Mangabeira tinha se levantado e partia em direção ao ilustre homenageado.

Naquele instante, Ibrahim passou, automaticamente, do pressentimento e da possibilidade às providências. Na ponta dos pés, esticando seus quase dois metros de altura, botou a máquina em posição de disparo e, de olho no visor, seguiu os passos do homem, como se fosse um livre-atirador. Mangabeira estendeu a mão para Eisenhower, ainda na tribuna, em plano mais alto, segurou a do visitante, puxou-a um pouco para baixo e deu-lhe um demorado beijo, como quem pede uma bênção. Foi exatamente nesse momento que Ibrahim apertou o dedo, e seu último flash iluminou o recinto.

No dia seguinte, a cena insólita que se faria histórica estava estampada com destaque na primeira página do jornal *O Globo*.

Um nômade, como seus antepassados o eram no deserto, Ibrahim dividia um quarto de modesta pensão da nada nobre rua do Riachuelo, na Lapa, e era dono de um paletó, duas calças — quando usava uma, a outra ficava estendida debaixo do colchão para não perder o vinco —, duas camisas e, na base do empréstimo, uma solitária gravata. No menu do almoço, comia sanduíches requentados, filados da mesa do escritor Otávio de Faria (depois, membro da Academia, autor de um ciclo de romances em 13 volumes intitulado *Tragédia burguesa*). Quando, finalmente, conseguiu chegar a Copacabana, virou assíduo frequentador do Beco dos Aflitos, na esquina da Rodolfo Dantas com a Carvalho de Mendonça, dividindo dificuldades com gente como Anselmo Duarte, Jorge Dória e outros ainda ilustres desconhecidos. A maior preocupação de Ibrahim era, então, um furo na sola do único sapato, que lhe molhava a meia quando chovia.

Mas já tinha começado a visitar algumas redações — do *Jornal dos Sports*, dos irmãos Rodrigues, à *Tribuna da Imprensa*, que Carlos Lacerda havia fundado pouco antes. E certos segredos do *metier* o inexperiente fotógrafo *freelancer* tinha aprendido com os veteranos: o fundamental era ser perseverante, não ter medo da originalidade e medir o interesse de uma notícia pela sutil relação entre o significado de um gesto e a importância dos personagens nele envolvidos. Mais perseverante do que todos, começava a abastecer de pequenas notícias a revista *Diretrizes*, de Samuel Wainer. Contava Ibrahim:

> Meu velho amigo Alberto Homsi, o mais antigo repórter de *O Globo*, quando estava de plantão, me pedia para ir buscar informações na rua. Até um dia que, como fotógrafo, acompanhei o repórter Joel Silveira na cobertura de um desastre de trem para o jornal *A Vanguarda*, e ele me mandou recolher os dados da ocorrência. Vi que aquilo não era nada difícil, só trabalhoso.

Saiu-se tão bem que acabou ganhando naquele jornal um espaço pequeno que batizou de "Zum-Zum", em homenagem aos amigos do Clube dos Cafajestes e ao líder deles, comandante da Panair, Edu de Oliveira, morto num desastre aéreo, para quem o companheiro de aviação, Paulinho Soledade, tinha feito a marchinha carnavalesca "Zum, zum, zum, zum, zum, zum, zum, zum, tá faltando um!".

"Cada vez mais aumentava em mim a vontade de ser repórter também."

Foi, porém, Alfredo Tomé quem publicou a primeira matéria dele, na elegante revista *Rio Magazine*. Isso antes de Joaquim Guilherme da Silveira causar um mal-estar no chamado café-soçaite ao incluir o ainda iniciante colunista de nome nada aristocrático, descendente de libaneses, no júri elegante dos famosos Desfiles Bangu. Ali ele mediu sua força, sentiu firmeza e viu que, enfim, estava começando um caminho florido e cheio de luz, ainda sem sequer imaginar que seria tão longo e tão triunfal. E aceitou o convite de Hélio Fernandes para fazer a primeira coluna social ilustrada, estritamente mundana, da imprensa brasileira, na revista *Manchete* (segundo ele próprio, à base de cem cruzeiros a cada colaboração semanal).

Era o primeiro passo seguro e consistente de Ibrahim Sued.

Logo, ele publicaria com retumbante sucesso a primeira lista das "dez mulheres mais elegantes do Brasil": senhoras Dolores Guinle, Tereza Souza Campos, Lourdes Catão, Turquinha Muniz, Maria Luiza Mello, Leda Galliez, Cristiane Caldeira, Cecília Cunha Bueno, Carmen Alves Lima e Neném Batista Pereira.

Pouco antes, já tinha escolhido "os dez homens mais elegantes": senhores Guilherme da Silveira (ministro da Fazenda do presidente-marechal Eurico Gaspar Dutra), Barão de Saavedra (diretor do Banco Boavista), Francisco Eduardo de Paula Machado (vice-presidente do Jockey Club Brasileiro), senador Artur Bernardes Filho, Octavio Guinle (dono do Copacabana Palace), César de Mello e Cunha, Aloísio Muniz Freire, Murilo Moreira, Adolfo Cláudio Graça Couto e Carlos Eduardo (Didu) Souza Campos.

Até que, no final do ano de 1972, achou que já estava sendo imitado demais e comunicou: "Esse negócio de 'dez mais elegantes' já era. Eu o popularizei e agora, quando ia cair no lugar comum, acabei com isso."

Mas aí, crepitando na grande fogueira das vaidades, ele já tinha chegado onde chegou: personagem de peça de teatro, título de filme nacional, tema de crônica de Manuel Bandeira; entrou em letra de samba de Jorge Veiga e foi citado no *New York Times*, no *Washington Post*, no *Herald Tribune*, na *Time*, na *Life*, na *Jours de France*, na *Paris Match*, no *France Soir*, no *Le Figaro*, no *L'Officiel*, no *Corriere Della Sera* e até — um espanto — no *Pravda*.

Ele era um gozador, autor de algumas frases no mínimo curiosas:

> Na verdade, só a miséria absoluta dá mais liberdade ao homem do que a riqueza. Pena que a miséria absoluta tenha suas desvantagens. Por exemplo, eu nunca encontrei um miserável absoluto esquiando em Megève ou em Gstaad. E, se algum deles tentou, deve estar por lá até hoje, congelado.

Dono de um estilo inconfundível:

> Eu me considero dono das minhas crases e das minhas vírgulas. Sou o Guimarães Rosa do jornalismo. Criei! Aliás, aqui pra nós: qualquer secretária craseia bem, mas Machado de Assis virgulava mal, já repararam? De leve...

Um jeito absolutamente pessoal de escrever e de falar.

***

De repente, houve a mais retumbante afirmação de um homem público naquele Brasil de 1953: "Só não darei água ao carioca se me matarem." Quando ninguém mais sequer imaginava os caminhos de Yedo Fiúza, o ex-candidato do Partido Comunista à presidência, em 1945 — aquele que tinha dito "Entrei para perder, contudo sabendo que podia aproveitar a ocasião para dizer muita coisa que precisava ser revelada" —, voltava a ser citado, observado, elogiado e criticado. Segundo a reportagem de Darwin Brandão, uma volta patrocinada por Getúlio Vargas. E de forma espetacular, porque prometia resolver o eterno problema da falta d'água no Rio, que, aliás, continuou sem solução ainda por mais alguns anos.

***

Na mesma edição da revista, Elmo Lins escrevia o seguinte, em uma tira vertical intitulada "Recordações da semana":

> Muita coisa aconteceu sem que eu tomasse conhecimento, mas, mesmo contra a vontade, não pude deixar de presenciar o espetáculo cotidiano e costumeiro do governo assistindo, de braços cruzados, ao país rolar implacavelmente para o descalabro. Está um dia escandaloso de sol e de vida e eu aqui batendo estas notas que ninguém lerá, enquanto lá fora a praia me convida insistentemente para um descanso. Tudo é movimento, na rua. Perdão, tudo, não. Há também muita gente sem vontade de fazer nada e, por uma coincidência espantosa, estão todos no governo. Descansando do muito que ainda não fizeram.

***

E, com o título de "Cinquenta vereadores à procura de um líder", a reportagem de Hélio Fernandes (com fotos dos baianos Darwin Brandão e Gervásio Batista) fazia sutil menção à presença de Luigi Pirandello na política do então Distrito Federal. Um deles, chamado Raymundo Magalhães Júnior, único eleito representante do povo carioca pelo Partido Socialista. Na legenda da foto, o comentário: "Comparece diariamente à Câmara e quando vai para o microfone a Casa estremece violentamente."

Certamente, o mesmo tom de voz — sem microfone — quando, anos mais tarde, redator da *Manchete* e já não mais vereador, ele tirava a camisa e reclamava aos berros contra alguns (raros) problemas do ar-condicionado central da nova sede elegante da revista, na rua do Russell.

Adolpho se lembrava bem dele, quando, nos velhos tempos boêmios do "Assírius", no subsolo do Theatro Municipal, Magalhães Júnior, ainda solteiro, ocupava sempre uma das primeiras mesas junto à pista do cabaré, bebendo champanhe, dançando dois tangos e dois maxixes de praxe e marcando seu cartão. Acabou convidando-o para trabalhar no projeto ainda indefinido de uma revista semanal, que mais tarde se concretizou.

O sonho de um texto de verão e o crime bem-recompensado

Difícil separar os fatos e as fotos das fofocas e folclores que cercaram a figura do imortal Magalhães Júnior, mas de algumas histórias não há como — nem por que — duvidar. Contam, por exemplo, que, ainda nos tempos pioneiros da *Manchete*, na rua Frei Caneca, 511, estrategicamente situada entre a Igreja Batista e a penitenciária hoje desativada, em frente a uma pracinha do Estácio e de costas para o morro de São Carlos, um dia entrou em pauta mais uma matéria — talvez a centésima — sobre o verão carioca. Fotografias feitas, o autor foi à redação entregar o material, acompanhado de uma descrição do assunto, que ele chamava de texto. Como chefe de reportagem, encaminhei a tarefa a um redator, para copidescar o dito texto. No caso, o designado foi Raymundo Magalhães Júnior, que batia no teclado barulhento daquelas antigas máquinas de escrever, com um dedo só, a mil por hora, mas com direito a alguns resmungos de praxe.

Eram tantas as correções necessárias que ele amassou a lauda com o texto original e metralhou a versão final, pois aquela sim seria publicada. O fotógrafo acompanhava tudo à distância, como quem não quisesse nada, mas de olho nos acontecimentos. Até que tomou coragem, aproximou-se e quis saber se, por acaso, estava faltando alguma informação. E ficou sabendo do veredito: "Meu filho, 'verão' foi a única palavra sua que eu consegui salvar..."

***

Ninguém melhor do que Raymundo Magalhães Júnior para escrever sobre Agatha Christie, a mais notável autora de histórias policiais de todos os tempos, rainha do crime enigmático desvendado através de engenhosas deduções, dona de uma insuperável técnica no desdobramento dos episódios e na elucidação dos mistérios forjados com uma capacidade inventiva quase diabólica. Até porque ele, sob encomenda do velho Teatro Brasileiro de Comédia (TBC), já tinha feito a tradução de uma peça intitulada *Testemunha de acusação*, que a própria Agatha havia adaptado para o palco — antes de ser levada para o cinema, com Charles Laughton, Tyrone Power e Marlene Dietrich —, baseada em uma de suas próprias histórias curtas sobre crimes em que não havia detetives para solucionar o caso.

Em duas páginas da *Manchete* número 1.137, de 2 de fevereiro de 1974, ele sintetizava uma biografia que outros não contariam em vários livros. Então, ficamos sabendo, entre muitas outras coisas, que Agatha Mary Clarissa Miller, filha de um norte-americano e de uma inglesa de Devonshire, frustrada por não ter seguido carreira artística devido à oposição familiar, lia furiosamente para matar o tédio. E um dos seus autores favoritos era exatamente Arthur Conan Doyle. Em 1914, aos 24 anos, casou-se com o oficial inglês Archibald Christie, um dos ases da aviação de combate, uma das novidades surgidas na primeira Grande Guerra, entre 1914 e 1918. Em 1917, morando em Paris e só vendo o marido quando o inimigo deixava, entre um ataque aéreo e outro, a jovem Agatha combatia a solidão escrevendo poemas e pequenos contos, que não publicou. Até concluir um romance, tirar cópias e mandar para sete editores, seis dos quais rejeitaram o trabalho. O sétimo, John Lane, não só publicou *The Misterious Affair of Styles* [*O misterioso caso de Styles*] como ganhou muito dinheiro com ele. Tinha nascido Hercule Poirot, um prodigioso investigador, de uma argúcia incomparável, que era belga, então em certos momentos poderia usar pequenas expressões francesas. E citações em francês eram então marca de distinção nas letras inglesas. Em 1930, a autora criou uma detetive amadora não menos eficiente, a solteirona abelhuda Miss Jane Marple, que usava uma prodigiosa intuição e um profundo conhecimento da natureza humana para desvendar seus casos.

Mas, se na vida literária tudo ia bem, no âmbito doméstico, muito pelo contrário; então mãe de uma filha chamada Rosalind, ela divorciou-se de Archibald em 1928 e dois anos depois casou-se com Max Edgar Lucien Mallowan, um arqueólogo, a quem acompanhou em viagem à Ásia Menor quando ele esteve em pesquisas sobre Persépolis, Babilônia e outras cidades do mundo antigo. Foi isso que inspirou Agatha a escrever alguns livros tendo aquela região como tema. E, já a caminho dos oitenta anos, a "Dama do Reino Unido", título referendado pela rainha Elizabeth II, concedia longa e bem-humorada entrevista a um jornal londrino, durante a qual havia uma frase deliciosa:

> Não ganhei a guerra do meu primeiro casamento, com um militar, que me trocou por uma mulher mais moça e mais bela, mas acertei em cheio no segundo, com um arqueólogo. A vantagem de ser esposa de um arqueólogo é a de que, quanto mais envelheço, mais atraente me torno para ele. Afinal, todos sabemos que eles dedicam suas vidas a cuidar de antiguidades.

O outro JK

Alguns anos depois, em 1963, eu tinha conhecido John Kennedy (a dois metros de distância) na abertura da Assembleia Geral da ONU, em Nova York. Convidado pelo então chanceler Araújo Castro, uma grande figura do Itamarati, fiz parte da delegação brasileira. Estava na entrada do edifício das Nações Unidas, quando houve um corre-corre. Era o presidente dos Estados Unidos que chegava. De posse de minha primeira câmera Rolleiflex, fiquei na posição que me pareceu mais estratégica e, bem de perto, cliquei quando ele saltou do carro, o mesmo veículo, todo blindado, no qual pouco tempo depois, de capota arriada, ele seria assassinado, no Texas. Estranha lógica essa, da segurança presidencial.

***

Em 1967, anunciava-se no Brasil o lançamento do livro *A morte de um presidente*, oitava obra de William Manchester, membro do corpo docente do Centro de Estudos Avançados da Wesleyan University. Além de quatro romances, ele escreveu ainda trabalhos biográficos, como *Disturber of T the Peace: The Life of H.L. Mencken*, perfil de uma das grandes figuras do mundo intelectual dos Estados Unidos, famoso por sua turbulência e espírito satírico; e *A Rockefeller Family Portrait* e *Portrait of a President*. Na ocasião, estava completando um grande estudo sobre a família Krupp, especializada na fabricação de armamentos, na Alemanha.

Para nossa surpresa, já sabíamos, por meio de pesquisa do Ibope, que o leitor estava querendo mais texto na *Manchete*. Então adquirimos, junto à revista *Look*, os direitos de reprodução desse best-seller e o publicamos em capítulos (justiça se faça ao Jaquito, pois foi ele quem batalhou para que tivéssemos essa exclusividade).

Enfim, no número 770, data de capa 21 de janeiro de 1967, estava publicado o primeiro de uma série de 23 capítulos revelando os detalhes do assassinato do presidente John Kennedy.

Dez semanas depois do ocorrido, o escritor William Manchester tinha recebido um convite de Robert F. Kennedy para se encarregar de "uma pormenorizada reconstituição dos acontecimentos do dia 22 de novembro de 1963". Estabelecendo seu quartel-general no Arquivo Nacional, Manchester trabalhou de 12 a 15 horas por dia, realizando uma grande investigação histórica, a ponto de acumular 45 volumes e pastas com transcrições de entrevistas gravadas, notas taquigráficas, documentos e provas. Finalmente, retirando-se para a Nova Inglaterra, terminou, ao fim de dois anos, um manuscrito que foi transformado em páginas datilografadas. O texto final foi submetido a cinco renomadas personalidades, todas elas colaboradoras ou amigas íntimas de John Kennedy. Na execução do trabalho, o autor teve completa independência. O historiador de formação universitária que nunca esteve nas folhas de pagamento de qualquer governo não recebeu qualquer quantia da família da vítima. Ao contrário, fez questão de que todos os lucros do livro fossem pagos à Biblioteca Kennedy, em Harvard.

Foi esse documento que *Manchete* passou a oferecer aos seus leitores em oito edições da revista. Com tradução de Raymundo Magalhães Júnior, lá estava o primeiro capítulo, aqui sintetizado:

A despeito das óbvias diferenças de temperamento e de conduta, John Kennedy e Lyndon Johnson tinham em comum uma grande paixão: a política. E, no outono de 1963, uma acirrada disputa política arrancaria o presidente e o vice-presidente de Washington para levá-los aos confins do Texas, a mil milhas de distância. Eles não tinham outro remédio, a não ser ir. O Partido Democrático na região estava sendo dilacerado pelas lutas de facções: de um lado, o governador John B. Connaly Júnior, e, de outro, o senador Ralph Yarborough. Em 1960, a chapa Kennedy-Johnson havia vencido nas urnas texanas por insignificante maioria. Se o governador e o senador não selassem desde logo uma trégua, a chapa democrática não teria a menor possibilidade de vitória no ano seguinte na região. E nenhum líder presidencial cancela tão facilmente 25 votos eleitorais. Por isso, Kennedy se viu obrigado a viajar, a fim de jogar água fria na fervura. Ele tinha de fazer uma grande encenação da viagem, para que Connaly, Yarborough, ele próprio e Johnson, aparecendo juntos em público, nas cerimônias programadas, dessem a impressão de uma aparente harmonia.

A perspectiva era um tanto vexatória para um chefe do Executivo. Parecia-lhe que o próprio Johnson deveria empenhar-se sozinho para resolver esses tipos de disputas. Mas, na verdade, os problemas de Johnson eram reais. Politicamente, estava transformado em um zero, por falta de base e de poder. A acentuada divergência entre o escritório oval do presidente na Casa Branca e o do vice-presidente, do outro lado da rua, no segundo andar do Executive Office Building, era um abismo entre os dois. Os jornalistas estavam sempre atentos a todos os movimentos da primeira família nacional, mas a segunda família era geralmente ignorada. A senhora Johnson jamais viu o interior do famoso avião presidencial, o Air Force One. E se Johnson precisasse utilizar um avião, tinha que formular um pedido ao brigadeiro-general Godfrey McHugh, e às vezes, para mortificação de um homem de tão extrema sensibilidade, seu pedido era negado. Mais ainda: em 1964, Lyndon Johnson tinha sido advertido dos infundados mas persistentes rumores segundo os quais seria eliminado da chapa do Partido Democrático, indo Kennedy tentar a reeleição com outro parceiro.

Para Kennedy, a viagem ao Texas só trazia um consolo: sua esposa iria acompanhá-lo. Tal decisão, por parte dela, tinha sido uma surpresa. No verão de 1963, Patrick Bouvier Kennedy, filho do casal, havia morrido sob a tenda de oxigênio de um hospital em Boston, quarenta horas após o nascimento. O golpe abalou enormemente os pais e, durante todo o outono, a grande preocupação de Kennedy, no domínio privado, era a convalescença de Jacqueline. Dr. John Walsh, seu obstetra, considerava sua recuperação tão completa que ela decidiu retomar suas atividades sociais. "Faremos a campanha", disse ela ao presidente, "participarei de tudo e irei aonde achar que eu devo ir". E quando ele perguntou se isso incluía a excursão com Lyndon Johnson, ela tomou seu caderno de apontamentos de couro vermelho e assinalou: "Texas, 21, 22 e 23 de novembro."

Pela primeira vez, desde o casamento, ele perguntava o que ela iria vestir. "Vamos encontrar lá todas essas mulheres ricas do Partido Republicano exibindo seus casacos de pele de marta e seus braceletes de brilhantes", disse ele. "Seja simples. Mostre àqueles texanos o que realmente é bom gosto." Por isso ela trocou vestidos e mais vestidos diante dele, antes da escolha definitiva. "Mas, se é tão importante que eu me apresente bem em Dallas", ela quis saber, "por que primeiro terei de me despentear numa longa passeata em carro aberto?" E Kennedy explicou: "Essas exibições, como as nomeações para os altos postos do governo, são uma fonte de poder político. Nós temos de ser vistos. Temos de passear entre as multidões. E, lentamente, sem nenhuma pressa." Isso se passou na quarta-feira, 20 de novembro. Robert Kennedy depois relembraria que, nessa ocasião, assim como nos dez dias anteriores, o irmão frequentemente se tornava sombrio. As crianças estavam em Atoka, na Virgínia, com a mãe, e por isso ele havia perdido a lição de francês (tinha decidido que o modo mais eficiente de entender-se com De Gaulle seria aprendendo a língua dele e sua professora era madame Jacqueline Hirsh, a mesma da pequena Caroline).

Era a primeira tentativa no gênero e deu certo. Com uma publicidade adequada e uma atraente paginação, a série representou um marco na vida da *Manchete*. E a tiragem foi aumentando, paulatinamente até chegar aos 350 mil exemplares, um recorde para nós. A revista tinha se transformado em referência nacional e isso era tudo o que mais queríamos. Foi o auge.

***

Aos poucos, havia passado a fase da velha improvisação, da mera adivinhação, da simples intuição, enfim, do achismo a respeito dos assuntos que poderiam vender ou encalhar a revista. O Brasil estava mudando, o gosto do brasileiro também. Era preciso ser mais científico na escolha das pautas, sem prejuízo da criatividade, marca principal dos bons repórteres. Começamos, então, a encomendar pesquisas de tendências (antes mesmo de a TV Globo institucionalizar essa tática, entregue à competência do bruxo Homero Icaza Sanches).

Para nós, estava claro que os leitores ansiavam por mais densidade. As fotos eram bem-vindas, ainda mais com a reconhecida qualidade das nossas revistas, mas era preciso dar mais espaço para aqueles que gostavam de ler. Foi quando se pensou na necessidade de uma nova série reproduzindo obras literárias e criamos outra novidade editorial: "As obras-primas que poucos leram." A cada número, um livro, raro ou de difícil acesso, estava ali, condensado.

Alguns especialistas se revezaram na tarefa. Por exemplo: Antonio Houaiss escreveu sobre *Ulisses*, de James Joyce; Carlos Heitor Cony sobre *Grande sertão: veredas*, de Guimarães Rosa; Haroldo de Campos sobre *Macunaíma*, de Mário de Andrade; Lêdo Ivo sobre *Filhos e amantes*, de D.H. Lawrence; Paulo Mendes Campos sobre *Em busca do tempo perdido*, de Marcel Proust; Viana Moog sobre *Os Maias*, de Eça de Queiroz; José Lino Grünewald sobre *O casamento*, de Nelson Rodrigues; José Guilherme Mendes sobre *Alice no país das maravilhas*, de Lewis Carroll; Joel Silveira sobre *Os 12 trabalhos de Hércules*, de Monteiro Lobato; Mauro Mota sobre *Casa grande e senzala*, de Gilberto Freyre; Roberto Muggiati sobre *O sol também se levanta*, de Ernest Hemingway; Josué Montello sobre *Memórias póstumas de Brás Cubas*, de Machado de Assis; *Poemas*, de Jorge Lima; *A sinfonia pastoral*, de André Gide; e *O tempo e o vento*, de Erico Verissimo. Otto Maria Carpeaux sobre *O apanhador no campo de centeio*, de J.D. Salinger; *O castelo*, de Franz Kafka; *Trópico de câncer*, de Henry Miller; *A condição humana*, de André Malraux; *Crime e castigo*, de Dostoiévski; *Dom Quixote*, de Miguel de Cervantes; e *Esperando Godot*, de Samuel Beckett; e Raymundo Magalhães Júnior (um fenômeno de memória e de competência, que escrevia suas dez laudas em uma só manhã, de cabeça, quase sem consultar os originais) sobre *Orgulho e preconceito*, de Jane Austen.

Um recado a Deus

Em 1965, Carlos Lacerda tinha deixado o governo do Estado da Guanabara. Como chefe de reportagem, tive a ideia de convidá-lo a escrever alguns textos não propriamente biográficos ou memorialísticos — na opinião reiterada dele — sobre alguns pontos de sua vida política, e a sugestão foi aprovada em uma de nossas reuniões de pauta semanais. Procurei-o, então, levando-lhe a sugestão. Assim nasceu a série intitulada por ele como "Rosas e pedras do meu caminho", que, depois de publicada semanalmente na *Manchete*, virou livro.

Às segundas-feiras, pela hora do almoço, ia até seu apartamento, na praia do Flamengo, buscar o texto, sempre primoroso. Geralmente o encontrava diante da máquina de escrever, ainda terminando o trabalho. Sentava-me numa poltrona, à espera. De vez em quando, ele me pedia que confirmasse algum dado, data ou citação num determinado livro, apontava para uma das muitas estantes com o dedo, dizia o título e o número da página: "É na parte de baixo da 187."

Uma memória prodigiosa. Uma série de textos brilhantes, como os transcritos a seguir:

> Procuro uma definição para estes escritos e a encontro num apontamento de Machado de Assis em *Memórias Póstumas de Brás Cubas*: "Segundo me parece, e não é improvável, existe entre os fatos da vida pública e os da vida particular uma certa ação recíproca, regular e talvez periódica, ou, para usar de uma imagem, há alguma cousa semelhante às marés da praia do Flamengo e de outras igualmente marulhosas. Com efeito, quando a onda investe a praia, alaga-a muitos palmos adentro; mas essa mesma água torna ao mar com variável força e vai engrossar a onda que há de vir e que terá de tornar como a primeira." (...) Mas na praia do Flamengo já não há marulhos, e sim o surdo rumor dos automóveis lá embaixo, depois que o mar foi recuado e abriu caminho aos jardins que ajudei a formar, nesse debrum que emoldura o Rio e afinal deixa ver de frente a sua beleza, a praia que trouxemos estudada de Portugal, areias sugadas do fundo da Guanabara. Sob minha janela, triste como um cão de apartamento, desemboca o rio Carioca, que antes de ser encanado deu nome aos habitantes desta terra. O horizonte em constante movimento, aviões que cortam a paisagem, navios vagarosos, num deles passei,

no cruzador Tamandaré, numa manhã de chuva em novembro de 1955, com um presidente da República a bordo e tiros errados das fortalezas, na tentativa de afundá-lo.

***

Memórias, não. É cedo. Talvez nunca. A minha contribuição pretensiosa consiste em dar matéria-prima para escrevê-la. Autobiografia? Ainda menos. Reproduzo uma advertência de Saint-Beuve: "Essa preocupação com o presente que o autor transporta para o passado é o inconveniente de um gênero de memórias nas quais se faz pose. Estão ali numerosos acontecimentos de sua juventude, mas revistos e passados a limpo de acordo com seus sentimentos de hoje. Não se sabe onde estão o verdadeiro e o falso. O autor também não sabe." (...) Confissões valiam a pena se fossem como as de Santo Agostinho ou as de Rousseau. Um mergulho na consciência, só como Proust pôde fazer, colocando entre a pena e o mundo quatro paredes forradas de cortiça, como uma lâmpada acesa à luz do dia ou a campainha do telefone que toca numa casa vazia — segundo as comparações de Jean Cocteau.

***

Fui o terceiro filho. Nasci no meio de riscos. Nesse dia, deu macaco no jogo do bicho, centena 666. Naquele ano, os Estados Unidos invadiam o México e os acontecimentos do continente repercutiam muito mais no Brasil. Aquela invasão foi assunto que deu o que falar até que me entendi por gente. Ou o continente era mais importante ou o Brasil, mais consciente. Começava, três meses depois, a Primeira Guerra Mundial, que ia mudar o rumo dos povos, mas não suas angústias. (...) Porque a vida não existe, por definição. Viver não é apenas se deixar viver, é ter, a cada momento, a consciência de cada momento, a mão que guarda um pássaro e sabe que a todo instante poderá abrir-se para deixar voar aquela presença enternecedora e palpitante. Este é o senso dramático da vida, o movimento patético pelo qual cada um pode provar a si mesmo esta verdade não axiomática: eu vivo.

***

Naquele ano em que nasci, o presidente da República, marechal Hermes da Fonseca, de quem Maurício de Lacerda fora oficial de gabinete e a quem, deputado, agora fazia oposição, ao lado de Rui Barbosa, estava para terminar um governo atormentado. Havia sinais de prisões, estado de sítio no ar. (...) Na sua última mensagem ao Congresso, seu sucessor, Venceslau Brás, diz com todas as letras qual foi o governo que recebeu em 1914: "Terminação do estado de sítio de oito meses; grande excitação dos espíritos e ressentimentos partidários profundos; segundo *funding* (empréstimo estrangeiro para consolidar outros empréstimos estrangeiros); renda pública insuficiente para as despesas ordinárias, avultados déficits mensais; enorme massa de dívidas flutuantes a pagar; Tesouro sem recursos; crédito abalado; títulos públicos desvalorizados; baixa de câmbio; importação e exportação profundamente perturbadas; comércio e indústria em condições precaríssimas; fábricas fechadas umas, e outras trabalhando meio dia, um terço do dia; o operariado em situação angustiosa."

***

Penso no meu destino. Sou feliz, sem nenhum ressentimento, com alguns arrependimentos e uma ferocidade superficial que me defende da ingenuidade nativa e dessa incansável alegria de viver que, se não cuidar, me domina. (...) Tenho poucas ocasiões de pensar em mim, no que me aconteceu, no que me acontecerá, no que sinto, no que terei de sentir ainda, no tempo que falta, no tempo que fará. Pessoas me dizem: "Quando volta ao governo da Guanabara?" Outras, mais exigentes: "Ainda há de ser presidente!" É o caso de falar como José Lins do Rego: "E eu é que sei?" Outras pessoas há que me consideram liquidado. Não é de agora. A sentença é sempre a mesma, as pessoas é que mudam. (...) Nunca me preparei para a História. Meu destino, parece, é fazer às pressas o que requer vagar e devagar o que, a rigor, demanda pressa. (...) Imagens recentes, plenas de claridade natural, dissolvem-se ao sopro ardente da infância que irrompe nesta sala do apartamento pelo qual tive de me bater, acuado e injuriado. Consola-me o verso de Auden — "Louva as pedras chamejantes que dissecam tua ambição por dissolverem teu orgulho" — que Ivan Lessa tão bem traduziu.

***

A famosa civilização cristã não pode ser defendida o dia inteiro pelo Batman e, de vez em quando, pelo monólogo de um figurão que vende seu peixe, ou um debate que usa muitas palavras para dizer coisa nenhuma, lançando mais confusão do que ideia. Quando me querem insultar, ou trair ou passar para trás, aludem a messianismo, carisma, ambição e sentido missionário. Entendamo-nos. Para mim, a inteligência é um dom que importa numa grave responsabilidade. Ainda mais quando houve a possibilidade de se preparar para assumi-la. Na multidão de lembranças que me acodem estes dias, para escrever este roteiro de uma consciência, seria pena não ter sinceridade bastante para dizer: nunca tive um plano de vida futura, nunca pensei, a sério, no que vou ser no ano que vem; sempre tive, vivamente, o sentimento de que me preparava para muitas coisas sérias, ou úteis ou belas, ou tudo isso junto. As circunstâncias que se criam, as oportunidades que surgem, as direções que a Providência propõe ao homem devem ser tomadas por nós não como simples oferta, mas como uma sugestão e, às vezes, uma ordem. O que distingue a grandeza, que não é apenas um dom, de nascença, porque também se pode formar e cultivar, é a capacidade de preparar-se, aceitar responsabilidades e usar com firmeza e sem pressa a oportunidade de fazer o que sabe e o que pode. Há dias, um ilustre inglês me recordava que Churchill, a maior figura deste meio século, por volta de 1960, era aparentemente um frustrado. Mas — acrescentei — desde os seis anos, ele sabia que não.

***

Em 1940, morávamos num apartamento que dava para um paredão, na rua Cardoso Júnior. Entraram uns rapazes da polícia e começaram a revistar a casa. Os tiras foram procurar papéis no meio da livralhada. Um sopesou o volume francês de *A origem das espécies* e disse ao outro: "Esse é o tal de Darwin, que inventou aquela história do macaco. Vamos levar." Confiscaram também uma coleção de músicas populares mexicanas. O México era considerado subversivo. Nunca me pediram explicações sobre isso, nos 15 dias que passei na sala dos detidos da rua da Relação. (...) Em 1948, eu fazia uma campanha cerrada contra a administração Mendes de Morais no Rio. Na noite de 16 de abril fui à rádio Mayrink Veiga, onde fazia um programa diário. Fechei o Ford verde-garrafa, placa 612, meu primeiro automóvel. Atravessei a rua mal-iluminada e quase deserta. De repente, quatro homens me agarraram pelo pescoço e pelos braços. Encostei-me à parede, empurrei um deles com um pontapé no peito, procurei bater a cabeça de um na do outro, machuquei e fui machucado, até que me acertaram coronhadas de revólver na fronte. Passei meu 34º aniversário de olho vendado, cabeça amarrada e muita dor, com traumatismo da íris.

***

Encontrei um apontamento tomado num desses momentos em que a vida estava ameaçada demais. Foi quando um grupo de paraquedistas do Exército recebeu ordens para me prender e, caso resistisse, matar. Escrevi umas recomendações, para o caso de se consumar o atentado, fechei-as num envelope e entreguei-o a Cláudio Soares, meu velho amigo e antigo colega de redação da *Tribuna da Imprensa*, paciente marcador de minha agenda sempre alterada pelos imprevistos ou pelo tédio de perder tempo com conversas fiadas quando se tem tanto por fazer. (...) Aquele dia parecia, como os outros, de tensão política, de provocações recíprocas, medindo forças, avaliando possibilidades. Cada dia de relativa paz era um dia ganho para conseguir a realização de eleições e o prosseguimento da continuidade de formação de governos pelo voto do povo, assegurada pela deposição da ditadura em 1945, pela eleição do sucessor do marechal Dutra e pela entrega do poder, por Juscelino Kubitschek, no dia marcado, ao seu sucessor Jânio Quadros, eleito pela oposição. A renúncia de Jânio havia desencadeado a crise que visivelmente iria chegar ao auge antes das eleições, apesar de nossos esforços para resolvê-la por via do voto popular. (...) Nada indicava, na superfície, a iminência de um acontecimento grave. De repente, o secretário de Segurança, coronel-aviador da Reserva Gustavo Borges, me informa que uma tropa de paraquedistas do Exército está solta na cidade para prender-me, com ordem de matar, se houver resistência. O inspetor da Ordem Social, Cecil Borer, exatamente o autor da minha primeira prisão no tempo de estudante, tinha trazido a informação. Pedi um revólver. Alguém — não me lembro quem — cedeu-me o dele. Estava decidido a não me deixar prender e a não fugir. A morte nessas condições tem de ser encarada como acidente no trabalho. Tinha a certeza, ou pelo menos a forte esperança, de que, a exemplo do sucedido em 1954, o atentado seria o fim da ameaça de ditadura e a derrubada do governo que o presidente Goulart já não controlava. Pensava nisso, enquanto o Chevrolet voava a caminho do Palácio Guanabara. Ali era o lugar do governador morrer. Apalpei o revólver no bolso e pensei: "Pelo menos uns dois levo comigo." (...) Não havia tempo para pieguices, nem para testamentos. Em cima da mesa, um ofício qualquer, cuja segunda folha tinha a metade em branco. Rasguei essa metade e nela escrevi: "Ao menos sirva para libertar o Brasil do comunismo, da demagogia e da corrupção. Deixo aos meus um nome limpo e, espero, uma pátria livre." Assinei e datei: 4/10/63. (...) Agora pode até parecer ridículo esse papel que o Cláudio guardou. Como ridícula deve parecer a frase que escrevi depois, guardei numa gaveta da minha mesa e dali só saiu no dia em que saí do governo. Era um recado a Deus, que tem boa memória, e a mim mesmo, que a tenho má: "Peço que me mande a morte de repente, mas que me prepare para recebê-la."

TRINTA ANOS DEPOIS

Meu companheiro de signo, seu Adolpho, embora imprevisível como toda pessoa de Libra, é um lutador poético e renitente. (....) Brigamos algumas vezes, mas o respeito mútuo esteve sempre acima de nós. (....) Acompanha tudo que eu faço, peças e novelas, e quando alguma coisa sai errado diz que o público não entendeu.

Grande Otelo

Quando *Manchete* passou a ser uma referência no setor de publicações semanais, muito tempo já havia passado desde aquele primeiro número e o primeiro aniversário. Um dos pontos altos da comemoração dos trinta anos da revista, em 1982, foi a estreia da peça *Amadeus*, no Teatro Adolpho Bloch, elegantemente instalado no segundo andar da sede da empresa, na rua do Russell, tendo como *foyer* uma galeria com quadros e esculturas dos melhores artistas brasileiros.

Houve poucas manifestações mais claras de felicidade do que as palavras do dono da empresa, naquela noite:

> Assistimos hoje a um verdadeiro espetáculo teatral com artistas, músicos, figurinistas, cenógrafos, brilhantemente dirigidos pelo meu amigo Flávio Rangel. Quando inaugurei este teatro há dez anos, disse que uma das maiores alegrias minhas eram mandar flores aos camarins da vida. Gosto do teatro, luto pelos teatros. Daqui a alguns dias teremos os concertos do violoncelista Slava Rostropovich e do soprano Galina Vishnevskaya no Theatro Municipal do Rio e no de São Paulo. *Manchete* é uma família de cinco mil pessoas. O otimismo é a nossa riqueza, a felicidade é a nossa meta. Este será também o ano da

Rede Manchete de Televisão. Na Barra da Tijuca, já estamos projetando um anfiteatro com seis mil lugares. Continuaremos a fazer tudo para desenvolver a cultura, a arte e o progresso do país que eu tanto amo. Meu muito obrigado a todos. E agora convido vocês para uma ceia mozartiana.

A inauguração do Teatro Adolpho Bloch, dez anos antes, em 1972, foi um dos acontecimentos mais emocionantes da história daquele elegante edifício. Era então o mais moderno da cidade, com uma acústica primorosa e camarins confortáveis. No dia da estreia, Adolpho estava comovidíssimo. Trajando smoking — e tendo ao lado sua fiel mascote Manchetinha, uma fêmea de dogue alemão —, fez um discurso em que confessou o sonho acalentado desde a Ucrânia, de um dia ter um teatro com o seu nome.

Mas era preciso muito rigor na escolha dos espetáculos a serem encenados ali. A esse respeito, repito uma história testemunhada por Victor Berbara, publicitário e produtor de espetáculos (com quem fiz o maravilhoso musical *Evita*, dirigido por Maurício Sherman, no Teatro João Caetano, em 1983):

> Houve uma reunião na *Manchete* porque Adolpho Bloch estava interessado que *My Fair Lady*, depois de um enorme sucesso no Carlos Gomes, fosse encenada em seu teatro, ainda em construção. Logo surgiu a pergunta inevitável: "Mas quem vai ser a Elisa?" Eu tive uma ideia meio louca e disse que para aquele papel de protagonista, gostaria que fosse a Xuxa. Diziam que ela não era atriz e que não sabia cantar, mas, na minha mão, tinha certeza, ela iria ser isso tudo.

Então, eu, representando o Berbara, e mais o Sherman, autor da descoberta da Xuxa, fomos conversar com a Marlene Mattos, que gostou da ideia. Marcado um encontro na sala vip do Aeroporto Internacional do Galeão (eu estava indo para Nova York e ela só tinha uma hora para tratar do assunto, antes de embarcar para a Espanha), explicamos o esquema: Xuxa teria de se dedicar ao projeto durante nove meses, um de preparação, dois de ensaios e seis de temporada. Marlene foi clara, dizendo para a discípula: "Conheço a reputação do Berbara, me informei, e acho que nós devemos topar, porque você precisa da disciplina e dos ensinamentos que isso vai lhe dar."

A conversa terminou com uma quase aceitação. Ficamos de voltar a nos falar adiante. Mas a resolução concreta mesmo jamais aconteceu, segundo Victor Berbara, pelos seguintes motivos: "Adolpho Bloch não tinha o dinheiro que nós pensávamos que ele tivesse e a TV Manchete já estava dando muitos problemas. Pena, a Xuxa poderia ter sido a mais bela das Elisas."

***

A primeira peça a ser encenada foi *O homem de La Mancha*. Adolpho gostava tanto daquele lugar e daquele espetáculo que durante alguns meses esteve presente nas tradicionais matinês das quintas-feiras. Aprendeu algumas falas, decorou a canção principal da peça e riu muito de um caco na cena em que os mouros roubam tudo, o pobre Sancho Pança fica sem nada, e Grande Otelo improvisou para o público uma frase que era dele e não do personagem: "Além de ser furtado, sou obrigado a ficar calado!"

Era uma referência a Celso Furtado e Antonio Callado, duas ilustres presenças na plateia daquele dia.

No elenco, ao lado de Bibi Ferreira, Paulo Autran e outros, estava Grande Otelo, uma das admirações pessoais de Adolpho Bloch, que até trouxe água do rio Jordão para o batismo do filho mais velho do ator, que recebeu o nome de Oswaldo Aranha.

> Meu companheiro de signo, seu Adolpho, embora imprevisível como toda pessoa de Libra, é um lutador poético e renitente. Idealista, porque nasceu assim, uma vez encampado um ideal não o abandona mais, até ver o projeto realizado. Brigamos algumas vezes, mas o respeito mútuo esteve sempre acima de nós. Uma vez fiz trabalho para ele sobre Abolição e não falei em cachê, afinal, éramos amigos. Quando precisei de ajuda, fui procurá-lo, mas não toquei no assunto. Ele alegou que não tinha dinheiro e não disse uma palavra sobre o trabalho feito, porém acabou pedindo à secretária pra ver o que havia na carteira e acabamos dividindo 12 mil. Adolpho acompanha tudo que eu faço, peças e novelas, e quando alguma coisa sai errado diz que o público não entendeu. Até fiz um poema para ele, mas não sei onde foi parar. O importante é que fiz — o que prova a fraternidade que nos une. Durante os ensaios de *O homem de La Mancha* pedi um

empréstimo, pois quando chegou a hora de pagar, apesar de minhas inadimplências, ele me mandou rasgar as promissórias. Pra mim, ele é a imagem de um deus: pode tardar, mas não falha nunca.

***

Ao escritor e acadêmico Josué Montello, Adolpho Bloch dava a impressão de um personagem de Gogol, se tivesse o gosto do riso nas situações mais trágicas. Ou de Dostoiévski, no sentido de que a tragédia estaria na própria essência da condição humana. Enfim, Adolpho poderia ter saído de *Guerra e Paz*, o grande romance de Tolstói. Havia nele o sentimento épico da grandeza humana.

Havia tudo isso e muito mais, nessa pessoa especial que tinha necessidade de reinventar o mundo. Sua máscara pessimista — no descrever de Otto Lara Resende —, deprimida, queixosa, preocupada, escondia a inesgotável mina de um otimismo capaz de deformar a realidade, de reformá-la, sonegando tudo o que nela lhe parecesse feio ou negativo.

"Dinheiro não é problema, não é verdade isso?"

No fundo, um personagem pirandellianamente à procura de autor.

Nada mais típico de uma obra de ficção do que o primeiro encontro, em Dusseldorf, na primavera de 1962, de Salomão Schvartzman (que em 1977 ganhou um Prêmio Esso, com matéria sobre o caso Doca Street) com Adolpho Bloch.

Apertaram-se as mãos e Salomão, tremendo na base, balbuciou: "Muito prazer."

A resposta veio sem muito prazer: "Me dá um cigarro."

Tinha nascido o diálogo.

"Eu não fumo."

"E qual é o seu defeito?"

"Gostar de gente."

"Quer almoçar comigo?"

"Aceito. Estou duro."

Girando num caleidoscópio de ternuras que ele não se cansa de rever, Salomão diz não ter esquecido nunca mais esse encontro, porta de entrada dele para a *Manchete*, encarregado de dar novo estilo à sucursal de São Paulo. Missão cumprida, um ano depois embalou em pasta azul brilhante um minucioso relatório e foi mostrar para o poderoso chefão. Sem sequer abri-la, Adolpho rasgou a pasta em pedacinhos e os jogou no lixo: "De ontem, não quero saber. O amanhã é que me interessa. Quero você lá. O salário não importa."

Salomão viu que estava diante de um predestinado.

***

A história do sucesso da *Manchete* passa necessariamente pelo jornalista Salomão Schvartzman, diretor da sucursal de São Paulo, depois de breve passagem pela matriz carioca, vindo do jornal *O Globo*. Ele não apenas tomava conta da redação, como se tornou, com seu prestígio, fundamental para agilizar os créditos da empresa na grande metrópole. Perto do pagamento da quinzena, Adolpho recorria aos seus préstimos: "Você tem de me ajudar a descontar duplicatas com algum banco amigo."

Em geral, as missões eram coroadas com êxito. Menos uma, que ficou gravada na memória de Salomão, além de tudo, um excelente pianista. Ele conta: "Quando a situação começou a piorar, Adolpho começou a me chamar de 'rei Salomão' e, depois a sério, pediu que se marcasse uma audiência com o doutor Lafaiete Coutinho, na ocasião, presidente do Banco do Brasil. Fomos os dois para o sacrifício."

Adolpho foi direto ao assunto: "Doutor Lafaiete, os juros estão me matando. Não consigo pagar o que o banco está me exigindo. Faça uma redução para nós, por favor."

O presidente do Banco do Brasil tomou-se de fúria.

"Você está louco, Adolpho! Quer me botar na cadeia?"

"Eu tenho cinco mil pessoas para sustentar..."

"Pois eu faço parte de um governo honesto! E não quero mais continuar essa conversa!"

O "rei Salomão" puxou Adolpho Bloch pelo braço. No corredor, os dois se entreolharam, demoradamente. E começaram a chorar, copiosamente. Esse é um retrato daquele homem de alma particularíssima, universal, eslava, brasileira, judaica, russa, carioca, chamado Adolpho Bloch, até então feliz com ele mesmo, a cada vez que via a revista indo para as bancas, trazendo-lhe uma garantia: a de que estava certo na sua maneira de acreditar no futuro do país em que vivia.

***

Com muitos sobrinhos, filhos de irmãos e irmãs, Adolpho Bloch se intitulava "titio". Acabou tio de todo mundo — e gostava disso. No longo convívio com ele conheci sua genial intuição, sua grandeza, suas manias e algumas particularidades, como certas raivas, passageiras, todas. Tanto que uma de suas frases preferidas era a de que qualquer ódio de mais de três minutos de duração era patológico. Acabei aprendendo a não contrariar sua vontade quando vinha a crise. E, mesmo discordando, às vezes até fingia concordar, inclusive quando era o caso de uma injustiça. Depois, devagar, com cuidado, começava a argumentar. Ele ouvia, ia diminuindo o ritmo da respiração, e aceitava rever a decisão. Havia uma frase-chave para convencê-lo: "Seu Adolpho, nenhum judeu suporta uma injustiça!"

Às vezes, parecia um touro alucinado. O jeito era esperá-lo amansar, aí virava outra pessoa e a gente podia tentar conseguir algumas coisas dele.

Suas raivas eram intercaladas. E quando sentia que tinha magoado alguém, nas explosões de sua alma russa, não era raro mandar buscar um corte de tecido inglês ou uma garrafa de champanhe para oferecer à "vítima".

Era o preço do seu arrependimento.

O ladrão, os cassinos e as teclas voadoras

Ainda nos velhos tempos da *Manchete* na rua Frei Caneca (hoje, uma colorida cabeça de porco) havia uma cena repetida como um mantra: depois do almoço no sétimo andar, Adolpho costumava dar uma incerta, dispensando o elevador e descendo as escadas do prédio. Certa vez, no quinto andar, onde ficavam os linotipos a chumbo e algumas máquinas de acabamento, ele flagrou um operário dormindo a sono solto em pleno horário de trabalho, usando caixas de papelão como colchão improvisado. Indignado, depois de acordar o homem com um dos pés, vociferou: "Você é um ladrão! Dormindo aqui a essa hora, você está me roubando!"

Refeito do susto, o homem respondeu à altura: "Eu estou errado, mas ladrão é o senhor!"

Adolpho ameaçou partir para a agressão, porém, numa ação rápida por parte do operário, quem levou um soco bem-dado — e no nariz — foi ele. Diante de um caudaloso sangramento que se seguiu, a turma do deixa-disso entrou em ação e Adolpho foi levado às pressas para o Hospital Souza Aguiar, ali perto. Depois de medicado, já de volta à sua sala, uma frase foi repetida diversas vezes: "Ele tinha razão. Eu não devia ter chamado ele de ladrão!"

E não demitiu o dorminhoco.

Aos poucos, as pessoas em volta ficaram sabendo o que eu já tinha concluído na prática: que era possível demovê-lo de certas atitudes precipitadas, desde que fosse com uma metodologia: a de nunca argumentar quando aquela onda gigante atingisse seu ponto máximo.

Por essas e outras, acabei sendo tido e havido como "catedrático em Adolpho Bloch".

***

Conheci aquele realizador incansável na sede da empresa B. Bloch & Irmãos. A firma tinha o nome do irmão mais velho, Boris Bloch, porque Adolpho era frequentador dos cassinos cariocas e seus irmãos temiam que ele jogasse os bens da gráfica em um daqueles panos verdes.

E disso ele guardava um profundo ressentimento. Tanto que uma vez, em Buenos Aires, nós dois sozinhos num restaurante típico argentino, ele me disse, chorando: "Eles não confiaram em mim, na minha recuperação. Hoje, vivem do meu talento."

De fato, na década de 1950, com o parque gráfico bem-instalado — uma possante rotativa Webendorf e diversas impressoras das marcas Man e Roland e uma Heidelberg de duas cores —, era Adolpho quem dava as cartas, liderando a empresa, sem nunca mais pisar numa sala de jogo. O que não impedia que houvesse brigas familiares quase diárias, quando não raro voavam objetos e até móveis de um lado para outro, debaixo do espanto da telefonista Irene, que ficava perto da porta de entrada do antigo prédio.

Como, por exemplo, o dia em que o irmão Arnaldo Bloch não se conteve, quando viu chegando as primeiras máquinas de escrever Remington luzindo com suas teclas verdes, na redação da *Manchete*, separada por uma bancada de madeira da *Manchete Esportiva*, onde eu e Ney Bianchi de Almeida éramos assistentes da direção da revista.

"Que beleza, vou levar uma dessas para mim!"

Por acaso, Adolpho chegava logo em seguida, a tempo ainda de ouvir a frase. Imediatamente, pegou uma delas, novinha em folha, ergueu acima da cabeça e a fez cair com estrondo. Voaram teclas para todos os lados. Triunfante, apontando para a máquina espatifada no chão, Adolpho berrava:

"Pega! Pega e leva! Agora ela é sua!"

Fazer, construir, desenvolver

Acima de tudo, um realizador. Adolpho tinha uma grande capacidade de premonição, privilégio de poucos. Aliás, não estaria exatamente aí o maior motivo de sua estreita ligação com Juscelino, outro desbravador nato?

Chegou ao Brasil ainda menino de 12 anos e custou a acertar os rumos da pronúncia das palavras da nossa língua. Uma frase-padrão dele era famosa: "'Ieu' não quero isso!"

Mantinha-se fiel à moeda antiga: "'Ieu' não tenho como pagar vinte contos pra ele."

Mesmo assim, nos áureos tempos em que não existiam máquinas de calcular, fazia tudo de cabeça. E não costumava se enganar. Detestava o dólar: "Só faz negócio com a moeda americana quem for *mishiguine* [maluco, em iídiche]."

Adorava falar russo, sua língua-mater. Nos encontros com o famoso violoncelista Mstislav Rostropovich, que veio ao Brasil algumas vezes a convite dele, os dois ficavam horas recordando a terra natal. Eles riam alto e a gente, os ignorantes em matéria de alfabeto cirílico, com cara de bobo.

Na verdade, mesmo tendo estudado alguns anos no colégio Pedro II, um acento ucraniano jamais desapareceu de sua fala. Talvez essa seja a causa de seus verdadeiros "batizados", mudando alguns nomes, de certas pessoas. Como, por exemplo, o encarregado dos orçamentos gráficos da empresa, figura importantíssima no esquema de faturamento, sobretudo quando se tratava de encomendas de impressão. Ele se chamava Possidônio, mas foi transformado em Pseudônimo.

E tantas vezes Possidônio foi chamado de Pseudônimo que as secretárias, Thaís, Laura e Martha, já sabiam de quem se tratava, cada vez que Adolpho berrava lá do seu canto: "Chama o Pseudônimo!"

Quando eu, por curiosidade, quis saber por que Possidônio não era chamado pelo próprio nome — aliás, mais fácil de pronunciar do que Pseudônimo —, a resposta foi simples: "É que agora, se eu disser o nome dele, ninguém vai saber quem é. E nem ele vai responder. Já está acostumado com o possidônio."

Acho que Adolpho quis dizer "pseudônimo".

***

Adolpho sempre sonhou tornar-se médico, de preferência, cirurgião. Alegava que suas mãos grandes e gordas o impediram de transformar esse desejo em realidade, mas acho que o trabalho, em uma fase difícil para a família, foi o fator principal para isso. Logo ele, que sempre achou que uma nação se constrói com educação farta e generosa, tanto que, quando pôde, resolveu doar uma escola a cada estado, começando pelo Rio de Janeiro. Foi uma cena inesquecível, aquela a que eu assisti: o então secretário de Educação, professor Benjamin Moraes Filho, saindo do local da cerimônia abraçado a um aluno de aparência modesta, com as palavras "José Bloch" estampadas na camiseta. Adolpho se adiantou à comitiva e perguntou se ele sabia quem era aquele que tinha dado o nome à escola. Silêncio.

"Era meu pai", explicou, orgulhosamente, diante da indecisão do garoto.

Choraram todos de emoção, em Parada de Lucas.

A mesma coisa em 1970, quando homenageou a mãe, dona Ginda, com outra escola, essa em Teresópolis. Na inauguração, repetiu que o importante não era ter, nem ser, nem parecer, o importante era fazer, construir, desenvolver:

> Hoje é o dia de Ginda Bloch. E aqui está ela, eternizada nesta escola-monumento que Oscar Niemeyer projetou, nós, os filhos e netos dela construímos, e hoje a entregamos à cidade e ao povo de Teresópolis. Nenhum interesse nos moveu, além de retribuir, concretamente, o que o Brasil, esta nova pátria onde nos fixamos com amor e confiança, nos deu em meio século de trabalho. Conheci muita gente que gostaria de fazer escolas, hospitais e de ajudar o povo, mas depois de morto. Aí é um pouco tarde. Nós o fazemos em vida. Minha mãe

> era uma grande alma judia de quem sempre ouvimos a necessidade de acompanhar a evolução da criança, que é o alicerce de uma nação. Essa tem sido nossa intenção.

E pediu-me que falasse também de improviso, aos presentes, o que fiz com muita emoção.

Ele gostava de comparecer às formaturas, reconhecendo filhos de caseiros, gente humilde aos quais proporcionava formação educacional e profissional adequada.

Vejam esta oração:

> No último domingo fui surpreendido em minha casa de Teresópolis pela banda de música da escola Ginda Bloch. Os alunos queriam me homenagear pelos 75 anos que completarei esta semana. São os filhos dos trabalhadores aos quais doei uma escola. Eles pertencem ao futuro do Brasil. O nome da minha mãe gravado nos tambores que marcam o ritmo das músicas muito me emocionou e me fez pensar nos sessenta anos em que estou trabalhando neste país. E é a primeira vez que me sinto dominado por algum pessimismo. Tenho cinco mil homens que trabalham comigo, uma família de 25 mil amigos que dependem direta ou indiretamente da nossa responsabilidade. Eu deveria estar feliz com o sucesso da Rede Manchete; em apenas quatro meses ocupamos o segundo lugar no Rio, Belo Horizonte e Porto Alegre. Em São Paulo, estamos ganhando cada vez mais audiência, dia a dia. Nossa imagem é perfeita, nossa programação é elogiada. Agora mesmo estou folheando a revista *Desfile* deste mês. São quatrocentas páginas de uma beleza incomparável. O nosso parque industrial se equipara aos melhores do mundo. As nossas instalações no Russell são consideradas uma sala de visitas do Rio de Janeiro.
>
> Então, meus amigos, por que muitas vezes acordo com receio de ver o sol nascer para mais um dia? Tenho conversado com industriais e empresários, homens de responsabilidades, que têm ajudado a criar o progresso do Brasil, e todos estão também preocupados, com enormes dificuldades para manter a produção. A voz é unânime, pois os problemas são os mesmos que eu enfrento: juros altíssimos, inflação galopante e correção monetária que protege aqueles que não trabalham, nada fazem e não criam empregos. O atual sistema econômico,

baseado em simples papel impresso, garante aos especuladores altos rendimentos à custa da nação — empregados e empregadores que trabalham para fazer o Brasil progredir. O Brasil tinha de contrariar as teorias marxistas: aqui, o capital e o trabalho estão unidos contra a especulação. Desde jovem adotei a seguinte filosofia: quando preciso enfrentar um problema, aumento meus 180 graus de visão para 181. Nesse grau a mais encontro sempre uma solução. Foi assim que construímos nossa empresa. Conheço e amo o Brasil. Sou admirador entusiasta de seu desenvolvimento. Por que o país está parado? Está parado porque os encargos financeiros são um câncer na economia nacional. Conheço muitos jovens que operam com esses papéis da especulação, ganhando pequenas fortunas da noite para o dia, com um pequeno escritório e meia dúzia de telefones.

Sim, há alguma coisa errada nisso. Em fevereiro, quando ocorreu a maxidesvalorização do cruzeiro, foram criadas imensas fortunas do nada, em benefício de nada. Com juros internos de 150% a 200% ao ano, nada se realizará no Brasil, a não ser fortunas cada vez mais fáceis e desemprego em massa cada vez maior. Conheço a nossa dívida externa, estamos perto dos cem bilhões de dólares, o equivalente a seis Itaipus, mas confesso me preocupar muito mais com a situação interna dos 120 milhões de brasileiros. E não costumo acreditar nos economistas, porque eles não têm chaminés. Por que razão o atual sistema financeiro nosso só protege aqueles que têm dinheiro? Rendimentos de 200% ao ano é um crime contra o trabalho e, portanto, contra o homem. Ofereço à meditação dos técnicos do nosso modelo econômico meu exemplo pessoal: já pagamos, no primeiro semestre deste ano, cinco bilhões de cruzeiros de juros, sendo quatro bilhões e meio, ou seja, 90% a mais do que seria justo. É a taxa de extorsão que alimenta a orgia dos que não trabalham e não criam empregos. Como eu, todos os empresários responsáveis e conscientes estão sofrendo o mesmo drama.

Além do cruzeiro, operamos hoje com as seguintes moedas: ORTN, ORTN cambial, INPC, UPC, LTN, LC, CDB, RDB, dólar oficial e dólar paralelo. Uma inflação superior a 200%, com um dramático número de desempregados e indústrias produzindo apenas para sobreviver, por falta de negócios. É por isso que temos receio quando o sol se levanta a cada manhã.

Estou sofrendo porque o meu pecado é querer progredir.

O bom negócio

Adolpho Bloch foi um bom judeu, mas é possível que se tenha encontrado definitivamente com seu judaísmo quando estivemos em Israel pela primeira vez, em 1967, poucos meses depois da Guerra dos Seis Dias. Visitamos Nazaré, Nablus, Tel-Aviv e Jerusalém, eu e Gregário Biller (pai de Jorge Biller) a acompanhá-lo, pois fazíamos parte da Sociedade Brasileira do Instituto Weizmann de Ciências (IWC). Adolpho estava feliz. Via estradas para todas as direções e o verde predominando na paisagem. Era um bonito show ver as "bailarinas" jorrando água para todos os lados.

Israel, em si, era um milagre. Formou-se com gente de 86 países diferentes, de culturas variadas, mas unidas pela língua hebraica e pelos princípios religiosos. Aviões Mirage cruzavam os céus, a cada instante, em missão de patrulha. Fomos a uma cerimônia do IWC, onde estava o presidente Zalman Shazar. Lord Rothschild, o orador, disse que "a Guerra dos Seis Dias tinha mostrado que os mortos de Treblinka e de outros campos de concentração não tinham sido sacrificados em vão".

Na ida para Jerusalém, mais um contraste: tanques israelenses protegendo o caminho e dezenas de tanques árabes destruídos, às margens da estrada. Visitamos Gaza (de táxi, duzentos dólares), a Basílica da Natividade, em Belém, local onde nasceu Cristo, e a tumba de Rachel. Estivemos no monte Herzl, onde são enterrados os heróis israelenses, e lembro-me bem da emoção de Adolpho quando fomos rezar à beira do Muro das Lamentações, depois de atravessar os corredores do mercado árabe. Ali ficou um mistério: Adolpho escreveu um pequeno bilhete e deixou em uma das frestas do Muro. O que teria ele pedido? Adolpho só não vibrou muito com os judeus ortodoxos, mas se rendeu à evidência de que eles ajudaram a preservar nossa identidade. E me disse, enquanto caminhávamos juntos pelas ruelas estreitas de Jerusalém: "Sou judeu com muita honra. E Israel é eterna."

Estivemos em Nazaré, onde fomos à igreja da Anunciação. Tudo muito bem-conservado pelos sabras. Depois, na direção de Haifa, passamos por um navio semelhante ao *Exodus*, colocado em local seguro para rememorar a epopeia da chegada dos imigrantes (proibida pelos ingleses). Hoje, é claro, com a lei do retorno, não há qualquer restrição à chegada dos judeus. Adolpho tinha a sua lógica: "Eles simplesmente voltaram à sua própria terra."

No jantar de despedida oferecido pelo presidente do IWC, Meyer Weisgal, conversamos com o general Uzi Narkis, paraquedista que foi o comandante da tomada de Jerusalém. Jovem, de baixa estatura, simpático, demonstrou curiosidade com relação ao Brasil. De muito bom humor, Adolpho disse ao general que gostava muito de Moshe Dayan, herói da Guerra dos Seis Dias. Resposta óbvia do militar israelense: "Eu também."

E piscou o olho para mim, com aquele jeito irônico típico dos judeus. Na verdade, soubemos, a admiração maior deles era pelo general Yitzhak Rabin, líder fascinante, inteligente, porém tímido.

Ao final da visita, tínhamos entendido como se constituía o poder militar e político no Estado de Israel.

Dona Lucy estava conosco, muito interessada em tudo. Grande especialista em decoração de interiores, ela dirigia — com a ajuda de Roberto Vasconcelos — a *Joia*, uma das primeiras revistas brasileiras dedicadas à mulher. Ali, naquela viagem, ela e Adolpho se desentenderam algumas vezes, mesmo à nossa frente. Um casamento que parecia estar no fim, e não por divergências religiosas; as raízes deveriam ser mais profundas: incompatibilidade de gênios. Adolpho, inclusive, reclamava da forma autoritária com que ela tratava seus subordinados.

Num fim de tarde tranquilo, em Jerusalém, ela lhe pediu um dinheirinho para comprar as lembranças que traria para o Brasil.

"Não tenho nenhum tostão disponível", respondeu ele, seco.

Ela então afastou-se, levando Ruth, minha mulher, junto. Ele me pegou pelo braço e quis saber:

"Você está com dinheiro?"

"Que nada, titio. Vim com a conta do chá."

"Então, tome cem dólares pra comprar o que quiser. Pra você eu dou!"

Ele era assim.

Quatro anos depois desse diálogo, procurei-o em seu apartamento de Copacabana para pedir aumento de salário. Ele me fez descer para tomar uma cerveja no bar do Hotel Excelsior e, depois de ouvir minha justa pretensão, fez uma contraproposta:

"Você não está construindo um apartamento em Ipanema? Dou-lhe todo o mármore necessário, com uma condição: bote a Lucy para tomar conta da obra, ela entende disso e precisa de uma ocupação."

Recusei.

"Quero o aumento. Se dona Lucy entrar na obra vai criar problemas com a Ruth, minha mulher, que também tem bom gosto e sabe o que quer."

Resultado: nem mármore nem aumento. Fui salvo pela venda abundante de meus livros didáticos de matemática, cerca de dez milhões de exemplares.

Sobre D. Lucy, faleceu no dia 27 de julho de 2009, com 104 anos.

***

Naquela viagem a Israel, Adolpho andava preocupado em entregar uma carta a um tio de David Nasser. Mesmo assim, pediu ao motorista do micro-ônibus para dar carona a um jovem soldado que nos acenou na estrada.

"Como é, vamos devolver Jerusalém aos árabes?", perguntou ao rapaz.

"Nunca!", respondeu o soldado, estudante de arquitetura.

"Por motivos religiosos?", eu quis saber, entre curioso e ingênuo.

"Não. Por motivos de segurança!"

Paramos nas proximidades de Nazaré, onde Adolpho entrou na loja colorida de um comerciante árabe e se encantou com uma coleção de camelos de madeira. Quis saber o preço:

"Cinquenta dólares."

"Eu dou vinte."

Foi o começo de uma longa negociação de quase meia hora, no fim da qual, entre idas e vindas, alguns balanços de cabeça e muitos gestos, ficou tudo acertado... por 35 dólares.

"Já estou viajando há dez dias e, enfim, consegui fechar um bom negócio."

Em educação não há milagres

Em julho do ano seguinte, 1968, assumi a direção do Departamento de Jornalismo, com a responsabilidade de cuidar de *Manchete*, *Fatos e Fotos* e *Sétimo Céu*, além da *Enciclopédia Bloch*, ao mesmo tempo em que lançávamos mais uma revista, *Pais & Filhos*. Foram exatamente 468 edições daquelas revistas. Durante esse período, tomei a iniciativa de trazer da Bahia o jornalista Flávio Costa, que antes de ocupar vários cargos em algumas revistas da empresa, escreveu uma série de reportagens — depois transformadas em livro — sobre a China, onde esteve acompanhando a primeira missão comercial brasileira.

Ele foi de tudo um pouco: o chefe de reportagem de *Manchete*, o diretor de *Fatos e Fotos*, o editor de revistas especializadas, o repórter atilado, o copidesque, o quebra-galho que ajudava a resolver problemas nas sucursais, de Salvador ou de Paris. Não sabia ficar parado. Gostava de viver e de conhecer pessoas e lugares.

Na época de carnaval, diretores e redatores — que trabalhavam durante os quatro dias — tinham folga na semana que antecedia a folia. A preparação para que tudo corresse bem, na cobertura dos eventos, corria por minha conta, com a ajuda inestimável do meu assistente José Carlos Jesus, que hoje preside a Associação dos Ex-Funcionários da Bloch Editores. Através de minuciosas planilhas, distribuíamos atribuições, conferíamos equipamentos e procedíamos à escalação de repórteres e fotógrafos para a cobertura de todos os eventos, de bailes, bandas e blocos ao desfile das escolas de samba. Assim, nas quartas-feiras de cinzas, *Manchete* e *Fatos e Fotos* mostravam a grande festa, com tiragens sempre ampliadas para além dos quinhentos mil exemplares, para alegria geral, principalmente de Adolpho e Jaquito. Era a época em que eles exibiam um insuspeitado bom humor explícito.

Foi em uma dessas ocasiões que, durante os governos militares, eu, único diretor da empresa presente, atendi ao telefone um general chamado Antonio Bandeira, convocando a *Manchete* para uma reunião em um endereço do centro da cidade, segundo ele, para discutir "critérios de procedimento quanto à divulgação da festa". E, no dia seguinte, ao lado de companheiros de outros órgãos de imprensa, ouvi o seguinte:

> Estou preocupado com o que vocês fazem no carnaval. É muita mulher nua ou de apenas tapa-sexo. Isso, na minha terra, é motivo de discórdia, algumas brigas e até separações. O nordestino não admite que sua mulher ou suas filhas desfilem dessa maneira sem vergonha. Já houve até crime por causa disso. E eu estou prevenindo que o governo não vai mais permitir esses exageros!

Quem poderia argumentar? Até porque os presentes estavam é com vontade de rir de tal situação, mas havia o risco de prisão pairando sobre nós todos. E, mesmo não havendo qualquer acordo mútuo entre as partes, simplesmente não houve qualquer mudança quanto aos ditos critérios de cobertura carnavalesca, ou seja, com a nudez não castigada, sequer restringida, nas páginas de jornais e revistas, naquele e nos anos seguintes, como sempre.

***

Além de jornalista, eu era, ainda, o mais jovem professor catedrático do Brasil, lecionando Administração Escolar e Educação Comparada na então Universidade do Estado da Guanabara, hoje Uerj. Por isso, era um dos convidados do programa da Hebe Camargo na televisão, em 1968.

A uma pergunta sobre o conflito de gerações, eu respondi que o inconformismo em relação ao que estava estabelecido talvez fosse o motivo da inquietação da juventude daquela época, que buscava alguma coisa melhor, que talvez nem ela própria soubesse o que poderia ser.

Eu achava que os jovens de então viviam insatisfeitos com o que lhes era oferecido. Do jeito que estava, para eles, não estava bom. Ao contrário do que se dizia sobre a existência do chamado "hiato geracional" (expressão cunhada pelo ex-ministro Roberto Campos) compreendia que a inquietação dos jovens era até certo ponto justificada porque, no ritmo em que eles viviam aquele momento, as transformações precisavam ser cada vez mais rápidas.

E isso foi dito há quarenta anos, quando não havia internet, e-mail, notebook, iPad, iPod, iPhone, smartphone, 3G, Wi-Fi, GPS, MP3, MP4, e outras modernidades disponíveis hoje. Também lembrei à Hebe da grande responsabilidade dos pais sobre todo o processo que estava ocorrendo, exatamente pela falta de compreensão do que era necessário fazer para acompanhar as angústias e aspirações dos filhos. Naquele tempo, o filósofo francês Edgard Morin estava fazendo palestras pelo Brasil. Em uma delas, ele comparou a rebelião estudantil em seu país com a ocorrida aqui, na mesma época. Foi uma grande oportunidade que tive de levar aos telespectadores as opiniões desse competente especialista no assunto.

Segundo ele, a principal característica do movimento estudantil francês era a oposição à miséria humana da sociedade tecnológica a caminho do enriquecimento material, presente em nações mais desenvolvidas como os Estados Unidos, a Inglaterra e a própria França. Já no nosso país, as manifestações miravam as dificuldades provenientes da nossa condição de subdesenvolvidos. Aproveitei o ensejo e lembrei que muitos não gostavam do termo "subdesenvolvido", preferindo falar em "desigualmente desenvolvido", "a caminho do desenvolvimento". Apesar de que existia um fato concreto: com uma renda per capita de 220 dólares, em 1968, o Brasil era subdesenvolvido mesmo. E fiz questão de afirmar isso."

Na parte final do programa me detive mais no tema Educação. Falei sobre a crise da universidade brasileira, totalmente dissociada das necessidades do mercado de trabalho, critiquei o predomínio das faculdades de Direito sobre as de Medicina e de Engenharia e estranhei o fato de termos poucas unidades especializadas em Química (uma contradição em um país que pretendia preconizar a aceleração de seu desenvolvimento). Finalizei minha explanação sobre ensino superior, apostando, com muita esperança, no florescimento da trilogia Estado-Empresa-Universidade para que o nosso futuro fosse brilhante. Na prática, seria o governo oferecendo condições para que as universidades agissem de acordo com os interesses e as mentalidades empresariais.

Passado tanto tempo, revivendo o que falei naquele programa, uma verificação me surpreende: a de que muita coisa não mudou até hoje. E ficou, principalmente, uma grande lição: é preciso ainda muita luta para que se consiga atingir um nível de desenvolvimento desejado por todos, principalmente daqueles que participaram dos acontecimentos que marcaram 1968, um ano bastante conturbado.

Muito tempo depois, em setembro de 2008, eu escrevia e a *Folha de S.Paulo* publicava:

> Em educação não há milagres. Vemos uma grande oportunidade de atuação do Ministério da Educação e do Conselho Nacional de Educação na correção de rumos de um processo até então intocado. Na análise de 1.448 estabelecimentos de ensino superior, somente 10% obtiveram notas 4 e 5, consideradas excelentes. Foram médias

ponderadas, considerando a atuação dos alunos no Exame Nacional de Desempenho de Estudantes (Enade) e os programas pedagógicos oferecidos, além da titulação dos professores, a infraestrutura e os programas de mestrado e doutorado. (...) Não é razoável a crítica de alguns especialistas que afirmam não ser possível misturar indicadores díspares. Seria preciso considerar a complexidade de cada curso, além da situação especial dos calouros, que não têm ainda conhecimentos consolidados. Ou ainda o registro de que as universidades públicas, gratuitas, capturam os melhores alunos do ensino médio, em geral egressos de boas escolas particulares, o que caracteriza uma distorção. (...) Na verdade, é preciso considerar que se trata de um conceito preliminar de avaliação, sujeito a naturais aperfeiçoamentos. São dados indicativos de que é preciso melhorar a qualidade da educação, a fim de adequar os nossos profissionais à sociedade do conhecimento. (...) Não são muito claras as razões pelas quais o IGC [Índice Geral de Cursos] não contou com a adesão de duas das principais universidades brasileiras: a Universidade de São Paulo (USP) e a Universidade Estadual de Campinas (Unicamp), desfalcando o time das que estariam com médias altas. Mesmo assim, destacaram-se os trabalhos feitos em instituições como as universidades federais de São Paulo, Ciências da Saúde de Porto Alegre, Viçosa, Minas Gerais, Rio Grande do Sul, Triângulo Mineiro, além dos Centros Federais de Educação Profissional e Tecnológica (CEFETs) de Santa Catarina, Rio de Janeiro, Rio Grande do Norte, Bambuí (MG), Campos, e o Instituto Tecnológico da Aeronáutica (ITA) de São José dos Campos. (...) Um aspecto que chamou a atenção na relação dos destaques foi a presença de um bom número de instituições particulares, como as escolas superiores da FGV do Rio de Janeiro e de São Paulo, o Centro Universitário Senac-SP, a Pontifícia Universidade Católica do Rio de Janeiro (PUC-RJ), a Fundação Armando Alvares Penteado de São Paulo (FAAP-SP) e o Instituto Brasileiro de Mercado de Capitais (Ibmec) do Rio de Janeiro e São Paulo, entre outras. (...) O que se deve pretender com as medidas em curso é ampliar o número das instituições de excelência em nível de graduação, como as que foram citadas, e os bons exemplos que o país registra na sua elogiada pós-graduação. É o claro sintoma de que podemos fazer da qualidade um projeto nacional.

E veio a *Veja*

Foi em setembro de 1968 que surgiu outra revista semanal: *Veja*. Não foi um sucesso imediato, mais parecendo uma aventura arriscada do editor Victor Civita. A venda nas bancas era pequena e só depois aconteceu a explosão de assinaturas. A *Manchete*, com muitas cores em suas fotografias e uma paginação moderna, mantinha-se na liderança. O mercado brasileiro parecia reagir a uma publicação basicamente de textos.

Embora ela tivesse surgido num cenário ditatorial — com indicadores sociais que competiam com a triste realidade africana, ou seja, nossa expectativa de vida era então de 53 anos, os analfabetos eram um terço da população, a renda per capita não passava de 3.300 dólares, só sete milhões de residências tinham energia elétrica e telefone era privilégio de quem tivesse pistolão —, apesar de tudo isso, havia espaço para uma revista isenta, independente, inteligente e responsável, como recordava, quarenta anos depois, seu atual *publisher*, Roberto Civita.

Na verdade, assunto é que não faltava, de passeata dos cem mil no Rio de Janeiro a agitações estudantis e ações terroristas, do Ato Institucional nº 5 (AI-5) ao fechamento do Congresso.

Embora seu faro afiado fizesse Adolpho, no fundo, sentir que alguma coisa estava mudando na sociedade brasileira, ele desdenhou da *Veja*. Até que, pouco após a nova revista realmente se firmar, pensou em algo no gênero e despachou o Jaquito para Nova York, a fim de conseguir o contrato de exclusividade com a revista *Time*. Não sabia bem o que fazer para enfrentar a concorrência, mas estava balançado. Foi assim que surgiu a ideia de transformar *Fatos e Fotos* em uma revista mais de leitura. Mas quem a dirigiria? Durante dias e dias tentou convencer Carlos Heitor Cony a ser o editor, que resistiu o mais que pôde, comentando, baixinho:

"O Adolpho não vai aguentar algum amigo dele ser espinafrado."

Tinha razão. O velho exemplo sempre lembrado era o de uma pequena notinha na seção "Leitura dinâmica", na revista *Manchete*, criticando Flávio Cavalcanti, na TV Tupi. Adolpho virou fera:

"Não se faz isso com um amigo. Ele me trata muito bem. Agora eu não vou mais poder nem olhar para a cara dele!"

Era exatamente o oposto da *Veja*, que crescia com liberdade total da redação. Quando as "vítimas" recorriam ao velho Civita, a desculpa era invariável:

"Sinto muito, mas não posso fazer nada. Não mando na redação."

Assim, a revista da editora Abril se firmou, ganhando o respeito e a admiração de seus leitores. Nas Empresas Bloch era o contrário: impossível criticar, mesmo construtivamente, quem quer que fosse. O governo, então, menos ainda. *Manchete* passou a publicar mais textos para ler em suas páginas, resistindo durante mais algum tempo, porém, em menos de dez anos, era suplantada pela *Veja*.

Sobre esse assunto, vale a pena lembrar um fato pouco conhecido: antes de lançar sua revista, Civita recebeu na sua residência uma série de colaboradores do IWC, brasileiros e israelenses, a pedido de seu irmão César, um ano mais velho, que vivia na Argentina e que se mantivera como judeu, liderando a comunidade de Buenos Aires. Victor e César tinham vindo da Itália e, ao chegar aos Estados Unidos, Victor, cansado das perseguições antissemitas, converteu-se ao catolicismo (César não concordava com essa decisão e me disse, certa vez, que o pai deles jamais havia se conformado com isso).

Mas Victor sempre foi simpático a Israel e a seu povo. E, na condição de secretário-geral do IWC, eu era um dos convidados da reunião promovida por ele, ocasião em que pediu meu telefone e, duas semanas depois, ligou, sugerindo um encontro para um chá, no quinto andar do anexo do Copacabana Palace. A conversa foi extremamente agradável. Depois, percebi que ele queria saber era de dois profissionais da *Manchete*: Justino Martins, editor, e Wilson Passos, chefe do setor de arte da revista. Ao perceber que aquilo seria para um futuro convite a eles, me restringi a informações gerais e vagas. Não poderia ir contra os interesses da empresa para a qual eu trabalhava. Civita já estava com os planos da sua revista na cabeça.

Quando chegou a 250 mil exemplares, no final da década de 1960, *Veja* tinha cerca de um milhão de leitores das classes A e B, formadores de opinião, que asseguravam um grande interesse das agências de publicidade na veiculação de anúncios, sempre muito bem-impressos, em suas páginas.

Na chefia de reportagem

Os ponteiros giraram, os calendários mudaram seus números e eu me ocupava de minhas novas funções de chefe de reportagem, cargo que exerci durante oito anos, a partir de janeiro de 1960. Cuidava dos assuntos de todas as revistas da casa, incluindo a *Fatos e Fotos* e a *Joia*, além da *Manchete* (até 1979, quando veio o chamado para ser secretário de Estado de Educação e Cultura do governo Chagas Freitas, durante quatro anos).

Um dia, de repente, Adolpho Bloch entrou na sala da redação e viu o fotógrafo Alberto Jacob folheando uma *National Geographic*.

"O que é que você está lendo aí?"

"Estou vendo essas lindas fotos."

"E por que você não faz iguais?"

"Porque a minha máquina já está velha, com dois anos de uso."

A teoria do Adolpho era que a base de tudo era o homem e não a máquina.

"Quer dizer que se eu lhe der uma caneta Parker de ouro, nova, você vai escrever melhor do que o Machado de Assis?"

Entrei no diálogo, e o resultado foi a compra de dez modernas máquinas Nikon de 35mm, com as quais *Manchete* passou a dar um verdadeiro show fotográfico.

Durante pelo menos duas décadas, a máquina Rolleiflex tinha sido a vedete das coberturas jornalísticas. Nos anos 1960 e 1970, quando as maiores revistas semanais do país eram a *Manchete* e *O Cruzeiro*, os fotógrafos empunhavam aquele pesado instrumento de trabalho para ilustrar grandes reportagens: de David Nasser a Jean Manzon, de Luís Carlos Barreto a Joel Silveira, de Murilo Melo Filho a Fernando Pinto e muitos outros.

Acompanhei de perto algumas dessas peripécias. Na chefia de reportagem, recebia notícias preciosas de várias fontes e, com isso, alguns furos foram assinalados.

Naquele dia 31 de março de 1964, por exemplo, as notícias eram desencontradas. Telefone, um luxo; celular, nem pensar. Recebi, então, a informação de que o almirante Cândido Aragão iria bombardear o Palácio Guanabara, onde estava o governador Carlos Lacerda. Dizia-se até que os tanques dos Fuzileiros Navais já estavam na rua Pinheiro Machado. Imediatamente, mandei uma dupla de repórteres, Odacir Soares (depois senador da República) e Alberto Jacob, para o local. Como bons profissionais, lá estavam eles dentro do palácio, registrando a movimentação toda.

Acontece que eles conseguiram entrar, mas estavam proibidos de sair. E, lá dentro, água, pouca; comida, nenhuma. Pelo telefone, Odacir apelou:

"Mande sanduíches, senão vamos morrer de fome!"

Preparamos um farnel, e um motorista experiente levou a preciosa carga. Poucas horas depois, Odacir voltava a ligar:

"Estamos morrendo de fome. Cadê os sanduíches?"

Impedido de entrar no palácio, o motorista tinha deixado tudo nas mãos de um oficial que atendia os jornalistas. Evidentemente, também sem comida, ele e seus subordinados tinham se alimentado da encomenda.

Cansado e com muito sono, passei a noite na redação, cochilando de vez em quando em cima da mesa, em apoio moral aos meus repórteres, que se mantiveram firmes. No dia seguinte, primeiro de abril, o Brasil acordava diferente. Lacerda não foi bombardeado e nós estávamos fazendo a *Manchete* e *Fatos e Fotos* daquela semana, com o material trazido pelos esfomeados Odacir e Jacob, com o reforço do Carlos Leonam.

Foi mais um sucesso de vendas. E a maior emoção profissional que eu tinha sentido em muitos anos de atividades jornalísticas.

***

Vice-presidente nos dois mandatos anteriores — de Juscelino Kubitschek e Jânio Quadros —, João Goulart era o sucessor de Jânio, que havia renunciado em 1961. Um dia, em meio ao almoço, Adolpho foi avisado de que Jango e Raul Ryff, seu secretário de imprensa, estavam na portaria da Frei Caneca.

> A vida tinha me ensinado a almoçar tantas vezes quantas fossem necessárias, então almocei mais uma vez naquele dia. Em cima de uma das mesas do refeitório estava a maquete do novo prédio do Russel, que o Oscar Niemeyer tinha trazido para que eu visse — contava Adolpho. Jango examinou-a detalhadamente e perguntou se eu estava preparado financeiramente para uma obra daquelas. Fui sincero em minha resposta: "No momento, meu problema é arranjar dinheiro para as estampilhas das promissórias para comprar o terreno!" Jango sorriu e disse que tinha gostado da minha franqueza.

Quando viajou aos Estados Unidos, Jango fez questão de levar Adolpho na comitiva. Houve um almoço com o nosso embaixador Walter Moreira Salles, quando o presidente John Kennedy quis saber o que Adolpho achava da guerra do Vietnã. A resposta foi a seguinte: "Eu disse a ele que não entraria em nenhum conflito do qual os franceses tivessem saído."

***

Em 13 de março de 1964, houve o famoso comício na Central do Brasil. JK me pediu que eu transmitisse um recado a Jango: se ele era o presidente, para que o comício?

No dia seguinte, Adolpho deveria fazer uma conferência sobre Joaquim Nabuco na Academia Teresopolitana de Letras, tendo o dr. José Nabuco como um dos convidados, além do governador Magalhães Pinto, que recebeu uma mensagem chamando-o urgentemente ao Rio. Pouco depois, chegava o fotógrafo Jader Neves acompanhado de dois seguranças motorizados da presidência, avisando-me que Jango iria almoçar em Comary. Adolpho contava:

> O presidente chegou acompanhado do filho João Vicente, do secretário particular Eugênio Caillard, e outros, inclusive o general Assis Brasil. Foi uma tarde muito agradável, durante a qual pouco se falou de política. A não ser uma observação minha de que os adversários de Jango estariam dispostos a agir, quando o general ficou furioso dizendo que seu dispositivo militar era invencível. Mas Eugênio Caillard pediu que insistisse sobre esse perigo com Jango.

Duas semanas depois, acontecia o previsto: o presidente era deposto. Nos momentos que precederam o movimento militar de 1964, valendo-me de uma informação e muito de minha intuição, mandei um fotógrafo para o aeroporto Santos Dumont. Quem sabe João Goulart, sentindo-se acuado, não sairia por ali? Pois foi exatamente o que aconteceu: o fotógrafo Antonio Pithon, especialista em assuntos policiais, recrutado para a cobertura daquela grande agitação política, acabou flagrando o já então ex-chefe do governo andando apressado na pista do aeroporto do Rio, abotoando o paletó, enquanto o avião aquecia os motores para a fuga em direção ao sul do país e depois ao Uruguai.

A *Manchete* foi a única a publicar a última foto dele no Brasil.

Preto 17

Quando pautei uma matéria sobre areias monazíticas a ser feita em Guarapari, no Espírito Santo, escalei os repórteres Fernando Pinto e Domingos Cavalcanti. Acontece que o Fernando gostava de uma roletazinha e foi direto para um cassino clandestino das redondezas. No fim da noite, tinha perdido todo o dinheiro da viagem. O jeito foi voltar para o Rio, de mãos vazias, tanto de dinheiro como de reportagem. Resultado: demitido pelo Jaquito, por quem Adolpho tinha um amor de pai para filho e não de tio para sobrinho. Um detalhe, aliás, que não impedia que ele o contrariasse em algumas decisões.

Quando saía da redação, Fernando Pinto cruzou com Adolpho, que quis saber aonde ele ia àquela hora.

"Estou indo embora para casa, o Jaquito me despediu."

Depois de ouvir a versão do repórter, Adolpho simplesmente perguntou:

"Você jogou no preto 17?"

"Não, seu Adolpho, não joguei no preto 17."

"Foi por isso que você perdeu! Mas eu vou lhe dar mais uma chance. Você vai voltar a trabalhar aqui. Mas se da próxima vez não jogar no preto 17, não quero mais nem ver sua cara!"

***

Adolpho não era muito de prometer. Em geral, respondia às reivindicações de bate-pronto. Sim ou não. Mas quando era levado a dúvidas, tinha uma forma de garantir que não demoraria a dar a resposta: "Juro pela minha morta mãe!"

A expressão era assim mesmo, na ordem inversa.

Mas o caso do fotógrafo Jankiel Gonczarowska — que veio com a equipe da *Última Hora*, da qual eu também era integrante, para fazer a *Manchete Esportiva* — foi mais complicado. Ele reclamava uma equiparação, merecida, aos mais altos salários dos outros na mesma função, que eram Nicolau Drei, Gervásio Batista, Jader Neves e Angelo

Gomes. O pequenino Jankiel veio a mim para dizer, com sua língua presa, que não aguentava mais essa injustiça e estava disposto a pedir demissão. Fiquei comovido, afinal, ele tinha sido o fotógrafo oficial do meu casamento com a Ruth. Então, resolvi que iria, com ele, falar com o nosso patrão. Peguei Jankiel pelo braço e, sem pedir licença nem nada, desci as escadas da Frei Caneca para falar com o chefe, sem sequer saber como andava seu humor naquele dia. Foi depois do furor que sobreveio à minha frase de abertura da conversa que senti o drama:

"Eu já disse, porra", essa palavra era a vírgula dele, "que vou resolver! E não quero falar sobre isso agora!"

Saímos os dois de fininho, eu imaginando que tinha acabado de perder um dos nossos melhores profissionais. De repente, no caminho, ouço um berro, lá de trás: "Arnaldo! Arnaldo!"

Era ele, da sacadinha de sua antessala, me chamando de volta. Retornei sozinho, claro, na dúvida se despachava Jankiel para a redação ou para o Departamento Pessoal. E ganhei uma tremenda bronca: "O senhor nunca mais venha falar comigo em comissão. Eu não quero! Quando tiver de pedir alguma coisa, venha sozinho!"

No íntimo, me deu vontade de rir. Então, para ele, duas pessoas era comissão? Mas Adolpho estava me olhando firmemente e, suavizando a voz, deu a solução que eu tinha ido buscar: "Pode autorizar o aumento. Ele merece."

Tinha aprendido mais uma: sempre que Adolpho Bloch estava indignado com alguém, chamava-o de senhor: "O senhor não me faça mais isso, o senhor não me faça mais aquilo."

***

Mágoas? Algumas, contra as injustiças, principalmente. Achava que nenhum judeu podia ficar indiferente diante disso: "Nenhum povo foi mais perseguido e sofreu tanto."

Por isso, doeram tanto nele as afirmações de Samuel Wainer no livro *Minha razão de viver*: "Dizer que eu pedi a ele para ser apresentado à dona Darcy Vargas? Mentira pura!"

Além disso, Samuel deve ter esquecido que participou do prejuízo de um milhão de dólares com a experiência fracassada do *Domingo Ilustrado*, em 1971. Ele estava desempregado e houve um doce conluio para atraí-lo em direção a Bloch. Adolpho tinha visto um jornal dominical ilustrado na Itália e entregou o projeto a Samuel Wainer, que retribuiu com apenas duas ou três citações, inverídicas, em seu livro biográfico.

A cúpula de bronze, a válvula no coração e o câncer que não era

Havia nele também um perfil de homem público. Aceitou o convite do governador Faria Lima para presidir a Fundação Estadual de Teatros do Rio de Janeiro (Funterj), em 1976, quando não se limitou a reformar os palcos existentes, mas construiu o Teatro Villa-Lobos, em nove meses, além de reconstruir, em grande estilo, o Theatro Municipal, dando-lhe condições ultramodernas de operacionalidade. Lutava contra os "empenhos" ("Pra que é que isso serve?!") e outros entraves burocráticos intransponíveis para um empresário de seu temperamento. Descobriu que era quase impossível fazer funcionar o Municipal sem uma competente Central Técnica, então construiu uma no subúrbio de Inhaúma, modelo inédito no mundo, que ficou mais conhecida como "fábrica de sonhos".

Seu jeito de tocar as obras assustava o governador, que reclamava comigo, através da secretária Myrthes Wenzel e do secretário de Governo Carlos Baltazar da Silveira. Adolpho estaria estourando o Caixa do Estado. Ele tinha cinquenta milhões no orçamento, mas gastava bem mais. Em compensação, as obras apareciam. Entre outras realizações que estão por aí até hoje, ele reformou a cúpula de bronze do Theatro Municipal. Era ali que alguns frequentadores da vizinha sede social do Bola Preta — é incrível, mas é verdade — faziam tiro ao alvo! E cada um daqueles furos provocava uma goteira no palco da mais tradicional casa de espetáculos da cidade.

No dia 13 de março de 1979, quando o Municipal foi reaberto, resplandecente, com a ópera *Turandot*, as duas pessoas mais felizes, entre os presentes, eram o governador Faria Lima e Adolpho Bloch. Quem perguntasse a ele se tinha valido a pena, ouviria a frase: "Valeu. Só que me custou a troca de uma válvula no coração!"

Nunca mais me esqueci que, em 1961, Adolpho teve de se submeter a uma séria operação cirúrgica no Hospital dos Servidores do Estado (HSE), realizada pelo doutor Mariano de Andrade. Nessa ocasião, dona Lucy tinha sido incansável nas atenções ao marido — como pôde verificar minha irmã Rachel, então médica do HSE —, chegando até mesmo a impedir as visitas das irmãs dele, que iam vê-lo, mas acabavam desfiando queixas e mais queixas, sobretudo a respeito de mesadas atrasadas.

E, portador de uma válvula tricúspide nova no peito, dizia, em tom brincalhão: "Como é que pode um judeu, que não come carne de porco, andar com uma válvula de suíno no coração?"

***

Já em plena fase de recuperação, ele soube que não havia dinheiro para pagar a quinzena (a quitação dos salários, em dia, era uma verdadeira obsessão para ele). Imediatamente, mandou chamar o agiota Coimbra, fornecedor de moedas de ouro e, ainda no hospital, houve o seguinte diálogo:

"Você está vendo, Coimbra, eu estou muito mal e preciso de uma ajuda sua para pagar a quinzena."

"Pode ficar tranquilo. Vou dar o dinheiro ao Oscar."

Dono de uma saúde de ferro, logo Adolpho estava de volta às suas atividades e lembrou-se ("Eu só esqueço o que quero") da ajuda do amigo. Perguntou ao contador da empresa quanto estava devendo.

"Que dívida?"

"A que o Coimbra emprestou para pagamento da quinzena."

"Ele não emprestou nada. Recusou-se terminantemente a fazer isso!"

E com aquela intensa, embora breve explosão característica dele, ligou enfurecido para o Coimbra:

"Então, como é que você teve a coragem de fazer uma coisa dessas comigo?"

"É que eu o vi tão mal que pensei que você fosse morrer, então prometi lhe dar o dinheiro só pra que levasse uma boa impressão minha."

***

Tempos depois, ao receber, em Teresópolis, a visita do cientista — judeu como ele, da Rússia — Zelman Waksman, descobridor da estreptomicina, prestou-lhe carinhosa homenagem, atribuindo sua cura a ele. Na década de 1970, outro susto, quando lhe apareceram manchas no pulmão, com características aparentemente cancerígenas. Aconselhado a fazer o tratamento nos Estados Unidos, a despedida no velho aeroporto do Galeão parecia um pré-velório. Por coincidência, embarcava no mesmo voo o cardeal-arcebispo do Rio de Janeiro, dom Eugênio Salles, a quem Murilo Melo Filho pediu rezas e bênçãos. Ao abraçar cada um de nós, Adolpho parecia estar se despedindo para sempre. Felizmente, entretanto, verificou-se que o diagnóstico era outro: ele estava com fungos nos pulmões, consequência do contato diário e demorado com os pombos que tinham feito moradia nos jardins do teatro. Mal do qual foi então tratado e curado.

Adolpho se autointitulava "um sobrevivente da vida", já que exatamente por problemas cardíacos, seus dois irmãos tinham morrido com pouco mais de cinquenta anos.

UM CAFEZINHO AMARGO E O TRAÇADO DE ANIS

E eu tirando onda de reserva do Bonsucesso. (....) Pior que aquilo, só ficar sem mulher! (....) Espero é que eles não me ponham nu na rua. Primeiro, porque lugar de ficar nu é outro, depois, eu só escolho as "certinhas", não sou nenhuma delas, não. Além disso, quem gosta de homem nu é o Fernando Sabino, eu gosto é de mulher, nua ou não.

Sérgio Porto, o Stanislaw Ponte Preta

Era um fim de tarde da primeira semana de agosto de 1968 e Sérgio Porto, o Stanislaw Ponte Preta, visivelmente abatido, estava deitado de bruços na cama, a fim de ser massageado. Para saber dos detalhes daquilo que, afinal, tinha acontecido, estava ali o redator (copidesque) Renato Sérgio, que escreveu e assim foi publicado no número 851 da *Manchete*:

> A coisa começou no sábado retrasado. Pra aguentar duas apresentações seguidas do *Show do crioulo doido*, no Teatro Ginástico, e não ficar mais doido do que ele, é preciso que haja algo mais no camarim pra ajudar a gente no intervalo de uma sessão pra outra. Cada um usa o que melhor lhe apetece, eu uso café. O meu já estava no finzinho da garrafa térmica, mas eu tomei assim mesmo e senti um gosto muito amargo. Com aquele amargor todo dentro de mim, pela primeira vez — confesso agora —, me lembrei das ameaças que estavam fazendo pelo telefone. Mas isso, só quando cheguei aqui em casa, porque na hora achei que era gosto de fundo de garrafa térmica mesmo e só. Não era. Era a confirmação dos avisos de que eu iria sofrer uma represália. Ora, represália por causa do *Show do crioulo doido*, vou te contar!

Doido não deve estar só o crioulo, não. O espetáculo não tem nada de mais, a não ser suas irreverências, aliás, nada revolucionárias nem subversivas. E ninguém puxa uma irreverência e atira. É nossa arma, de humorista, que não machuca como cassetete na cabeça da Marília Pêra e pontapés na barriga da camareira grávida que perdeu o filho, como fizeram lá em São Paulo.

No dia 18 de julho de 1968, uma quinta-feira, mal havia terminado mais uma apresentação de *Roda Viva*, de Chico Buarque, quando cerca de vinte integrantes de um grupo armado, paramilitar, identificado como o Comando de Caça aos Comunistas (CCC), invadiu o galpão do Teatro Ruth Escobar, na capital paulista, e, em ato extremo de selvageria, agrediu o elenco da peça, dirigida por Zé Celso Martinez Corrêa, transformada em emblema de uma geração que repudiava a ditadura e os donos do poder absoluto que governavam o país. Depois de depredarem o local, desfiguraram o cenário e agrediram os participantes do espetáculo, elenco e equipe técnica. Sem conseguirem, todavia, interromper a temporada, embora com um contrarregra hospitalizado com fratura na bacia e debaixo de recados telefônicos de que a próxima vítima seria o elenco de *Navalha na carne*, em cartaz no Teatro Oficina, no dia seguinte *Roda viva* voltava a ser encenada, graças à solidariedade de outros teatros. Com as marcas da truculência da véspera, o cenário improvisado e os figurinos remendados, porém com a casa lotada. Ligando os fatos, acabei levemente propenso a acreditar que foi essa turma aí que deu um tom mais ou menos terrorista à conjuntura nacional, enriquecendo ainda mais o nosso já farto "Festival de Besteiras Que Assola o País".

Normalmente, Sérgio tomava remédios para dormir, por indicação do cardiologista. Mas, naquela noite, depois do tal café, o efeito do comprimido habitual foi exatamente o oposto, e ele ficou acordado mais de trinta horas. Só às seis da manhã de segunda-feira os médicos resolveram fazer-lhe uma espécie de sonoterapia radical, e para isso o hospitalizaram.

E lá fui eu parar no hospital mais uma vez, depois de dois infartos. Estava procurando não chatear ninguém, fingindo que não era nada, pensando que pudesse me safar dessa sozinho. Mas não era uma simples intoxicação; comecei a sentir náuseas de dar inveja a gestante paparicada de primeira viagem. Começaram as dores e os suores frios, eu subia e descia escadas, ligava a televisão, essa máquina de fazer doido, mudava de canal, ligava o rádio, botava disco pra tocar, tentava ler, e nada. Comecei a me sentir enjaulado. Aí, apelei para a família, quando o médico disse que eu estava num estado de excitação tão forte que só poderia ser efeito de um estupefaciente violentíssimo e em alta dose.

Ele não quis publicidade em torno disso, por vários motivos. Para não assustar seus companheiros de palco e também porque sua intranquilidade era tão grande que chegava a achar que poderia fazer a matinê do dia seguinte, domingo, embora não passasse meia hora sem dores terríveis. Pouco antes de começar a tal matinê, telefonaram do teatro (eles não sabiam de nada). Sérgio, em casa, tentou levantar-se para atender ao telefone e tudo rodou à sua volta.

> Já tinha feito o espetáculo tantas vezes que seria capaz de fazê-lo até de perna quebrada. Mas a coisa estava mais feia do que mudança de pobre. Aí o nosso diretor musical, Oscar Castro Neves, fez a matinê no meu lugar, e já não houve a sessão da noite. Como o Teatro Ginástico não dá sessão nem às segundas nem às terças, o problema passou meio desapercebido. Só avisei na terça (a gente tem de alertar os colegas, porque quando eles atacaram lá em São Paulo, tinha uma radiopatrulha na porta, provavelmente ouvindo o jogo do Curíntia, pelo rádio).

Na quarta-feira, resolveu entrar em cena de qualquer maneira, para evitar especulações em torno do ocorrido. No entanto, fisicamente tinha pensado até em morte. Apesar de tudo, nem assim ele tinha perdido seu agudo senso de humor: "Pior que aquilo, só ficar sem mulher!"

Era tudo ao mesmo tempo, inclusive uma dor na barriga de enlouquecer. Logo começaram as distensões musculares. "E eu tirando onda de reserva do Bonsucesso."

Além da bursite, apareceu uma aerofagia.

"Que não é doença de aviador, como pode pensar o Ibrahim."

O *Show do crioulo doido* estava de temporada agendada em São Paulo.

Espero é que eles não me ponham nu na rua. Primeiro, porque lugar de ficar nu é outro, depois, eu só escolho as "certinhas", não sou nenhuma delas, não. Além disso, quem gosta de homem nu é o Fernando Sabino, eu gosto é de mulher, nua ou não.

Só na quarta-feira, quatro dias depois, ele contou os detalhes da história para os colegas. Barba por fazer, saiu direto do hospital para o teatro, explicou o que tinha acontecido e os motivos que o fizeram esconder a verdade. "Publicidade a gente não precisava. O *Show do crioulo doido* vai tão bem que este ano ainda não precisei ir nenhuma vez à televisão. E isso, pra mim, é puro êxtase!"

E, sorrindo, até brincou, pedindo que a revista dissesse que ele ia passar alguns dias de merecido repouso não remunerado no casarão de tia Zulmira, na Boca do Mato, batendo papos informais sobre a "atual conjuntura", com o irreverente Primo Altamirando e com Bonifácio, o patriota.

Sabia, melhor do que ninguém, que a situação estava "mais para urubu do que para colibri". Então, sugeriu: "É melhor a gente parar por aqui, você não acha?"

Renato Sérgio também achava, então pararam.

Era a última vez que eles se viam. Pouco mais de um mês antes de Sérgio Porto virar saudade.

Tudo tinha começado 14 anos antes.

O coleguinha Jacinto de Thormes, que se dedicava a essa bobagem de escriba do soçaite, publicou na *Manchete*, em 1954, uma lista das mulheres "mais bem-vestidas do ano". Eu, que também colaborava na revista, escrevendo sobre assunto bem mais bacaninha, ou seja, o "teatro rebolado", não quis ficar por baixo e inventei logo uma lista das mulheres mais bem-despidas do ano. As minhas eram mais bonitas e nem sempre as mais despidas, ao contrário das mais bem-vestidas, entre as quais algumas se despiam muito mais. Aliás, de acordo com a veneranda tia Zulmira, transbordante de sabedoria, é bem mais difícil despir com classe do que vestir com idem. Mas, quando o Jacinto mudou o nome da seleção dele para "as mais elegantes do ano", eu não precisava manter o termo "mais despidas"; foi aí que as minhas escolhidas passaram às "mais certinhas do ano". Uma designação nascida de uma frase de seu Américo, meu pai, quando viu uma bela moça passar na rua e comentou: "Olha só que moça mais certinha!"

As certinhas. Quem visse pernas e bustos não veria coração, nem o resto. Todas bonitinhas, invariavelmente rechonchudinhas, que padrão de beleza daquele tempo passava a léguas de distância do ideal anoréxico de agora. Registradas, todas, com exclusividade, por um fotógrafo chamado Augusto Valentim, anos depois radicado nos Estados Unidos, de onde nunca mais voltou.

Mas, segundo Sérgio Porto, essa história de certinha não passaria de um simples problema de antropometria. "Quem escolhe é Deus, eu apenas seleciono."

A frase estava em um calendário de 1968 — ano do último pedaço de tempo que lhe coube viver —, com fotos delas e um texto seu antecipando, ironicamente, claro, alguns dos principais acontecimentos que ocorreriam naquele ano, no Rio. Estes: com as chuvas de verão, a praça da Bandeira encheria e o prefeito então daria entrevista dizendo que todas as providências seriam tomadas para que aquilo não se repetisse; terminado o carnaval, as escolas de samba que tirassem o segundo e terceiro lugares iriam protestar veementemente contra a injustiça dos jurados; Emilinha Borba iria sair na capa da *Revista do Rádio*, Marlene e Cauby também; Glauber Rocha faria um filme que a censura iria proibir e depois liberar; Chacrinha mudaria mais uma vez de emissora de televisão e, aquela em que ele estava, faria um programa igual ao que ele fazia antes; dirigentes dos clubes de futebol diriam, ainda no vestiário, que "aquele juiz ladrão" nunca mais apitaria jogo do time deles; e Frank Sinatra desistiria, mais uma vez, de vir ao Brasil.

Faltou-lhe prever o pior, que no dia 30 de setembro daquele ano, este país ficaria um pouco mais triste e mais pobre, com a perda de um brasileiro dos mais ilustres, um filho que não fugia à luta: ele.

***

Fatos e Fotos estava em sua primeira fase, Alberto Dines como diretor e eu na chefia de reportagem. Tivemos, então, a ideia de mandar Sérgio Porto para o Chile, onde o Brasil estaria tentando ser bicampeão mundial de futebol. A encomenda era de crônicas "diferentes", jornalismo-jocoso (posteriormente compiladas pela editora Civilização Brasileira, com nota introdutória de Aldir Blanc e orelhas de Ênio Silveira, em um livro de 109 páginas intitulado *Bola na rede: a batalha do bi*). O futebol nunca teve tanta graça assim:

Chegada ao estádio de Viña del Mar, duas horas da tarde. A imprensa aqui está sendo mais bem-tratada do que prócer petebista no governo do dr. Jango. Me deram um lugar que vou te contar. Sentado à minha direita, Zezé Moreira; três cadeiras abaixo, Ademir; mais atrás, o poeta Thiago de Mello, hoje grande amigo de Pablo Neruda, em cuja casa mora e toma uísque do bom; o resto é tudo coleguinha jornalista, divididos em duas alas: a dos otimistas e a dos derrubadores. Em matéria de vexame, os mexicanos são muito mais legais do que a gente. Lá estão diversos deles nas arquibancadas, vestidos de Pedro Vargas, com sombrero, poncho colorido e tudo. Já pensaram os brasileiros vestidos de baiana? Ia ser chato. Ainda nas arquibancadas, lá em frente, onde um alto-falante despeja cuecas sobre cuecas (a música chilena é chatíssima), um cartaz diz: "O povo de Buriti Alegre saúda o Brasil. E os buritinenses soltam foguetes." (...) Dez para as três, equipes em campo, com juiz suíço, Godofredo Dientz. Às três horas, britanicamente, começa o pega. Há 44 fotógrafos em campo: dois atrás do gol do Brasil, 42 atrás do gol mexicano.

O Brasil começa nervosíssimo. Djalma bobeia e Jasso quase coloca a leonor dormindo na nossa rede. Furada de Zózimo. Tá parecendo o misto do Campo Grande em dia de treino. Mas, aos nove minutos da pelada, o Brasil já está mandando em campo; Didi bateu duas faltas perto da área em que a bola passou assoviando. Aos 16 minutos, o México desencabula e a defesa fica olhando o Hernandez mandar uma bomba que Deus me livre! Gilmar agarrou a leonor pela saia. Não demorou muito, Garrincha entrou na área, driblou João I, João II, João III e, quando ia chutar, João IV fez pênalti. Seu Godofredo disse que não foi, mas se o suíço deixasse, o apito apitava sozinho. Quem responde aos apelos de Ogum é o Zózimo, que pega a infiel no meio do campo e sai garrinchando até a pequena área deles, onde sofre outro pênalti legal. Todo mundo olha para o juiz suíço e vê ele comendo queijo e consertando o relógio. Ele olha para o auxiliar, que bota a bandeirinha debaixo do braço como quem diz: "Se quiser anular, anula, mas não me bota nessa parceria!" (...) Mauro, bastante nervoso, já errou passes de juvenil do Jabaquara. Zózimo, querendo ganhar o jogo sozinho. Nilton Santos cumprindo seu papel, mas sem tempo para as tais arrancadas. Zito está fazendo *trottoir* no meio do campo, começou como uma fera e depois foi murchando, murchando, murchou. Quanto a Pelé, tomara que esteja se poupando para o segundo tempo. Zagallo ainda nem molhou a camisa. (...) Às 3h58 recomeça a coisa. Pelé dá uma chapuletada com força total e pega Vavá em local ingrato. O nosso centroavante fecha igual canivete e fica descansando um pouquinho na grama. E lá vai Pelé. Leva uma cipoada, cai, levanta, leva outra, mas consegue centrar; Zagallo, que a gente pensava que nem estivesse mais jogando, encosta a testa com toda a tranquilidade. Brasil, um a zero. Estávamos aqui de cabeça baixa, batendo as teclas desta intimorata Remington semiportátil, quando o estádio prorrompeu num berro. Era o segundo gol do Chile, lá em Santiago. Vão assustar a vovozinha! Gritar assim logo quando não estou olhando o jogo e o México estava atacando! Chiiii... Lá vai Pelé com dois batedores abrindo caminho: Garrincha pela direita e Vavá pelo centro. E lá vai ele, cheio de mexicano correndo atrás, vieram todos, de Juarez ao Trio Los Panchos. Na corrida, ficou o Najéra, ficou o Sepúlveda, vai ficar o Carbajal. Ficou. É gooooooool!!! E vem o cara do IBC querendo saber se eu quero café. Eu quero é mais um! Aliás, o Brasil melhorou muito, Mauro está mais tranquilo do que vaca no pasto, apesar de ter levado uma bolada em lugar que não podemos revelar. O time virou 11 *globe-trotters*. E com o Brasil tentando um "olé" em homenagem às touradas, termina o jogo. Se querem saber como foram nossos jogadores nesse segundo tempo, é só ler o que está escrito sobre o primeiro, em sentido contrário.

E assim foi ele. Segundo jogo, Tchecoslováquia:

A temperatura é de oito graus e o microfone anuncia para Jelinek que a filha dele tinha acabado de nascer, em Praga. Ele pula em campo, é abraçado pelos companheiros e o estádio bate palmas. Façamos votos que sua estreia como pai deixe-o nervoso, lá na ponta-esquerda. Começa o jogo, mais frio do que rabo de foca. Só esquenta um pouquinho quando papai Jelinek manda a infiel por cima da janela de Gilmar. Vavá solta uma bomba que deve ter amassado um pouquinho a cortina de ferro e Garrincha é aquela desinibição de sempre, mas leva uma sarrafada que quase desmonta a maior glória pau-grandense. Na verdade, o Brasil poderia lotear meio campo e entregar para o Santos Vahlis vender. Vai começar o segundo tempo e Pelé entra mancando... Ave Maria, cheia de graça etc., etc.... vai lá para o canto, rente à linha lateral, e fica chupando laranja.

Depois, Brasil x Espanha:

Como tem carabinero no Chile! A impressão que a gente tem é que se levantar o tampo de uma empada, vai sair um de lá de dentro. Vi uma fila deles antes de entrar no estádio e até comentei com um coleguinha: "Deve ser pra marcar o Garrincha." Pelo tamanho das travas da chuteira do Zózimo dava para prever que uma cipoada dele vai doer até em canela de faquir. Os espanhóis estão encolhidos não é por causa do frio, é esquema tático mesmo. Então, o lotação Vavá-Largo da Abolição, via Cordilheira dos Andes, entra no seu itinerário e atropela um pedestre com a camisa da Espanha. O major Puskas dá uma cipoada em Mauro e é advertido. Mas eles acabam fazendo um a zero. Foi chato. Estamos fazendo o possível, mas para ganhar esse jogo, melhor seria fazer o impossível. Ei... é gol!!!! Gol nosso. Depois eu explico, agora, de jeito nenhum. Garrincha vira foguete e é "joão" para tudo que é lado. Ele centra e Vavá dá de testa. É o segundo nosso, meninada! Como veio grã-fino brasileiro para cá, irmãos! Mal começou o jogo e um deles perguntou ao jornalista Sandro Moreyra quem era esse tal de Garrincha. Sandro apontou o goleiro mexicano, disse "é aquele ali" e o grã-fino acreditou.

Brasil x Inglaterra:

Garrincha está jogando nas duas pontas, palavra de honra. De repente, ele salta entre várias Torres de Londres e é gol dele, quer dizer, é gol nosso! E lá está ele oferecendo um *cocktail party* na área adversária. No segundo tempo, Garrincha deixa o Vavá sozinho na área adversária, só para ele parar de gritar pedindo a bola. E lá vai Manuel, o Venturoso. Tem quatro o cercando, mas é pouco. O jogo está tão fácil que vovô Nilton Santos sai passeando com os netinhos pela alameda de Sausalito.

***

Depois do Brasil x Chile, fomos para a final, outra vez contra os "tecos", como dizia um deputado que Stanislaw preferia não declinar o nome.

Mal começa o jogo e Gilmar tem que se atirar aos pés de Kvasnak como se fosse um calista. Ei, assim não dá, Mauro bobeou no meio da área e Masoputz botou o cara do placar para trabalhar! Mas Amarildo se encarregou de empatar, eta menino bom! Zagallo trabalha mais do que cachorro de cego. Isso sem contar os avanços de Zito, que de vez em quando avisa o Didi: "Guenta aí, que eu vou até ali e já volto." E assim, logo o Brasil botou a juriti para cantar e era bicampeão do mundo.

Sérgio Porto, aliás, Stanislaw Ponte Preta, perguntou ao Garrincha o que ele tinha achado dos ingleses e ouviu: "É igual ao São Cristóvão."

O mesmo Garrincha, vendo Amarildo um pouco nervoso antes de entrar em campo para o jogo contra os ingleses, já tinha procurado tranquilizá-lo: "Calma, esses 'intaliano' não são de nada!"

Quando perguntaram a ele qual havia sido o adversário mais perigoso, ouviram: "Acho que foi a Áustria, né?" Diante da revelação de que a Áustria não tinha participado da Copa, seu Mané se espantou: "Ah, é? Por quê, hein?"

Apesar dessa simplicidade toda (ou talvez por isso mesmo) mestre Nilton Santos sintetiza: "Todos os jogadores do mundo são marcáveis, menos Mané Garrincha. Ele, só com um revólver."

***

Em 30 de maio de 1962, o Brasil ganhava do México, 2 x 0; em 2 de junho empatava com a Tchecoslováquia, 0 x 0; em 6 de junho vencia a Espanha, 2 x 1; em 10 de junho batia a Inglaterra, 3 x 1; em 13 de junho mandava os chilenos de volta pra casa, 4 x 2; e na final, em 17 de junho, marcou três em cima da mesma Tchecoslováquia com a qual tinha empatado 15 dias antes. Quando acabou o jogo, Sérgio Porto olhou em volta para festejar com o repórter Ney Bianchi e o poeta Thiago de Mello, então adido cultural nosso lá nos Andes. Os dois tinham sumido da tribuna de imprensa. "Olhei pro campo e lá estavam eles dois, ajudando a carregar o Amarildo nos ombros."

***

O mesmo Amarildo que Nelson Rodrigues tinha exaltado na *Fatos e Fotos* de 16 de junho de 1962, numa crônica intitulada "O possesso é nosso":

> O bonito, o sublime, o gostoso de Brasil x Espanha foi a angústia. Nós sabemos que o martírio é que dá a um jogo um charme desesperador, seja ele um clássico ou uma pelada. Ora, a batalha com os espanhóis teve todos os matadouros emocionais.
>
> Eis uma partida que pôs em cada coração uma fluorescente coroa de espinhos. Fomos, até o primeiro gol, 75 milhões de cristos. Começou a batalha e cada brasileiro estava abraçado, atracado com seu radiozinho de pilha. Entre nós e a peleja erguiam-se os Andes, hieráticos e tristíssimos. E a Espanha triturava a Seleção que não era mais de ouro, era de lata, sei lá. Só um dos nossos continuava a ser o mesmo — Garrincha. O Mané foi caçado a patadas como uma ratazana. Mas ele ia passando. Dir-se-ia um maravilhoso ser incorpóreo. Os espanhóis o massacravam e Garrincha sobrevivia ao próprio assassinato. E todos sentimos que a ausência de Pelé estava cravada no coração do Brasil, então o escrete murchava como um balão apagado. Durante os primeiros 45 minutos, o nosso fracasso doeu mais do que a humilhação de Canudos.

Bem antes, na *Manchete Esportiva* de 19 de maio de 1956, Nelson Rodrigues já tinha avisado: ou expulsamos de nós a alma da derrota ou nem vale a pena competir mais. E que, com humildade abjeta, ninguém consegue nada, nem atravessar a rua, sob pena de ser atropelado por uma carrocinha de Chica-Bom.

> Mas lá estava Amarildo, o possesso. E vamos reconhecer que é uma provação bíblica substituir um gênio, uma provação só comparável às de Jó. A bola fugia de Amarildo como de um leproso e ele andava de um lado para outro como um centauro bêbado. Assim, terminou o primeiro tempo, 1 a 0 para a Espanha, com esta cidade transformada numa espécie de Hiroshima. Veio, então, o segundo tempo, com 75 milhões de almas a meio pau, quando, de repente, acontece um milagre: o Brasil descobrindo-se a si mesmo. Aí é que Amarildo começa a tremer, de seu lábio já pendendo a baba elástica e bovina. Todo um povo levantava os braços para o céu e, no alto, Deus respondia:

"Calma, calma!" Até que Zagallo foge com a bola e centra por cima da muralha espanhola feita de chifradas. Amarildo foi, então, o possesso integral; quando partiu para o gol, era um touro de soneto, saudoso de feridas. Foi o epilético fulgurante. E foi tudo. Fez o gol que abriu na Espanha uma rútila ferida que jamais será cicatrizada. Pela primeira vez, um empate era mais do que a vitória. O Brasil inteiro se levantou e começou o olé. Lá estava, na sua escandalosa visibilidade, a estrela que guiou os três Reis Magos.

Pouco depois, o segundo gol. Uma página de *Guerra e Paz* das mais caprichadas. Garrincha dribla Franco e a alma de Unamuno, até que, não tendo ninguém mais para driblar, dá um desses centros irresistíveis, encantados. Amarildo estava lá, mais Pelé, mais Amarildo do que nunca, e enfia a cabeçada imortal.

Algo tinha mudado no destino deste país. Acordamos com a fronte erguida e fatal de profetas. A crioulinha favelada e descalça tinha um halo de Joana D'Arc, o brasileiro mais pé-rapado, mais borra-botas, enrolava-se num manto como um rei Lear. O Brasil venceu. E éramos 75 milhões de reis.

A nova safra musical

Pelo "Posto de escuta", a gente ficava sabendo que o cronista Antonio Maria tinha dito que Norma Bengell havia mandado um ultimato ao empresário Carlos Machado: "De agora em diante só cantarei vestida."

E, como resposta, recebido o recado: "Vestida, prefiro a Maysa."

***

Por falar em Maísa, me lembrei de Ronaldo Bôscoli, lobo esperto, um dos papas da bossa-nova.

Foram muitos anos de convívio profissional e outros tantos de uma boa amizade, com quem tive o privilégio de trabalhar na seção de esportes do jornal *Última Hora* e depois, a partir de outubro de 1955, na recém-criada *Manchete Esportiva*. Quando Adolpho Bloch levou Augusto Falcão Rodrigues e seus irmãos, Nelson e Paulo, para fazerem a segunda publicação periódica da Bloch Editores, a equipe da qual Bôscoli e eu fazíamos parte foi junto.

Além de autor inspirado de alguns sucessos da bossa-nova, como "O barquinho" e "Lobo bobo", Ronaldo exercia, com a sua indesmentida criatividade, a profissão de repórter. Não tinha o melhor texto da publicação, era bastante relaxado em relação às regras gramaticais, mas tinha uma imaginação incomparável, capaz de dar títulos bastante originais às matérias e aos jogadores. Isso o diferenciava dos demais.

Uma das características dele era certo desvio psicológico, o que o impedia de andar sozinho. Tinha medo de tudo. Às vezes era o também compositor Chico Feitosa, o Chico Fim de Noite, quem o acompanhava até a redação. Faziam o trajeto da rua Otaviano Hudson, em Copacabana, até a sede da empresa, na rua Frei Caneca, no Estácio, de táxi, um luxo na época. Era nisso que ele gastava quase todo o salário. Com pânico de multidões, não tinha condições emocionais de andar de ônibus. Em outras ocasiões, quem o trazia (e depois o levava) era seu fiel escudeiro, Edgard, que ele carinhosamente chamava de "minha alma preta".

Os horários de trabalho eram permanente surpresa. Ronaldo vivia à noite, então nem sempre acordava cedo e, muitas vezes, faltava ao serviço, com as mais variadas desculpas. Reza a lenda que ele comprou um paletó velho, levou para a redação e pendurou o dito numa cadeira, de forma permanente. Monitorado de perto, quando Adolpho Bloch fazia a ronda, para fiscalizar quem veio e quem não veio, havia sempre uma alma caridosa (algumas vezes era eu mesmo) para dizer ao velho russo que o Ronaldo já tinha chegado: "Veja aí o paletó dele. Deve ter ido tomar um café."

Mas, como não há artimanha que resista às trapaças da sorte, um dia o esquema falhou. Não há crime perfeito. Estávamos todos na redação, quando toca o telefone. Uma voz masculina pedia para falar com seu Adolpho, que atende e fica perplexo. Depois, possesso. Do outro lado da linha, Chico Feitosa, pedindo desculpas ao chefe, porque o Ronaldo tinha acordado naquela manhã com muita febre e não poderia ir trabalhar. "O Ronaldo está aqui, na minha frente, queimado de sol, com mais saúde do que eu!"

De um salto, Ronaldo pegou o telefone e espinafrou o amigo: "Como é que você faz uma besteira dessas! Eu ia ficar doente amanhã, entendeu? A-ma-nhã!"

Dessa trapalhada, até o Adolpho riu.

Tricolor doente, Ronaldo era um grande sedutor e namorou algumas das mulheres mais bonitas do Rio. E também Nara Leão, Maysa e Elis Regina, com quem acabou se casando. Assim foi levando a vida, aconselhando sempre os amigos a não serem arrogantes com as mulheres: "Elas gostam de homens carentes. Jamais apareça na frente de uma mulher bonita — e famosa — com cara de vencedor. Eu faço cara de triste, desamparado mesmo. O instinto maternal logo aflora nelas e, aí, bem, aí é uma simples questão de lábia."

Quando fiquei noivo da Ruth, há 49 anos, foi ele quem me ajudou a comprar as alianças que até hoje adornam os nossos dedos. Em síntese, ele me trouxe felicidade.

***

Junto com Francisco Feitosa, eu tinha feito uma reportagem, publicada em 18 de julho de 1959, nas páginas 90 a 94 do número 378 da *Manchete,* apontando as cantoras da nova safra que já tinham lugar garantido no futuro da música popular brasileira: Dolores Duran, Silvinha Teles, Alaíde Costa, Marisa Gata Mansa, Carminha Mascarenhas, Lucienne Franco, Celly Campello, Luely Figueiró e Morgana:

> Dentre essas figuras jovens, dentro de cinco a dez anos terão surgido as grandes estrelas do rádio e da televisão na década de 1960 a 1970. São as autênticas "ameaças" às celebridades do dia, convertidas, daqui a alguns anos, na velha guarda empenhada em suas derradeiras batalhas. O escopo desta reportagem é mostrar quais são essas ameaças, no naipe feminino, guardando a parte masculina para uma próxima edição. Muitas cantoras aqui recenseadas já constituem atualmente realidade risonha da nossa música, como legítimas expressões do canto popular.

***

Nas páginas 91 a 93 do número 388, de 26 de setembro de 1959, continuava tratando de um assunto musical, mas nem tanto: cantoras ensaiando para o show eleitoral.

Marlene confessava que em toda sua vida só teve três candidatos: dr. Getúlio, Dutra e Adhemar. Mas, daquela vez, queria ver a vassoura do Jânio funcionar. Alaíde Costa avisava que não entendia de política, só seguia Jango Goulart, instintivamente, porque era um homem do povo. E, como ele, apoiava a candidatura Lott, "uma pessoa de respeito". "Um dia há de chegar a seriedade no governo e resolver o problema da comida. Com o feijão a 55, carne a 100 e leite a 15, vamos acabar virando cigarra."

Embora não tivesse opinião definitiva, Elizete Cardoso confessava sua admiração por JK. Já Silvinha Telles preferia uma solução mais audaciosa: "Vou votar no Jânio. Com aquela pinta de doido é capaz de dar certo. Até agora os eleitos vêm com jeitinho de ajuizados e acabam construindo Brasília em vez de socorrer o Nordeste."

Emilinha Borba não queria nem pensar em política: "O único que acompanhei sem hesitação foi o Getúlio."

Confessando que "se fosse homem seria político", Carminha Mascarenhas era um voto certo para o marechal Lott, para ela, o único que demonstrava seriedade. "Se Carlos Lacerda passasse para o PSD eu acompanharia a palavra dele, mas na UDN não dá!"

Lucienne Franco estava mais preocupada com a decoração do apartamento com vista para o Arpoador. "A coisa está meio sobre a galhofa, né? Mesmo o marechal, tão sisudo por fora, vai ver que por dentro está cheio de risadas também."

Para Dolores Duran, político bom é aquele que não conversa enquanto a gente está cantando. E chega a uma conclusão surpreendente:

"O presidente Juscelino não é um político."

"Então, o que ele é?"

"É um diplomata."

E investe em uma solução revolucionária:

"Se o Tenório Cavalcanti fosse candidato eu votaria nele. O negócio aqui está na base de entrar de 'Lurdinha', a metralhadora MG42 dele. O problema é aquela barba. Ele é capaz de querer bancar o Fidel Castro."

***

Pouco depois, eu traçava na *Manchete* um retrato de Adelino Moreira, que tinha deixado de lidar com joias para vender simplicidade em forma de letra e música, com muito sucesso: "A gente tendo um tema, organiza os versos e entrega ao cantor. Se o povo entender, a música faz sucesso. Mas é preciso não complicar, senão o disco encalha."

Graças a essa inspiração, ele fatura três milhões de cruzeiros por ano e mantém folgadamente uma família de quatro filhos. A mansão onde mora, ocupando dez mil metros quadrados de Campo Grande, é o resultado sintético de sua arte de compor (e de viver bem). É verdade que nem tudo é felicidade para esse artista feliz do verso popular. A profissão de letrista por vezes oferece percalços — palavra que dá boa rima —, e o êxito pode provocar inveja e inspirar maledicência. Adelino lembra um caso típico, referente a uma de suas canções:

> Fizeram muita onda por causa de uma letra em que eu dizia: "Dei-lhe a voz de Dulcineia/a malícia de Frineia/e a pureza de Maria." Ari Barroso foi um que inverteu as coisas me acusando de falar em "inocência de Maria". Eu disse pureza, não inocência, e disse Maria porque não tinha outra mais pura. Ele precisa saber que eu estudei a história da Grécia, portanto sei as mulheres que uso.

De fato, o autor de "Última seresta" não é um fugitivo das letras, fez o curso ginasial e só não prosseguiu nos estudos porque preferiu trabalhar com o pai na fábrica de joias. Sem nunca perder de vista o rádio, aos 22 anos tinha arriscado interpretar algumas canções portuguesas na Rádio Clube do Brasil, época em que durante seis anos insistiu em ser cantor, enquanto estudava violão. Agora, aos quarenta anos, está realizado:

> O início de meu sucesso devo a Nelson Gonçalves, que gravou "Última seresta" espalhando a minha poesia pelo Brasil afora, antes de "A volta do boêmio". Carlos Galhardo com "Fim de estrada", "Ciclone", com Carlos Nobre, e "Vitrine", com Carlos Augusto, deram continuação.

Algumas vezes — e disso os invejosos se aproveitam — ele se vê obrigado a certas concessões, como no caso de "Beba comigo", em que inventou uma bebida para rimar com a palavra "infeliz": "Liberte o peito do amargor e da revolta/com mais um trago de traçado de anis/faça como eu, acostume-se à derrota/pois a vitória não pertence ao infeliz". Até que um dia, salvou-o o edredon. Aconteceu no "Silêncio da seresta": "Mas hoje o som/do plangente violão não traspassou o edredon/que seu corpo acaricia."

Adelino não gosta de complicar as coisas, tanto que chega a acusar Vinicius de Moraes de "literato demais" (até rimou):

> Tem o defeito de ser poeta intelectualizado. O povo não gosta disso, não entende direito o que ele quer dizer. E, de mais a mais, repete muito certas palavras. Dolores Duran, sim, é um colosso nas letras. E Antonio Carlos Jobim é a nossa maior capacidade musical, pena não ser letrista também.

Para ele, quem diz que compõe só para fazer bem à alma quer é justificar algum fracasso. Segundo afirma, um de seus segredos é contar histórias que todo mundo já sabe e podem estar na vida de muita gente. E aos que o acusam de corromper os DJs, ele tem uma resposta:

> Música é como um filho. Qual é o pai que não faz força pelo filho? Temos de trabalhar os amigos e pedir ajuda para o menino. Agora, dizer que dou dinheiro para tocarem música minha, isso é veneno do Ari Barroso. Ele e outros vivem inventando picardias contra mim, veja só, me picharam porque escrevi "esculturar" em vez de esculpir. Ora, então poeta não tem mais o direito de criar? Não sei por que o Ari Barroso não me tolera, até proibiu os calouros de cantarem minhas canções no programa dele. Não tenho culpa de gravar de seis a sete músicas por ano e todas fazerem sucesso!

Vencendo as zombarias, Adelino Moreira navega feliz nas estatísticas: em 1959 vendeu quinhentos mil discos, sem contar os LPs. De três em três meses a gravadora RCA-Victor lhe entregava seiscentos mil cruzeiros de direitos autorais (só aquele disco falando da Dulcineia, o *Escultura*, de 1958, vendeu 170 mil cópias).

> Eu não faço mal a ninguém, pelo contrário, dou lucro aos cantores e às fábricas. Só o Nelson Gonçalves tira por trimestre, com minhas músicas, mais de dois milhões de cruzeiros. Mas tenho minhas preferidas, claro: "Meu vício é você", "Madame saudade", "Meu desejo", "Flor do meu bairro" e "Silêncio da seresta", entre outras.

Entre as tais outras, "Beba comigo", aquela em que ele criou um "traçado de anis" só pra rimar com "a vitória não pertence ao infeliz".

TOM E OUTROS (NOVOS) TONS

Todas as músicas que eu fiz pensando em ganhar dinheiro estão na gaveta. As que fiz com alma, com sinceridade, fizeram sucesso. O povo é sensível e distingue logo o verdadeiro do falso.

Tom Jobim

No começo de minha longa permanência na *Manchete*, escrevi uma reportagem sobre Antonio Carlos Jobim, na flor dos 32 anos, publicada nas páginas 44 a 46 do número 374 da revista, datada de 22 de junho de 1959, tendo na capa Norma Bengell, estrela do espetáculo *A volta ao mundo em 80 dias*. A foto de Vincent Ciantar para a abertura da matéria, de Tom tocando violão na praia, com o morro Dois Irmãos ao fundo, era a mais ipanemense possível. E o texto começava com uma frase de impacto: "A música brasileira é tristíssima e a letra, em geral, negativa."

Segundo Ari Barroso, tratava-se do maior compositor popular brasileiro de então. Mas era preciso traçar o retrato dele, ainda em preto e branco, como se pode ver abaixo, em entrevista minha com Tom, em 20/06/1959, na *Manchete* número 374, sob o título "As 7 notas e o Tom":

> Quem é Tom? Seu nome tornou-se conhecido pela beleza de suas composições, em dupla com Vinicius de Moraes, Newton Mendonça, Dolores Duran, Billy Blanco, Marino Pinto, Aloísio de Oliveira, Luiz Bonfá e outros. Agora mesmo, acaba de ter a consagração de seu trabalho no filme *Orfeu do carnaval*, sucesso na França, onde está sendo exibido. Suas composições, com letras de Vinicius, são todas inéditas (exigência do produtor Sacha Gordine) e interpretadas por Agostinho dos Santos. Nascido na Tijuca e vivendo em Ipanema, é filho do

falecido poeta Jorge Jobim. É casado há dez anos — depois de um namoro de sete — com Teresa Hermanny, tem dois filhos, Paulo, oito anos, e Elizabeth, dois. Mudou muito de colégio, mas aos 18 estava na faculdade de Arquitetura, depois de um sétimo lugar no vestibular. Matemática e desenho eram suas preferências.

— O chamado de Euterpe foi mais forte. Desde garoto batucava violão e piano, fiz parte até de uma orquestra de gaitas, sem pensar em música como profissão. Estudava arquitetura, até que uma briga com a namorada — agora minha mulher — fez-me largar a faculdade. E comecei a tocar piano em quase todas as boates de Copacabana. Eu não era boêmio, ao contrário, para ser boêmio é preciso ter a noite livre. Fui para a Continental Discos, onde tive o apoio generoso do maestro Radamés Gnatalli e comecei a fazer meus primeiros arranjos orquestrais e as primeiras gravações: "Pensando em você", de Ernani Filho, para a Sinter; "Sinfonia do Rio de Janeiro", com Billy Blanco; "Teresa da praia" e outras.

Até então tinha composto setenta músicas, fora as regravações ("Se todos fossem iguais a você", por exemplo, tinha 28 delas).

— Os sucessos às vezes acontecem em cinco minutos. É quando a melodia nasce espontaneamente, já vem pronta, não precisa ser mexida, corrigida. Com "Eu não existo sem você" foi assim, enquanto eu fritava um ovo na cozinha. A coisa surgiu, botei depressa num papel, já altas horas da noite. Um ano depois, Vinicius de Moraes, que conheci muito tempo antes no "Clube da chave", fez a letra, também em poucos minutos.

Para ele, influência estrangeira só não recebe quem está morto. A Europa já tinha mexido com a música brasileira, agora tinha chegado a vez do jazz.

— Acho que influência, depois de um processo de assimilação, só traz benefício. Flauta, cavaquinho e violão são instrumentos tão brasileiros quanto harpa, fagote e oboé. Aqui eles tiveram expressão devido ao nosso subdesenvolvimento. Há vinte anos, quem tocasse um trombone-baixo morreria de fome.

Sabia que ainda tinha muito que fazer aqui mesmo, antes de conhecer outras terras.

— Todas as músicas que eu fiz pensando em ganhar dinheiro estão na gaveta. As que fiz com alma, com sinceridade, fizeram sucesso. O povo é sensível e distingue logo o verdadeiro do falso. Quando alguém traz um sentimento, espontaneamente, sob a forma de composição, sempre encontra eco em quem sente — ou não sente — a mesma coisa.

Pra tudo se acabar no tema inicial: tristeza.

— Marcel Camus ficou impressionado com a melancolia impregnada na nossa música. A decantada alegria do carioca é aparente, superficial. Sozinho, o carioca é um triste.

***

Algum tempo depois, em reportagem intitulada "Do-ré-mi da canção brasileira", Roberto Muggiati e Muniz Sodré contavam que o pintor Augusto Rodrigues havia reunido em sua casa, no Largo do Boticário, um grupo representativo da nossa música popular, apesar de suas tendências heterogêneas. Lá estavam os bossa-novistas históricos Vinicius de Moraes e Tom Jobim, as sensuais Elizete Cardoso, Doris Monteiro e Ângela Maria, o sambista de morro Zé Kéti, os nacionalistas Francis Hime e Edu Lobo, o baiano Dorival Caymmi e o nostálgico Sidnei Miller. Era um retrato bastante coeso da música popular brasileira de então.

A corrida em busca de novas formas para atender a um público que a oferta estrangeira tornava cada vez mais exigente teria começado ainda na década de 1950, com os primórdios da bossa-nova. Mas o verdadeiro significado dessa corrida só saltaria aos ouvidos do público muito tempo depois, quando da concorrida disputa do prêmio Berimbau de Ouro, conquistado por Geraldo Vandré com a canção "Porta-estandarte" e a posterior disputa entre "Disparada", do mesmo Vandré, e "A banda", de Chico Buarque, num festival da TV Record. Seguiu-se o Festival Internacional da Canção, que tentava deslocar o polo da música internacional para o hemisfério sul (para o segundo festival, em outubro de 1967, estavam inscritas nada menos do que 3.400 composições, contra 1.950 do primeiro, no ano anterior). O Maracanãzinho, mais uma vez, seria o cadinho de um sem-número de tendências e influências sacudindo a MPB.

Depois de enumerar como bossa-novistas João Gilberto, Tom Jobim, Baden Powell, Vinicius de Moraes, Carlos Lira, Luís Bonfá, Maria Helena Toledo, Roberto Menescal, Ronaldo Bôscoli, Miele, Oscar Castro Neves & Irmãos, Astrud Gilberto, Rosinha de Valença, Peri Ribeiro, Marcos e Paulo Sérgio Valle, Pedrinho Mattar,

Claudette Soares, Maria Odete, Luzinho Eça, Trio Tamba, Os Cariocas, Valter Vanderlei, Johnny Alf, Alaíde Costa, Vera Brasil, Taiguara, Paulinho Nogueira, Tenório Júnior, Trio 3-D, Bossa Três, Luís Carlos Vinhas, Zimbo Trio, Jongo Trio, Lula Freire, Moacir Santos, Ed Lincoln, Jorge Ben e Eumir Deodato, o texto explicava que, na criação da nova tendência, não tinha sido decisiva a influência do jazz do pós-guerra que, pela profundidade de suas pesquisas, tinha mais afinidade com a música erudita do que com a popular. Desde a década anterior, os músicos jovens combatiam a estagnação e o baixo nível harmônico e poético de nossas composições e a consequente importação de modelos medíocres. A fusão que a bossa-nova fazia da técnica jazzística com temas brasileiros indicava um bom caminho. E o balanço de um samba mais flexível, dentro da linha *cool*, proporcionava um sofisticado apoio às novas melodias. "Samba de uma nota só" simplificava a unidade melódica, inovando no ritmo e na harmonia, "Desafinado" fazia apologia das novas dissonâncias.

No fim dos anos 1950, a fórmula estava consagrada, mas, para que o brasileiro sentisse sua importância, foi preciso que ela triunfasse no exterior, e isso só aconteceu por volta de 1962. A essa altura, a bossa-nova, como manifestação musical intimista e impressionista, não levava em conta o som penetrante que chegava através do iê-iê-iê, e entrava em fase desfavorável. O intimismo exagerado se traduzia em quase monotonia. E o crítico Nelson Lins e Barros denunciava: "A realidade atual é a estridência, que representa a vida moderna."

De qualquer forma, era indiscutível o revigoramento da canção brasileira. Embora sujeita a contradições e mesmo a sabotagens, o estímulo dos festivais e o aparecimento de uma geração de compositores e de intérpretes voltados para a pesquisa de tema diversos contribuíam para revigorar o quadro geral. O espaço audiovisual, ou seja, gravadoras, estações de rádio e emissoras de televisão, permanecia vinculado a eventuais grupos dissociados de raízes nacionais. Para os puristas, havia um processo impiedoso mantendo o impasse em torno da definição do que fosse a música brasileira. E alguns compositores sensibilizavam-se diante das mudanças. Como Gilberto Gil em "Lunik 9": "A lua foi alcançada afinal/O que será do verso sem luar/o que será do mar, da flor, do violão?"

Até que chegou uma tal de "batida diferente"

De acordo com Carlos Lyra, a bossa-nova não é sequer um movimento, o que exigiria, no mínimo, um manifesto. Trata-se de apenas uma manifestação musical que faz parte de um surto cultural surgido nos anos 1950, em decorrência dos acontecimentos paralelos relativos ao governo de JK. Nascido no seio de uma classe média específica da Zona Sul do Rio de Janeiro daqueles tempos, fez com que recebesse a classificação de música elitista. A mesma faixa socioeconômica que se nutria do jazz e de compositores como George Gershwin e Cole Porter e ignorava a programação popularesca difundida pela Rádio Nacional e outras fontes. Ela partia basicamente do samba-canção com harmonia e melodia mais elaboradas, letras sofisticadas e interpretação discreta. Como a maioria dos acontecimentos culturais, a bossa-nova não foi um fenômeno isolado, apareceu como consequência de uma série de contingências que caracterizaram uma época.

***

A MPB estava em plena fase do samba-canção, do *sambolero*, das orquestrações à base de melosos violinos e de seresteiros, de Sílvio Caldas e Orlando Silva, quando se ouviu aquela batida diferente de acordes dissonantes do violão sincopado de João Gilberto no disco *A canção do amor demais*, que Elizete Cardoso gravou com músicas de Tom e Vinicius. Tinha começado uma nova etapa de nossa música popular: "Chega de saudade" era uma das músicas mais vendidas no Brasil daquele tempo de versões-carbono das melosas baladas de Paul Anka e Neil Sedaka, nas vozes de Celly Campelo e Sérgio Murilo.

"Chega de saudade" e João Gilberto foram um marco zero, um divisor de águas, mas as raízes dessa revolução tinham começado a crescer bem antes. Antes mesmo que Dick Farney (nome artístico americanizado de um cidadão chamado Farnésio Dutra e Silva), um cantor de voz intimista, voltasse de uma temporada nos Estados Unidos e fosse convidado para gravar a música "Copacabana", de Braguinha. O autor exigia um acompanhamento de regional, com violão, cavaquinho e ritmo, mas o intérprete insistiu numa orquestra, e assim acabou sendo feito um dos maiores sucessos do final dos anos 1950.

Em reportagem de Suzana Tebet e Dirceu Soares, a *Manchete* número 1.148, de abril de 1974, publicava a opinião sobre o assunto de outro nome importante da época, o cantor Lúcio Alves: "De 'Copacabana' em diante, o samba ganhava roupa nova. Uma nova forma de interpretação, influenciada pelo '*cool jazz*', tinha aparecido na música brasileira."

Enquanto Johnny Alf (cantor e pianista de nome nada artístico, Alfredo José da Silva), considerado por Tom Jobim como o verdadeiro pai da bossa-nova, compunha "O que é amar", para Mary Gonçalves gravar em estilo meio chegado ao da americana Doris Day, Dick Farney esclarecia:

> Quando comecei a cantar daquele jeito romântico não tinha a menor ideia e muito menos a intenção de mexer na nossa música. Eu gostava de Bing Crosby e simplesmente pensei em adaptar o estilo dele ao nosso samba-canção e ao nosso idioma, só isso.

O timbre aveludado de Dick unido ao acento grave e bem-modulado de Lúcio Alves respondia por um grande sucesso de 1952: "Teresa da praia", de Tom Jobim.

> A MPB não tinha perdido suas características — esclarecia Lúcio. — É que havia necessidade de modernizar o nosso som. E, nesse caso, não cabe falar de influências, planejamentos ou codificações visando a um fim determinado. Essas coisas acontecem, simplesmente.

Talvez sem eles saberem, era a bossa-nova em gestação. O recado semissussurrado tomava o lugar da garganta profunda. Faltava apenas alguém que alterasse o fraseado melódico na hora de compor e de executar. Aí apareceu Johnny Alf, logo levado para uma cantina que César de Alencar, então animador de auditório da Rádio Nacional (ele terminou a vida profissional na Rádio Federal, de Niterói), tinha aberto, em 1952:

> Começaram a aparecer meus primeiros ouvintes fieis: João Gilberto, Dolores Duran, Dora Lopes, Roberto Menescal, Silvinha Telles, Carlos Lira, Ed Lincoln. Mais tarde, o esquema continuou na boate do Hotel Plaza, em Copacabana, onde a coisa pegou mesmo, com as canjas do Tom, do Luizinho Eça, do João Donato. Até 1955, quando me mudei para São Paulo, contratado para inaugurar a boate Baiuca.

No fundo, a eterna luta entre o novo e o velho acelerou o surgimento de um novo conceito musical extraído das lições do *be-bop*, do *cool jazz* e do *west coast* da Califórnia aplicadas ao nosso cancioneiro, que nem por isso teve alteradas as suas raízes mais profundas. Havia, antes, uma música que nascia do povo e que transmitia sua vivência e seus problemas, suas alegrias e tristezas. O novo conceito, ao contrário, vinha de cima para baixo, e sua sofisticação dificultava uma rápida assimilação; assim, ninguém assobiava "Chega de saudade" nas ruas. A aceitação por parte do público não era instantânea. De repente, veio o "Desafinado", alimentando ainda mais os protestos dos tradicionalistas. Não só a harmonia era rigorosamente dissonante, como a letra de Newton Mendonça — um pianista, parceiro de Tom — parecia uma espécie de manual de iniciação da bossa. E, com "Samba de uma nota só", a heresia estava consumada. E vitoriosa.

Para Lúcio Alves, uma das características mais diferenciadas da bossa-nova foi a alteração na relação intérprete/acompanhamento. Em vez de servir apenas de *background* para o solista, o acompanhamento passou a fazer parte da música. E o compositor também passou a fazer com que essa unidade existisse. Por exemplo, o disco *A noite do meu bem*, de Dolores Duran, foi gravado com Tom Jobim e Luizinho Eça ao piano, Chiquinho no acordeão e Ed Lincoln no contrabaixo. Os ensaios eram feitos na hora da gravação, porque já existia uma integração entre eles, um entrosamento perfeito entre eles e Dolores.

Assim eram o som suave e a filosofia de descontração da bossa-nova que — com licença de mestre Noel Rosa — não queria abafar ninguém, só queria mostrar que fazia samba também.

***

É verdade que foi há quase cinquenta anos, mas já houve um tempo em que uma das atrações da noite carioca era Vinicius de Moraes — de paletó e gravata, como convinha a um poeta em trânsito pela diplomacia — mais Tom Jobim, João Gilberto e Os cariocas, juntos, os sete, no mesmo palco. Em agosto de 1962, na *Manchete* número 540, João Luís Albuquerque contava essa história, e a foto de Hélio Santos comprovava o primeiro daqueles encontros históricos na boate *Au bon gourmet*, na avenida Nossa Senhora de Copacabana, quase esquina da rua Ronald de Carvalho.

Era a nova bossa musical sendo reverenciada pela plateia mais sofisticada da cidade, do cronista social Jacinto de Thormes e seu cachimbo a Didu Souza Campos, um dos dez homens mais elegantes da famosa lista anual de Ibrahim Sued, ao lado dos pintores Antonio Bandeira e Aldemir Martins, do jornalista Samuel Wainer — todos de paletó, gravata e camisa de punho duplo e abotoadura —, além das atrizes Norma Bengell, Tônia Carrero e Célia Biar, entre muito mais gente famosa.

Vinicius se situava:

> A música que estou fazendo agora é simplesmente uma resposta à vida. (...) Não faço distinção entre minha poesia do livro e minha poesia da canção. Basicamente, sou um poeta, tudo o mais é decorrência. Observando bem, há poesia inclusive em meu trabalho na Embaixada do Brasil em Montevidéu. (...) Aqui, estamos fazendo o que já fazíamos em casa. Sem problemas com o Itamarati, porque a bossa já começa a penetrar no mercado internacional e está sendo divulgada sem auxílio governamental.

A bossa de um neoufanista chamado Vinicius de Moraes

Dois anos e dois meses depois, Vinicius voltava da Europa, de navio ("Sou como uma árvore, cheio de parasitas e passarinhos, frutos podres e folhas novas, carunchado de um lado, dando brotos de outro, escorrendo resina, porém absorvendo sempre seiva nova. Se algum raio não me ferir, creio que viverei um século. Mas tenho uma grande e triste intimidade com o mar. Gostaria de morrer afogado ou que, pelo menos, meus despojos fossem atirados a ele, para me transformar, como o poeta Hart Crane, em *fish food*, comida de peixe."). E chegou ainda a tempo de se encontrar com o presidente do Senegal, Leopold Sedar Senghor, que havia solicitado ao Itamarati a presença dele no Rio, dizendo tratar-se de "um irmão em letras, poeta da mesma cosmogonia". O encontro foi cordialíssimo. Então Senghor foi-se para sua África e Vinicius deixou-se ficar por aqui. Borbulhante de ideias, expôs o que pretendia fazer e o que não pretendia fazer, em poeticamente inspirada entrevista exclusiva a Odacir Soares, publicada na *Manchete* número 652, de outubro de 1964:

Desde a costa norte, comecei a ser bafejado por uma doce brisa marinha e, quase instantaneamente, todas as mulheres a bordo ficaram bonitas. Também, era preciso, porque é difícil reunir um bando maior de mulheres desinteressantes do que as que vinham naquele navio. Tirante uma senhora brasileira da primeira classe e duas estudantes patrícias da terceira, o resto era esteticamente lamentável. Fixei-me, então, no bar da popa, no centro exato da embarcação, de frente para noroeste, dedicando-me aos Haig's de 600 cruzeiros a dose, matutando sobre a decomposição ocidental e nas possibilidades ilimitadas do nosso país, onde se está criando um novo humanismo e onde existe uma real fraternidade, apesar do atual dedo-durismo. Sobretudo se, como parece, o Brasil está ficando menos quente, sob o ponto de vista climático, o que estimulará bastante nossa capacidade de trabalho. E, se porventura estejam os políticos à altura, estou certo que faremos em cem anos o que a Europa levou séculos para conseguir. Se não, vejamos: temos, fora de qualquer dúvida, as melhores mulheres do mundo, pelo menos do ponto de vista físico e afetivo.

Em seu livro *Roteiro lírico e sentimental da cidade de São Sebastião do Rio de Janeiro, onde nasceu, vive em trânsito e morre de amores o poeta Vinicius de Moraes*, ele dizia considerar como mais importante a relação do poeta com sua cidade, concebida como a arena em que lutou com a vida, onde foi feliz e infeliz, onde amou e foi amado, onde descobriu seu verbo próprio e deu de comer diariamente à morte.

E o Rio parece uma mulher de Di Cavalcanti, linda mulata lunar deitada nua, recostada nos braços, toda rodeada de coxins verdes, sem recato no corpo, mas cheia de pudor nos olhos que, no entanto, pedem. Foram a namorada tijucana, a infância na Ilha do Governador e os infindáveis passeios com os primeiros amigos ao longo da orla marítima (vínhamos todas as noites da cidade à Gávea, descobrindo o mundo da inteligência e das palavras), as primeiras lágrimas de amor, os primeiros êxtases e as primeiras violências.

Vinicius voltava da Europa garantindo que a nossa música popular estava tão mais avançada do que as demais que não tinham nem graça.

Depois desse período em Paris ("Não se pode dar muita confiança àquela cidade. É preciso viver um pouco lá, como Di Cavalcanti, Rubem Braga e eu vivemos, senão ela lhe pisa em cima") e um mês na

Itália, tenho o orgulho de dizer que por ali não existe um só compositor da categoria de Antonio Carlos Jobim e, na atual música dos Estados Unidos, também não. Nossos maiores poetas, como Bandeira, Drummond, João Cabral e Cecília estão à altura dos melhores de qualquer país. Nossa comida é divina. E, graças ao nosso temperamento afetivo e moldável, temos a suprema felicidade de não possuir grandes filósofos e pensadores. Ora, se a gente tem casa para morar, música para ouvir, poesia para ajudar a viver, comida gostosa na mesa, boas mulheres para amar, feijoadas e vatapás fabulosos para encarar, francamente, o que é que queremos mais? Temos tudo pela frente e, se tivermos cabeça bastante para não deixar que o progresso material e tecnológico mate a nossa alma e a nossa sensibilidade, seremos, dentro de meio século, o país mais cheio de bossa do mundo. Porque, digam o que disserem, a bossa é tudo!

O projeto principal era, então, "Pobre menina rica" na tela. E, como sonhar ainda não era proibido, nada menos do que Brigitte Bardot no papel principal, protagonista.

Estive em Cannes (que grande filme o do nosso Glauber!) para o festival de cinema, tentei comunicar-me com ela em St. Tropez, mas não consegui. Em Paris falei com o Bob Zaguri, que me deu a entender não querer se meter na vida profissional dela. No que, aliás, muito bem obra. Luizito Malle, que é muito meu chapa, vai dirigi-la agora no México, com Jeanne Moreau. E já mandei para ele uma fita magnética, uma espécie de *trailer* da minha comédia musicada, à base de uma narrativa em francês entremeada das canções que meu parceirinho Carlinhos Lira acaba de gravar.

Na bagagem, Vinicius trouxe alguns sambas inéditos (samba mesmo, nada a ver com a bossa). Um deles foi "Formosa" ("Formosa, não faz assim/Carinho não é ruim/Mulher que nega/não sabe, não/Tem uma coisa de menos no seu coração."), feito no Natal de um ano antes, no apartamento dele, em Paris.

Foi pouco antes da chegada de uma porção de amigos brasileiros, entre os quais o pintor Carlos Scliar, os diplomatas Celso Souza e Silva, Davi Silveira da Mota, Geraldo Silos, Gilberto Chateaubriand Bandeira de Melo, o poeta e crítico Almeida Sales, que foi um excelente adido cultural da nossa embaixada na França, o homem de negócios (e de espírito) Jorgito Chaves, e muita gente mais. Eis que, de repente, não mais que de repente, lá fui eu, poeta e diplomata, buscar na cozinha, pessoalmente, de avental e tudo, a grande atração da noite. De volta à sala, fomos recebidos — a principal atração da ceia e eu — debaixo de uma consagradora salva de palmas, dessas dignas de, por estarmos em Paris, uma Edith Piaf, um Yves Montand ou uma Brigitte Bardot. E logo acorreram todos para ver o apetitoso prato, entre interjeições de muita fome.

Na verdade, aquela era uma linda ave, deitada provisoriamente em prato esplêndido. Podia-se quase sentir a maciez dela, através de sua crosta dourada.

Uma beleza. Eu não cabia em mim de tanto orgulho, quase como se tratasse de um poema ou de uma canção. Afinal, era o primeiro peru assado de minha autoria! E, além disso, durante o cozimento, meu parceirinho Baden Powell, violão em punho, balançara-me um samba também saído do forno e eu, entre as idas até o fogão para ver como estava o bichinho no forno, fui cozinhando a letra. Um samba todo alegria, desses de provocar acessos imediatos de bamboleios, remelexos, rebolados e requebrados sem ter fim. Desses feitos sob medida para a voz comedida de Cyro Monteiro, gente finíssima a quem eu defino como “um abraço na humanidade”, pessoa feita de tantas doçuras que chega a dar problema em amigo diabético. Portanto, antes de se tornar pública, a estreia de “Formosa” foi naquele Natal parisiense, entoada plenamente por todos, durante dez ou doze garrafas do mais puro escocês. E o que mais alguém pode desejar depois disso tudo numa noite só, a não ser uma boa rede e um gato angorá para ficar passando a mão? Só quando os amigos se foram e a casa serenou, já madrugadinha, que Baden e eu sossegamos. O ambiente já era outro, a casa não era mais a hospedeira de uma alegria que partira, mas de uma saudade que tinha chegado. Baden me dizendo que tinha marcado um encontro com a morte do pai dele, que se dera justamente um ano antes, pedindo-me que pusesse letra numa música que havia feito para o velho. A canção era de um patético extraordinário. Sentei e, com ajuda do champanhe, nacional, ulálá, fiz as palavras. Peguei um papel e comecei a escrever “neste dia em que já não estás comigo/deixa-me relembrar um Natal antigo/quando eu te via, velho amigo/entrar bem devagar/me beijar/e ir chorando embora”... e por aí afora. Nem preciso contar a choradeira que foi. Tenho grande vocação para a alegria, mas, no fundo, sou um homem triste que, embora reze muito (quem está sempre apaixonado vive em prece e eu só tive grandes amores, que vieram crescendo à medida que meu tronco se foi dilatando, minha copa se tornando mais frondosa e minhas raízes mais fundas), não acredita em Deus *pero que lo hay, hay*. Lembrei-me logo, claro, de meu pai, Clodoaldo Pereira da Silva Morais, morto 14 anos antes. Aí o chorador geral se abriu. Até Nelita, minha mulher, que tem pai vivo, entrou também na pranteação, lembrando que ele podia morrer um dia (mas acho que esse não vai embora tão cedo, porque é baiano e comedor de pimenta).

Pouco antes de embarcar de volta, o poeta ainda fez, com Baden, outro samba novo, "Até o sol raiar", que também queria entregar ao seu querido Cyro Monteiro para que, segundo Vinicius, "ele mandasse brasa com um lindo coro de pastoras".

Quanto à bossa-nova, estava presente em um dos discos estrangeiros mais vendidos na França, com Ella Fitzgerald cantando "Desafinado". Acho que o culpado pelo fato de a bossa-nova não ter feito mais sucesso em Paris foi Sacha Distel. E o pior é que foi por excesso de amor. Ele ficou louco com aquele balanço e quis lançá-lo em grande estilo, mas cometeu o erro básico de não ter usado o material autêntico e também não ter importado bons instrumentistas, sobretudo bateristas. Os músicos franceses são tecnicamente perfeitos, mas falta-lhes a nossa levada rítmica. Depois, para aproveitar a onda comercial, Monsieur Distel cometeu a bobagem de compor algumas músicas de bossa-nova, inclusive um plágio um pouco violento demais de "Bim-Bom" do João Gilberto. E, como Lennie Dale já tinha tentado, em vão, aqui, ele quis inventar uma dança para aquele gênero musical refinado, com a batida do samba e o tempo do jazz. Uma música para ser ouvida e, porventura, se quiser ser dançada, só pode ser como se fosse um samba mesmo. Ou seja, na França foi exatamente o contrário do que se passou nos Estados Unidos, de resto um país com muito mais musicalidade, no setor da música popular. Stan Getz, que me parece o músico deles que melhor absorveu o espírito da coisa, cercou-se logo do que temos de melhor. Daí o estouro de "Garota de Ipanema" com Astrud Gilberto, por lá, que Sammy Davis Júnior, o flautista Herbie Mann e o guitarrista Charles Bird reforçaram.

***

E na *Manchete* número 1.905, datada de 22 de outubro de 1988, um texto do redator Renato Sérgio lembrava que o poeta plural — até no nome —, embora sendo único fosse muitos, naqueles dias estaria festejando suas 75 primaveras. Isso, se oito anos antes não tivesse partido para o outro lado do mistério, depois de concluir que são demais os perigos desta vida pra quem tem paixão, certificando-se cedo de que a posteridade costuma chegar só depois da morte e que depois dela, pelo menos teoricamente, ninguém enxerga as coisas com muita clareza.

A matéria não se esquecia de uma pergunta do poeta: "E quem pagará o enterro e as flores/se eu me morrer de amores?" Antes de prosseguir: daí Vinicius ter optado pela vida, enquanto lhe foi possível, e tê-la vivido com tamanha inteireza, em estado permanente de amante semovente, percorrendo a paixão em todas as suas latitudes. "Não há amor sozinho/É juntinho que ele fica bom". "Vai, minha tristeza/E diz a ela que sem ela não pode ser." Era, conforme autodefinição, meio como esses gatos boêmios e noturnos que ficam passeando pelos telhados das casas. Assim foi ele, até virar placa de acrílico nas esquinas da antiga rua Montenegro, em Ipanema, cujas garotas sintetizou, imortalizando-as em uma só, com a luxuosa ajuda de Tom, outro inspirado. Esses eram os vícios de Vinicius: a mulher e o transformar em versos a obscenidade do cotidiano.

Vinicius viveu. E quando morreu, a 9 de julho de 1980, também no Rio de Janeiro, onde tinha nascido a 19 de outubro de 1913, a Lua se fez minguante e o dia amanheceu cinzento, sem o sol do nascimento. Foi-se, então, com vontade de reencarnar, sim, se existisse uma nova vida, claro, mas com uma condição: desde que fosse num ser igualzinho a Pixinguinha: "Para esse eu tiro o chapéu, sabe?"

Confessadamente, tinha mais medo da cegueira do que da morte. Poucas coisas gostaria de ter feito em vida e não fez; uma delas, com toda sinceridade, foi não ter descido numa pequena estação ferroviária da Suíça, no meio de uma viagem entre Genebra e Paris, quando viu uma menina cujo olhar era como um pedido de socorro. E que ninguém lhe perguntasse para que servem os poetas, se não quisesse ouvir como resposta: "Para não serem presidentes da República." Vinicius admirava os intelectuais, de preferência em duas situações: quando partiam para a Europa em gozo de férias ou quando dormiam o sono dos justos. De sol é que não gostava mesmo, hora nenhuma, porque trazia os homens à realidade. Orgasmo? "Uma necessidade fundamental, mas que só é lindo no amor." Aliás, para ele, havia uma grande falta de orgasmo na atualidade. "Há uma crise orgástica no mundo." Sábio, ele? Não. No entender de Vinicius, sábio mesmo, só Dorival Caymmi. Um cotidiano meio complicado: passava boa parte dos dias procurando coisas: o pente, os óculos, e às vezes, até o fio de seus pensamentos. "Já me ocorreu perder inclusive minha alma, numa esquina do mundo. Foi em Munique. Só depois a reencontrei e ela se reincorporou a mim." Adoraria ser mulher, como não? "Desde que fosse uma meio puxada a Leila Diniz, a Regina Rosemburgo e a Marilyn Monroe." Definia os "chatos", pedindo emprestada uma frase de Jaime Ovalle: "O chato é o verdadeiro psiquiatra, porque quando a gente se desembaraça dele vem uma sensação de pura felicidade." Um nômade só nas aparências. "Sou sedentário, apesar de nômade pelas circunstâncias; mas sou 'ficador', gosto mesmo é de cadeira de balanço." Os banhos de banheira dele, por exemplo, demoravam mais de duas horas e ele saía todo enrugado. "Banho de banheira é uma espécie de volta ao útero materno." Na condição de levemente diabético, qualquer possibilidade de comer um doce o fazia muito, muito feliz. "Aquelas rabanadas de Natal, por exemplo, me deixam num tipo de êxtase total." Nunca se achou bonito. "Embora minha filha Suzana ache." Uma coisa feia? "Mulher idem, de bobes e lenço na cabeça, na garupa de uma motocicleta, em dia de muito vento." Coisa triste: "Músico de confeitaria tocando valsa vienense. E mocinha na janela de rua transversal, às duas da tarde, em dia de verão quente, com som de estudo de piano ao fundo." Coisa mais linda: "Aquele indizível olhar de Carlitos na última cena de 'Luzes da cidade', quando a florista o reconhece pelo tato. E o olhar da mulher quando me ama."

Ah, que maravilha viver, se todos fossem iguais a Vinicius de Moraes!

***

Em janeiro de 1963, a *Manchete* número 560 tinha voltado à mesma boate Au bon gourmet para registrar uma longa noite de bossa-nova, com a voz sincopada de Lúcio Alves, da pré-bossa; a cantora Silvinha Telles, acompanhada por Baden Powell; e Sérgio Mendes, com Paulo Moura no sax, Pedro Paulo no pistom, Otávio Bailly no contrabaixo acústico e Dom Um Romão na bateria. O texto da matéria chamava a atenção para um dos pontos em comum entre o jazz e a bossa (que o famoso saxofonista Gerry Mulligan já tinha definido como "harmonicamente perfeita e altamente sofisticada"): são para ouvir e não para dançar.

"Todavia", dizia a reportagem, "o mais importante é que as 250 pessoas que superlotaram o lugar aplaudiram de pé ao final, depois de curtir todas as músicas em absoluto silêncio, sem tentar acompanhar seu ritmo batendo com talheres nos copos de cristal."

***

Em fevereiro de 1967, a *Manchete* número 775 mostrava Tom Jobim e Frank Sinatra no estúdio da Warner Western Sound, na Sunset Strip, em Los Angeles, durante a gravação de um *long-play* incluindo versões de Ray Gilbert para "Garota de Ipanema", "Corcovado", "Insensatez", "O amor em paz", "Inútil paisagem" e "Meditação". Bem ao contrário de Sacha Distel, o arranjador do disco, Klaus Ogerman, tinha chamado o baterista brasileiro Dom Um Romão, que estava em Chicago. E foi na presença da atriz Mia Farrow, então mulher de Sinatra, e da filha dele, Nancy, que começaram a gravar, com direito a um ato falho de Tom na letra de "Garota de Ipanema", cantando "o teu balançado parece um poema" em vez de "o teu balançado é mais que um poema"."

Na voz de Sinatra, a bossa-nova, enfim, tinha chegado ao cume.

O ZANGADO, O PROFETA, O CAFAJESTE E A CONTROVÉRSIA

O cinema brasileiro existe e Glauber Rocha é o seu profeta. (....) O lirismo exacerbado dele não recua diante de nenhuma audácia e, no fluxo de uma inspiração fecunda, Glauber inventa um cinema encantatório que não se parece com nenhum outro.

Pierre Billard, no *L'Express*

O movimento modernista do cinema brasileiro foi iniciado em 1964 com os filmes *Deus e o diabo na terra do sol*, de Glauber Rocha; *Vidas secas*, de Nelson Pereira dos Santos; e *Os fuzis*, de Rui Guerra. Esses filmes são uma das definições — talvez a mais resumida — do Cinema Novo. Há controvérsias.

O documentário *Arraial do Cabo*, de Paulo César Sarraceni e Mário Carneiro, considerado pela crítica carioca como um dos iniciadores do movimento, não consta como tal na lista do crítico e cineasta Orlando Senna. Outras fontes consideram o ensaio glauberiano intitulado *A estética da fome*, apresentado no Festival de Santa Margherita, na Itália, em 1965, como a raiz de tudo. Entretanto, o professor Ismail Xavier, da Universidade de São Paulo, considera como marca registrada dessa fase do nosso cinema o emprego do equipamento portátil de captação de som direto. E a influência de Godard, na concepção.

Já Nelson Pereira dos Santos simplifica: "Cinema Novo é a presença de Glauber Rocha no Rio de Janeiro."

Isso porque foi naquela ocasião que começou a temporada de debates polêmicos político-cinematográficos que repercutiam nos jornais, revistas, cineclubes e botequins.

Mas, na verdade — continua o acadêmico Nelson Pereira dos Santos —, é possível avaliar o papel do Cinema Novo dentro da história da nossa cinematografia, sob o seguinte aspecto: antes, os filmes nacionais, com raras exceções, eram simulacros em busca do modelo hollywoodiano, algumas vezes, do modelo europeu, no conteúdo e na representação física, social e psicológica dos personagens. No cinema, ainda predominava o mimetismo que o pensamento modernista havia expulsado das artes plásticas, da música e da literatura. O Cinema Novo completou o processo de descolonização artística, iniciado a partir da Semana de Arte Moderna de 1922.

***

Longe de ser uma unanimidade, havia uma polêmica em torno do tema, da qual *Manchete* participava. O número 791, de 17 de junho de 1967, publicava matéria intitulada "Person, o jovem zangado do cinema", tratando de um filme do autor de *São Paulo S.A.* que reconstituía o caso dos irmãos Naves, a história de um erro judiciário, em Minas. O texto era de Maurício Gomes Leite:

> Riviera italiana, 1963. Alto, gestos largos, sotaque paulista-milanês, um brasileiro reclama de tudo: do quarto de hotel, do sol que falta na praia, do cinema de Michelangelo Antonioni, dos cigarros que não são vendidos nos bares, da maioria dos filmes exibidos na resenha latino-americana de Sestri Levante. Luís Sérgio Person, aluno do Centro Experimental de Cinematografia de Roma, autor de um curta-metragem (*Al ladro*) aplaudido em Veneza e Bilbao, paulista enorme e fanático por Bertolt Brecht, só pensa no Brasil. Em voltar para o Brasil e rodar, em São Paulo, o roteiro já pronto que impede o seu sono e é mais urgente do que as holandesas atraídas da rua a um excelente vinho toscano. Na mesa, entre o crepuscular chianti e o olhar espantado delas, são ouvidas apenas suas fortes palavras, exaltadas: "Temos que mudar tudo. O Glauber tem razão: temos que partir do nada, sem medo da Europa ou de nós mesmos. É preciso começar, e depois recomeçar, recomeçar!" Entre repetidos golpes de mão na mesa, Person fala, sem fúria, mas com entusiasmo, do cinema que, na volta, pretende fazer. O título do seu roteiro: "Agonia", que leio desconfiado, no trem para Viena.

Rio de Janeiro, 1964. Num automóvel, entre Copacabana e o Leme, Person freia, bruscamente. Um grupo está filmando, na praia. Maquiadores, luzes, rebatedores, diretores artísticos cercam, sob um sol fortíssimo, o velho diretor. O desespero toma conta de Person: "Mas ainda é assim no Brasil? Como? Maquiagem? E holofotes ao sol? Preciso fazer meu filme, rápido. Ele será livre, direto, sem nenhum artifício. Urbano e real."

São Paulo, 1964. "Agonia", o roteiro, transformou-se em *São Paulo S.A.*. Vejo o copião, ainda desconfio. A fotografia de Ricardo Aranovich é magnífica, mas existe alguma coisa que não vai bem com os personagens. Walmor Chagas parece duro, Darlene Glória ultrapassa os limites. Em todo caso, é só um copião.

Rio, 1965. Na cabina do INCE [Instituto Nacional de Cinema Educativo], primeira visão do filme, já pronto. Desaparecem os últimos temores: o filme é muito bom. Uma sequência difícil, mas extraordinária, fica na cabeça: nunca houve retrato mais perfeito da burguesia nacional do que o jantar no sítio de Otelo Zeloni, depois que o gerador falha e a luz se apaga por um momento.

São Paulo, 1966. Person aos jornais: É o cinema antimito. A época é do anti-herói e meu filme decorre do cinema iniciado por *Rio 40 graus*. De Nelson Pereira dos Santos ao Cinema Novo, com passagem pelo Roberto Santos de *O grande momento*, surgiu uma geração que, em São Paulo, recebeu o rótulo de "os jovens zangados". A zanga consiste em derrubar o mito da estrutura de aço e cimento. Vivemos numa cidade de slogans, de grandiosidade aparente. O arranha-céu esmaga o homem. São Paulo, cinco milhões de habitantes, a maior concentração operária da América Latina, chaminés, fumaça, indústrias, dinheiro a rodo. Tudo isso gera problemas sociais ou não. Ao cinema cabe apresentar a verdade. Os realizadores paulistas oficiais, Anselmo Duarte, Valter Hugo Khoury e Lima Barreto, buscaram, de uma forma ou outra, inspiração em temas alheios ao seu próprio meio. Mas os "jovens zangados" possuem essa unidade de pensamento: desmistificação.

Araguari, Minas Gerais, 1966. Person filma, com equipe mínima, a história de um erro judiciário: o caso dos irmãos Naves. Retirado de fatos verídicos, o filme mostra como, a partir de um crime inexistente, dois irmãos são presos, torturados e condenados numa pequena cidade do interior. Person filma no próprio local dos acontecimentos. Em carta, admite: "Sofro como se estivesse fazendo meu primeiro filme." Era uma tentativa de retirar dessa incrível tragédia brasileira uma imagem de grande violência, como protesto, como denúncia, um pouco no estilo de Francesco Rosi, de *O bandido Giuliano*.

São Paulo, 1967. Lançamento de *O caso dos irmãos Naves*. Após perder a calma no frustrado projeto de filmar a vida e a geração de Roberto Carlos, o zangado Person descansa. Os primeiros elogios surgem para o seu segundo longa-metragem. "É um amargo estudo sobre uma época sem liberdade, tempo de medo e de um pavoroso engano", afirma um crítico paulista. Mas o zangado Person não poderá descansar muito: este mês terminará o roteiro de *A hora dos ruminantes*, adaptação do livro de José Veiga, história de uma pequena cidade dominada por um estranho grupo vindo de fora, onde se destaca o duro José Lewgoy. E, depois dos ruminantes, filmará as incríveis horas do governo comunista de Natal, 1935, com base em roteiro que assina com Zevi Ghivelder. Para Luís Sérgio Person, agora, recomeçar; mais uma vez recomeçar.

Maurício Gomes Leite fazia parte do grupo de redatores (copidesques) de uma das fases mais brilhantes da revista *Manchete*. Crítico de cinema, ele passaria de pedra a telhado de vidro quando assumiu a direção de um filme chamado *A vida provisória* (com Dina Sfat e Paulo José encabeçando o elenco), que, segundo um crítico, representava a grande antologia sentimental do Brasil-urbano, assim como *Menino de engenho*, de Walter Lima Júnior, era a grande antologia sentimental do Brasil-rural.

Disseram que o enredo e a linguagem revelavam fortes influências — de Kafka (em *O processo*), Joyce (em *Retrato do artista quando jovem*), Welles (na investigação do passado) e Godard (na fragmentação e no jeito da narrativa) — e o definiram como um relato objetivo e lúcido, depoimento cruel, sombrio e muitas vezes comovente sobre a situação do intelectual brasileiro na metade do século XX, tudo irremediavelmente sob o signo do provisório. Mas as bilheterias não corresponderam às expectativas, e o filme não foi o sucesso que seus autores esperavam dele, aliás, muito pelo contrário.

O que levou um gaiato de plantão a anunciar que tinham mudado o título de *A vida provisória* para *A vida promissória*.

***

A *Manchete* número 741, de 2 de julho de 1966, comentava o filme *A grande cidade*:

> É, antes de tudo, um grande salto: o do jovem diretor Carlos Diegues, do terra a terra amadorístico e hesitante de suas realizações anteriores (*Ganga Zumba* e um dos episódios de *Cinco vezes favela*) para o platô firme e seguro da arte madura. Esse salto do cinema-sertão para o cinema-urbano Diegues consegue concretizar numa história verossímil, o dia a dia do Rio de Janeiro. É o drama do pau de arara, do homem que emigra da seca para a cidade grande, trazendo bagagem de sonhos e ilusões, mas também de resignação e fatalismo misturados à revolta. Jasão, interpretado pelo consagrado Leonardo Villar, descamba dessa revolta para a vida do crime; Luzia (Aneci Rocha, irmã do cineasta Glauber Rocha) é a passividade ante o destino; Calunga (Antônio Pitanga) é a esperança, o riso salgado de lágrima, a poesia da ingenuidade; e Inácio (Joel Barcelos) é a fuga, a covardia e o acomodamento. Com tão bom elenco, principalmente com a beleza plástica, a emotividade e o ritmo que soube imprimir à sua realização, Carlos Diegues colheu unânime elogio da crítica carioca.

***

Em seu número 834, datado de 13 de abril de 1968, *Manchete* continuava focalizando o Cinema Novo, através de um texto de Geraldo Mayrink intitulado "Por que briga o cinema brasileiro":

> Há algum tempo, analisando os novos cinemas de todo o mundo, um crítico escreveu: "Quem não foi comunista ou anarquista aos vinte anos, é um insensível." Ele ironizava as obras dos novos cineastas e, sem gostar deles, concedia-lhes seu perdão. Paternalista, atribuía à juventude dos autores a confusão entre comunismo e anarquismo e simpatizava com a rebeldia dos jovens, embora desaprovando-a. Foi chamado de imbecil para baixo pelos novos cineastas. Quando voltou

a escrever, mudou o vocabulário. Em pouco tempo, seu diálogo com a novidade tornou-se impublicável. Esse episódio ilustra uma das principais características das atuais obras cinematográficas de todo o mundo: a vontade de brigar. O Cinema Novo brasileiro faz parte de um movimento que existe também nos Estados Unidos, na França, na Itália e nos países socialistas e que, em geral, se manifesta pela absoluta repulsa ao cinema estabelecido. (...) A história do Cinema Novo brasileiro ainda não foi escrita, mas para todos os efeitos ela começa em 1955, ano de *Rio 40 graus* e da primeira briga. O chefe de polícia, coronel Côrtes, proibiu-o em todo o país, com as seguintes justificativas: primeiro, ele serviria aos ideais do extinto Partido Comunista, e segundo, no Rio nunca fez 40 graus de temperatura. Nos anos seguintes, o Serviço de Meteorologia não mais apareceu como testemunha de outra proibição, em compensação, o fantasma do PCB não saiu de cena. Na época, nosso cinema — Cangaceiro à parte — era dominado pelas comédias musicais e o filme de Nelson Pereira dos Santos, rodado nas ruas do Rio com atores semiprofissionais e fortemente influenciado pelo neorrealismo italiano, era outra coisa, completamente. Então, poucos acreditavam na novidade e Nelson — que a duras penas conseguiu rodar um segundo filme, *Rio Zona Norte*, em 1957 — teve de voltar à sua atividade de jornalista. (...) A renovação do cinema nacional poderia ter ficado nesses dois exemplos. No entanto, os aspirantes a cineastas que frequentavam os cineclubes começaram a examinar os motivos pelos quais a censura implicava, a crítica não gostava e o público não prestigiava. E entre 1955 e 1960, a guerra começava a ganhar forma. Apareceram os primeiros filmes expressivos (era a prática da câmera na mão e do orçamento barato) enquanto uma nova geração de críticos ganhava as colunas dos jornais. Segundo as primeiras conclusões, o novo cinema brasileiro precisava abrir fogo contra a censura, contra a mentalidade do público, contra os trustes internacionais, os distribuidores, exibidores e profissionais da chanchada. Quanto à crítica, continuava sendo um caso à parte. (...) Para muitos, não existia Cinema Novo e sim cinema brasileiro, enquadrando aí tanto Joaquim Pedro de Andrade como Glauber Rocha, Carlos Diegues, Walter Hugo Khouri, Rubem Biáfora ou Flávio Tambellini. O pessoal do Cinema Novo achava nociva a ação do Instituto Nacional de Cinema. Glauber Rocha chamava Moniz Víanna de "empreguista, desonesto e fascista" e Moniz Vianna acusava Glauber Rocha de não ter vergonha na cara. (...) Mas o grande problema para todos continuava sendo a falta do dinheiro, apesar das honrosas exceções: *Todas as mulheres do mundo* batia recordes de bilheteria, faturando mais de sete vezes seu custo total. Acontece que o preço das produções aumentava sempre, sem que novos espectadores aparecessem. *Deus e o diabo na terra do sol* saiu por 20 milhões, *Toda donzela tem um pai que é uma fera,* 55 milhões, *A hora e vez de Augusto Matraga,* 70 milhões. A grande jogada comercial de 1967, *Garota de Ipanema,* ficou em 300 milhões. (...) O segredo era a distribuição. O exibidor levava 50% da renda bruta, o produtor, de 35 a 40%, enquanto o distribuidor ficava com 10 ou 15%, sem gastar praticamente nada. Quando o produtor ficava sem dinheiro, ia ao distribuidor, que adiantava o dinheiro que seria descontado das primeiras receitas. Por sua vez, o produtor tinha de pagar aos bancos com as receitas seguintes, que eram sempre menores do que as primeiras. Enquanto isso, o público continuava pequeno: cerca de cinquenta mil pessoas no Rio e um pouco mais em São Paulo. (...) Entre 1962 e 1964, apenas três filmes brasileiros tinham sido negociados no exterior: *O pagador de promessas, Os cafajestes* e *O assalto ao trem pagador.* E Glauber Rocha, o teórico mais radical do Cinema Novo, afirmava: "Sou contra aqueles que defendem a produção de filmes digestivos, fáceis, evasivos, sem compromisso com a realidade do nosso tempo e sem originalidade criativa. Sou contra os filmes que imitam a comédia americana, o melodrama francês ou o que quer que seja. Quero fazer cinema que tenha raízes em nossa formação histórica, social e psicológica. Filmes que sejam, ao mesmo tempo, universais, abertos, livres, filmes que deixem ao espectador a liberdade de amá-lo ou detestá-lo, mas, principalmente, de discuti-lo."

***

Enquanto isso, um filme do novo movimento continuava sua consagração, em Paris. A *Manchete* número 812, de novembro de 1967, reproduzia trecho da crítica de Pierre Billard, no *L'Express*:

O cinema brasileiro existe e Glauber Rocha é o seu profeta. *Deus e o diabo na terra do sol* é o filme-manifesto dessa escola revolucionária, tanto no plano do conteúdo quanto no da forma. O lirismo exacerbado dele não recua diante de nenhuma audácia e, no fluxo de uma inspiração fecunda, Glauber inventa um cinema encantatório que não se parece com nenhum outro. Em imagens escandidas como num canto, insustentáveis às vezes por sua violência e sua lancinante presença, ali estão expressadas a cólera, as ilusões e o martírio de um Brasil à procura de sua revolução. Embora destinado a um público forçadamente limitado, trata-se de um dos filmes mais importantes dos últimos vinte anos.

***

E, em outro número da revista, Jece Valadão proclamava:

Eu sou um cafajeste. Comecei a ser em *Rio 40 graus*, de Nelson Pereira dos Santos, e de lá para cá fiz 32 filmes, desempenhando o mesmo tipo: o sujeito frio, calculista, machão e valente, que fica com a mocinha no fim. Em suma: o bandidão simpático. O público se desrecalca quando vê um personagem assim na tela, fazendo tudo o que ele gostaria de fazer. Porque todo mundo, no fundo, gostaria de ser um cafajeste, para extravasar tudo aquilo que a sociedade o proíbe de fazer. O homem comum está aprisionado dentro de um terno e atrás de uma gravata. É por isso que só há dois seres humanos em permanente estado de graça: o cafajeste e a virgem. Nenhum dos dois tem satisfações a dar a ninguém.

Na vida real, em seu escritório atulhado de fitas, cartazes, fotografias e câmeras, ele era exatamente o contrário desse estereótipo que vinha encarnando há 13 anos. Vestido elegantemente, dirige todo um esquema de produção cinematográfica desde a ideia inicial até a sala de exibição. Um dos poucos profissionais do cinema brasileiro que via seus produtos em termos estritamente industriais: o organograma em um quadro na parede continha todo o planejamento de seu novo filme, *As sete faces de um cafajeste*, com um orçamento de 120 mil cruzeiros novos. Na vida real, Jece Valadão era um pacato cidadão morador do bairro do Flamengo, casado com a irmã de Nelson Rodrigues e pai de duas filhas.

Agora que estou estigmatizado pelo público, ninguém acredita que eu seja um bom sujeito, pai de família exemplar, homem de negócios

> que leva o trabalho a sério. No entanto, sou obrigado a fazer alguma cafajestada, de vez em quando, até porque na rua sou apontado como uma espécie de marginal em liberdade condicional, já fui até perseguido por uma radiopatrulha. Acho que só deixarei de ser cafajeste na próxima encarnação.

Depois de *A lei do cão*, que estava em cartaz, ele se preparava para um novo filme, dessa vez uma desmistificação, encarnando um cafajeste grã-fino, circulando na alta sociedade com todas as garantias, perseguido e adulado pelos cronistas do café-soçaite.

> É mais uma cafajestada com meus críticos: vou mostrar que não se trata de uma exclusividade dos subúrbios, porque pode ser encontrado em qualquer lugar, em toda parte. No fundo de cada bom brasileiro, dorme um cafajeste. Somos 80 milhões de cafajestes.

No palco, já tinha sido o traído e o tuberculoso. Mas no cinema, embora já tivesse feito muita chanchada da Atlântida, ele tinha certeza de que o público não o aceitaria em outros papéis.

E, quando o assunto era Cinema Novo, Jece Valadão era uma das vozes discordantes:

> Todos têm muito boas intenções, mas às vezes o gênio atrapalha. Pegaram *A falecida*, uma história de Nelson Rodrigues, e conseguiram transformá-la em um produto anticomercial, pegaram *Garota de Ipanema* e conseguiram torná-la invendável. Cinema não é pintura, em que o artista dá uma pincelada de vez em quando, quando tem inspiração. Cinema precisa de planejamento. No dia seguinte ao que termino meus filmes, eles já têm data de lançamento. Até agora só não consegui agradar à tal "geração Paissandu", jovens que vivem cultivando fossa e gostam de filmes que só eles entendem. Meus personagens sofrem e vivem problemas brasileiros, nada a ver com problemas europeus. E o cafajeste é um personagem genuinamente nosso. O importante é ter comunicação com a plateia e isso o tal Cinema Novo ainda não conseguiu.

A grande controvérsia

Surgia, então, a versão cinematográfica de *Macunaíma*, do polígrafo Mário de Andrade. Dirigido por Joaquim Pedro de Andrade, levava à tela o inconformismo daquele escritor dos anos 1920, ultimamente dito tropicalista.

> A escolha dessa história — dizia o cineasta — foi muito complexa, porque havia vários objetivos que eu pretendia alcançar. O principal motivo é que o personagem-título oferece uma mensagem de sobrevivência a todo custo, esborrachando-se e ferindo-se por todo lado, na ânsia de continuar vivendo numa sociedade em que o homem devora o próprio homem. O livro foi escrito há mais de trinta anos e, no entanto, o mau-caratismo de Macunaíma, que trai todo mundo para escapar do naufrágio coletivo, é atualíssimo.

Todavia, essa transposição de uma obra literária para o cinema também não chegou a ser um consenso. Em extenso artigo de seis páginas escrito especialmente para a *Manchete* e publicado em fevereiro de 1970, no número 932 da revista, Carlos Lacerda — que quando governador do estado da Guanabara (1960-1964) entregou um prêmio oficial a Joaquim Pedro de Andrade pelo filme *Garrincha, alegria do povo* — classificava o filme como "lamentável e inqualificável", estendendo sua crítica ao chamado Cinema Novo, segundo ele, "prisioneiro do colonialismo cultural e, por isso, ameaçado de se afogar no pitoresco disfarçado de revolucionário". Em sua opinião, uma das formas de colonialismo era precisamente essa: "Servir aos desenvolvidos a nossa desgraça numa bandeja e ganhar aplausos."

Assim, com o título "Macunaíma é de chorar", estava publicado um detalhado texto que, antes de ser simplesmente a opinião de Lacerda sobre um filme, era um amplo passeio pelo mundo da então chamada sétima arte.

> O cinema só é possível como indústria, alicerçado em alguma coisa sólida, como propriedade imobiliária ou em uma cadeia de salas de exibição. Sem isso, um filme é apenas uma lata de goiabada que em vez de doce tem um rolo de celuloide com figurinhas que, projetadas contra uma luz muito forte, começam a se mexer. Nos Estados Unidos,

os produtores de Hollywood hipotecavam sempre imóveis para os bancos financiarem seus filmes, daí as belas casas de estrelas e "estrelos" tipo Mary Pickford, Rodolfo Valentino e Douglas Fairbanks. Tudo servia de lastro para obter financiamento. Depois foram as cadeias de salas de exibição. Então, enquanto Carmen Santos labutava em seu estúdio da Tijuca, no sonho de fazer a história da Inconfidência Mineira com roteiro de Brasil Gerson, Roquete Pinto dizia: "Para poder fazer cinema, faça cinemas."

Ora, exatamente essa estrutura é que ainda está ausente do nosso cinema, ao qual não faltam intenções e talentos. Lembro-me dos dias em que, para não deixar entregue apenas a cineastas a tarefa de se premiarem uns aos outros e a instâncias de Cláudio Mello e Souza, estávamos madrugada adentro no cinema do Palácio Guanabara vendo filmes nacionais para a premiação estadual. Foi ali que escolhemos *Garrincha, alegria do povo* e *Vidas secas*, entre outros. E, quando fui entregar os prêmios, obtidos pela arrecadação compulsória de uma taxa sobre os ingressos, portanto pagos pelo público, lembrei aos cineastas que eles podiam fazer os filmes que quisessem, contanto que usassem dinheiro obtido por eles próprios e não com a proteção oficial, para destruir o que o povo mais precisa: uma certa concepção de vida baseada na liberdade, na harmonia dos seres e das coisas. Em suma, quem quiser destruir tem todo o direito de tentá-lo, mas que seja com todos os riscos e consequências da aventura comercial e não como pensionista estadual. O que eu disse indignou alguns, mas outros compreenderam.

Lacerda citava *Limite*, de Mário Peixoto, como o filme de arte mais importante do Brasil.

Há ainda a obra de Humberto Mauro, de um modo geral tocada pela graça de uma poesia infinita, de uma força extraordinária. Sobretudo — creio que essa seja a maior lição dele ao nosso cinema novo —, ele foi iluminado pela humildade. Humildade. Tê-la-á o jovem, brilhante Joaquim Pedro de Andrade? Fui o mais entusiástico premiador de seu documentário *Garrincha, alegria do povo*. Achei que não podia tentar este artigo sem ver seu *Macunaíma*, além do mais, com um roteiro baseado no grande livro, a epopeia picaresca de Mário de Andrade. E, sentado no chão de um novo minicinema de Petrópolis, fui ver o filme sobre o qual jornais sérios como *O Estado de São Paulo* usaram adjetivos à beça. Minha filha tinha gostado, o que já era documento para mim. Antes não tivesse ido. Pois sou obrigado a dizer que é, precisamente, exatamente, sem tirar nem pôr, uma porcaria! Ao contrário do *Porcherie*, de Pasolini, que é de rir de deboche, *Macunaíma*, pela oportunidade perdida, é de chorar. Desde logo, há uma remota semelhança com o livro e, embora isso não seja tão grave, precisa ser dito. É a mesma semelhança que teria *Guerra e Paz*, de Tolstói, transposto para o teatro rebolado da praça Tiradentes. O que se salva do filme é Grande Otelo. Sim, tem outra coisa boa: a cor. O som é de fufa. Duvido que alguém tenha entendido a terça, digo, a sexta parte do que está dito no filme. E há erros de cinematografia que muito antes de *Brasa dormida*, de 1928, o cinema brasileiro já não cometia.

Não foi esse moço que teve a coragem de desfraldar um pano reclamando a democracia ao presidente Castelo Branco? Foi, sim, num gesto de coragem digno de respeito, tomara que outros fizessem o mesmo. Só que isso não significa que ele já saiba fazer cinema e muito menos que tenha feito bom cinema com *Macunaíma*. Perdeu-se pelo caminho toda a força da história e, de toda poesia dela, ficaram apenas quadros, esboços, caricaturas de cinema.

Aqui vou tocar num ponto brabo desse assunto escaldante. Reclama-se a liberdade é para dizer a verdade que nos parece, não para desfigurá-la segundo a nossa ou a alheia conveniência. Tenho por Glauber Rocha uma grande curiosidade e grandes esperanças, seu *Deus e o diabo na terra do sol* é bastante cacete, mas é bonito, se é que me entendem (Wagner é chato e também é bonito). É um baiano inteligente e também esperto, que vendeu por muito pouco dinheiro seu filme à televisão francesa, que é oficial e se especializa em mostrar as mazelas da terra dos outros. E se enturmou com a "igrejinha" do pessoal do *Cahiers du cinéma* e daí passou a papa do cinema novo brasileiro, na medida em que passou a ser exibido no circo da crítica cine-sócio-festiva-colonialista de Paris. É claro que ele tem valor, digo que tem e fico feliz com isso. Mas, meio exilado, deu de escrever uma carta aberta ao ministro da Educação, indicando-lhe rumos. E não me parece que haja acordo maior do que propor rumos e soluções ao regime que ele diz combater. Exilado não indica ninguém para cargo de governo. Além de "informar" ao ministro que o Brasil é o maior exportador de filmes do chamado Terceiro Mundo para a Europa e os Estados Unidos. E que, ano passado, nós exportamos mais filmes para a França e a Alemanha do que todos os países socialistas.

— Vá mentir assim no inferno! — diria o Chacrinha, que sabe o que fala. Imaginem a Tchecoslováquia, a Iugoslávia, a Hungria, a Polônia, a União Soviética e a China comunista, tudo somado, exportando menos do que o nosso cinema! O que ele não diz é que o primeiro e principal objetivo do cinema nacional não pode, nem deve ser, um prêmio de vez em quando no Festival de Cannes, em vez de assegurar uma produção razoavelmente contínua para o mercado interno. O que ele não diz é que o mercado interno não pode ser receber apenas filmes de vanguarda. O que precisa ser dito é que o principal consumidor do cinema brasileiro é o público brasileiro e, portanto, esse deve ser o primeiro objetivo e a principal preocupação do cineasta brasileiro. E falo do mercado interno pelo que isso representa como garantia de estabilidade, continuidade e autenticidade do cinema nacional. Convém, pois, prevenirem-se os nossos cineastas e quantos simpatizem com sua causa contra o perigo do êxito baseado na exploração do dramático pitoresco da miséria do Nordeste e das favelas. Embora não veja o menor inconveniente em que o estrangeiro saiba que temos miséria e haja atraso em nosso país, o problema é curá-los, não escondê-los.

A chanchada, o *Abacaxi azul*, o arranjo apressado de temas carnavalescos rebolativos, retardou a evolução do cinema brasileiro e chegaria a interrompê-la, não fossem as belas aventuras como a Vera Cruz e esforços como o de Nelson Pereira dos Santos. É preciso desconfiar de tanta palma dada a filmes tecnicamente malfeitos. É preciso ver se não estamos dando a ver o que querem que a gente faça e não o que devemos fazer. Não é preciso que haja um tratamento monocórdio, depressivo, uniformemente pessimista que convém aos esnobes de certa crítica europeia e seus pseudonacionalistas e dóceis discípulos patrícios nossos. Em suma, o fenômeno ainda uma vez é de incultura. E o povo que pague esse choque entre fanáticos ignorantes.

Nem só de manifestos e de mensagens vive o cinema. Entre Mazzaroppi e Glauber Rocha há mais coisas do que sonham alguns extremistas. Foi com Totó e com Alberto Sordi, foi com o fino e aristocrático toque de Vittorio de Sica e não só com *Ladrões de bicicletas*, foi com a profunda e tocante humanidade de *Roma, cidade aberta* que o cinema italiano se impôs no pós-guerra. Não basta botar um gajo e uma zinha na cama para fazer cinema como os franceses. É preciso contar uma história bem-dirigida, bem-representada e sem pressa de dizer tudo de uma vez ou dizer sempre uma coisa só. O que o cinema brasileiro precisa, além de uma corrente contínua de dinheiro e de uma contribuição técnica mais valiosa em quantidade e qualidade, é de crítica. Acho que já passou, há algum tempo, a fase em que as pessoas se referiam ao nosso cinema com a boa vontade que um cronista esportivo analisaria a performance de um perneta numa maratona. Chega de ir ao cinema por patriotismo, por nacionalismo, por consideração ou simpatia pessoal.

Quando o criador atinge o plano da arte, verdadeiramente, a mais profunda emoção, o choque mais brutal, o suspense ou a desgraça não deixam na gente senão uma sensação gratíssima. O horror é quando fica apenas no horror. Shakespeare mata todo mundo no final de *Hamlet* e ninguém tem pesadelo por causa disso. O horror é quando a miséria é apenas miserável, a violência é apenas violenta.

Acredito no cinema brasileiro. Por isso mesmo, frequentemente evito vê-lo como um encargo patriótico. Eis uma coisa que o INC poderia fazer: importar verdadeiros mestres. É preciso não ter vergonha de aprender, para merecer a glória de ensinar.

NOSSOS CRONISTAS E ESCRITORES

Era de supor-se que, menina-e-moça quando se deitara na noite anterior, havia desabrochado mulher e não se apercebera de que inaugurava um mundo novo quando saíra para a praia naquela manhã luminosa. (....) Mas, quando ela apareceu lá em cima, na sacada, e foi contemplar os longes do mar, alguém começou a bater palmas. E todos o imitaram, os automóveis buzinaram alegremente, e o mar bramia, e a viração despenteava as amendoeiras, e Copacabana, tão acostumada a ver as mulheres mais bonitas da Terra, parou diante de mais esse milagre de beleza surpreendente.

Paulo Mendes Campos

Crônica. Historicamente, uma velha arte de falar do cotidiano. Um jeito de ver a vida como ela é (ou poderia ser). Gênero de escrita nascido em 1709 depois que dois ingleses, Richard Steele e Joseph Addison, fundaram um semanário chamado *The Talker*, que publicava artigos literários e reflexões diversas, e que mais tarde seria catalogado a designação de crônica. Pois, durante muitos anos, as páginas da *Manchete* mostraram colaborações de alguns dos nossos melhores cronistas daqueles anos dourados. Nisso a revista também foi pioneira.

Naquele pedaço de tempo brasileiro, a crônica já tinha se afastado para sempre de suas formas originais, principalmente da fase considerada áurea, a parisiense, iniciada no jornal *La Presse*, por volta de 1836, que apelava para os grandes nomes da literatura da época em pequenos textos chamados de *feuilletons*, separados das demais matérias por uma linha demarcatória na paginação. Estava longe também daquele tipo de crônica da passagem do século XIX para o XX, em que Machado de Assis se escondia por trás do nome doutor Semana e Arthur Azevedo assinava Gavroche. A gente já podia ler Henrique Pongetti (primeiro diretor-editor da *Manchete*) procurando dizer o máximo com um mínimo de vocabulário, sem esquecer alguns bons neologismos e umas poucas gírias de ocasião. É que Pongetti sabia que há palavras que, lidas, podem provocar conjuntivites e que, ouvidas, podem causar otites, por isso às vezes desgramatizava conscientemente o texto, em favor do ritmo e da eufonia, sobretudo na hora e vez dos pronomes. Tudo em nome de um valor que na crônica mais alto se levanta: o estilo.

No número 391, datado de 17 de outubro de 1959, na crônica intitulada "Ilusões e decepções de um pacifista", Henrique Pongetti esbanjava estilo:

> Desde quando comecei a entender a vida, ouço falar no desarmamento geral. Da primeira vez, acreditei. Estava em plena idade de perfilhar utopias e transformá-las em bonitas ideias. Todo o metal das peças de artilharia seria transformado em ferramenta de trabalho. O mundo nadaria em arados, tornos mecânicos, máquinas de produzir abastança, humana repartição de bens, paz com raízes fundas. Amadureci esperando ver a humanidade entregar as armas e apertar as mãos, limpas para sempre de sangue fraterno. Sonhei ver um mundo sem fronteiras artilhadas, onde todos tivessem o direito de viver sua vida até o dia consentido por Deus. Tudo pronto para derreter o primeiro canhão e tirar os rebites da primeira quilha, a orgulhosa Alemanha, incorrigível desordeira, seria desarmada como um valente depois de um arranca-rabo na gafieira, enquanto o Brasil convidaria representações de países semicoloniais e coloniais para assistirem ao desmonte do *Minas Gerais* e do *São Paulo*, luxo naval de sua pobreza envergonhada. A festa seria principalmente dos povos subdesenvolvidos, sempre de canhões estrangeiros apontados contra a própria soberania e com bandeiras de nações espoliadoras prontas a serem içadas no mastro de suas alfândegas. Mas, nada do sinal! Pelo contrário: o sinal foi dado para amontoar bombas de hidrogênio e armazenar foguetes teleguiados. Se espero alguma coisa da proposta de desarmamento geral feita pela Rússia? Espero foguetes de maior alcance e de mais certeira mira, espero um mundo insone apavorado com a ideia de um dedo distraído calcar sem querer um botão do painel eletrônico, espero

líderes de todos os lados conversando cada dia mais para se entenderem cada hora menos.

Sou um pessimista? Não. Sou um mortal escarmentado, um pacifista a quem arrancaram, uma a uma, todas as esperanças; um humilde benevolente a quem a vida demonstrou a impossibilidade de os homens viverem sem discórdias. Comentando a proposta de desarmamento, Nehru disse que os homens se armariam de arcos e flechas como antes da idade do ferro e da pólvora. Pois eu diria que voltariam à clava de sílex, se proscrevessem o arco e flecha e que teríamos batalhas no melhor estilo troglodita melhorado por alguns truques da Idade Média, como o aríete, a catapulta e o panelão de azeite fervente.

Mas venham lá o arco e a flecha, Senhor misericordioso. Pouco importa a belicosidade inextirpável dos homens. As guerras antigas duravam até cem anos, eram assuntos particulares de empreiteiros de barulho, o Ministério do Trabalho lhes fornecia carteira profissional de esporrentos e de entendidos em sururus: sitiavam uma cidade e davam bailes em volta das muralhas, até os sitiados ficarem com vontade de dançar e abrirem os pesados portões. Os povos nasceram e envelheceram trocando de dominadores, apenas houve o aumento de sangue de cada troca. Mas, se inevitável, que nos seja dada uma guerrinha à moda dos nossos bugres, de gente sensata e, vamos dizer a verdade, de indivíduos civilizados...

Cada um na sua, cada um com o seu jeito

Fernando Sabino, por exemplo, fez da crônica uma releitura da realidade. Qualquer semelhança com fatos ou personagens reais quase nunca era mera coincidência. Tanto que contou em crônica um diálogo de verdade dele com Guimarães Rosa, pelo telefone, em que um perguntou "gostou?", o outro respondeu "gostei", mas um não gostou do "gostei" do colega.

Em *Lembranças de Manuel*, Sabino contava pedaços de seus encontros com o poeta Bandeira, desde quando, muitos anos antes, viajaram no mesmo ônibus, sem se conhecerem. "E era preciso que eu o conhecesse logo, ele já estava no fim da vida, tinha mais de cinquenta anos!"

Algum tempo depois, os dois conversavam pela primeira vez, na casa de Portinari, e, mais tarde, Bandeira chegaria de mansinho à casa de Sabino, junto com Jayme Ovalle, para um encontro com Pablo Neruda. Depois, Sabino o encontrou num bar de praia, em meio a outros amigos. Todos conversavam e bebiam, distraídos, mas Bandeira aguardava em silêncio o sorvete que tinha pedido. O garçom trouxe, ele deu uma provadinha e, ao ver que Sabino o observava, em meio à confusão reinante, piscou um olho de criança e confirmou, satisfeito: "É de creme..."

***

Segundo Sabino, a conversa de Bandeira era ágil, feliz como a de um menino, e sua risada reconfortava. A tossinha seca às vezes prenunciava malícia: "Fulano continua seminarista até hoje."

E, diante da surpresa de quem ouvia (e não sabia desse detalhe): "Não foi, não. Mas espalha..."

***

Um dia, Sabino estava na casa do poeta e o telefone tocou.

"Atende aí pra mim", pediu.

Diante de um alô que não era do poeta, desligaram.

"Era voz de homem?", Bandeira perguntou. Como saber, se não tinha falado nada?

"Ah, então era silêncio de mulher..."

***

Sabino foi visitá-lo, com Vinicius, sem saber que seria o último encontro. Aquela apatia de velho em silêncio no meio da conversa era apenas aparente. De súbito, lá vinha um comentário oportuno, inteligente e cheio de lucidez. Continuava nosso irmão — pai, poeta, áspero irmão, como no verso do próprio Vinicius.

E concluía Fernando Sabino, naquela página perdida de revista: "Vejo-o agora tão pequenino, dormindo profundamente como um menino. E sinto que realizei o sonho daquele jovem ao seu lado num ônibus qualquer: fui amigo de Manuel Bandeira."

***

Admirado como poeta, Bandeira se autonomeava Manuel vai-com-os-outros, separando os "simplesmente artistas" dos "grandes artistas" (o que caracterizaria os primeiros era o maior poder de organização construtiva e a faculdade de Comunicação, enquanto os grandes artistas seriam aqueles que não só comunicavam, mas impunham seu mundo interior). A linguagem dele nasceu simbolista, antes de tornar-se uma das maiores figuras do modernismo, de cujas limitações se libertou mais tarde para alcançar expressão personalíssima.

No entanto, apesar de ter seu primeiro livro de crônicas, *Andorinha, andorinhas*, publicado em 1965 (três anos antes da morte), Manuel Carneiro de Souza Bandeira Filho também foi um fértil cronista, principalmente no período de 1920 a 1930, nas velhas revistas *Para Todos*, *A Província* e *Brasil Musical*, além do jornal *Diário Nacional*, de São Paulo. Embora tenha declarado em texto intitulado "O mito Picasso" que a poesia fosse a única coisa do mundo na qual se sentia seguro.

Aliás, um cronista-profeta, como se pode verificar num trecho de "O cinema falado faz sucesso no Rio":

> O cinema falado aparece quando as possibilidades artísticas do cinema mudo mal foram aproveitadas. Entretanto, assistindo a esse primeiro filme intitulado *Broadway Melody*, a minha surpresa foi grande, porque verifiquei alvoroçado que estamos diante de uma nova fonte de emoção.

***

O mesmo Manuel Bandeira, que tinha louvado 1951 como de grande produtividade literária, já achava que 1952 superaria o ano anterior. Na verdade, a *Manchete* de maio daquele ano anunciava alguns lançamentos previstos para breve: *Narciso negro*, com poesias de Thiago de Mello; *O viajante*, romance de Lúcio Cardoso; *O lado humano*, contos de Otto Lara Resende; *Os cangaceiros*, de José Lins do Rego; *Com o vaqueiro Mariano*, das edições Hipocampo, conto de João Guimarães Rosa; e *A vida real*, novela de Fernando Sabino.

***

Rubem Braga era outro grande cronista da revista. Único morador de apartamento de último andar em Ipanema com direito a pomar com árvores frutíferas no quintal e por isso mesmo apelidado de "fazendeiro do ar"; deitado na rede, a falar de mulheres, ele poderia muito bem detalhar a beleza, rara de um cotovelo feminino digno de admiração; mais ainda, de adoração. Entretanto, entre tantos textos dele tão docemente melancólicos que poderiam perfeitamente servir de marca registrada da boa crônica — pelo menos das que se faziam naqueles anos dourados em que o Rio era mais carioca —, uma delas, na verdade, foi um espanto. Chamava-se "Ai de Ti, Copacabana" e foi publicada no número 301 da *Manchete* de 25 de janeiro de 1958. Ali, a crônica (que Rubem Braga definia como "viver em voz alta") desafiava seus próprios desígnios. Escrita há mais de cinquenta anos — num tempo em que a expressão "aquecimento global" nem sequer havia sido inventada —, tinha um tom de pesadelo e foi lida como se fosse um delírio (até que o posterior tsunami asiático transformou o velho texto em possibilidade). "Ai de ti, Copacabana" transbordava os limites do que estava estabelecido como crônica e deu uma remexida nos caminhos nesse tipo de literatura:

> Porque a ti chamaram de Princesinha do mar e cingiram tua fronte com uma coroa de mentiras (...) porque eu já fiz o sinal bem claro de que é chegada a véspera de teu dia e tu não me viste, porém minha voz te abalará até as entranhas (...) já movi o mar de uma parte e de outra, suas ondas tomaram o Leme e o Arpoador e tu não viste este sinal porque estás perdida e cega em meio a tuas iniquidades e tua malícia (...) foste iníqua perante o oceano e ele mandará sobre ti a multidão de suas ondas até morder a aba dos teus morros, num referver de espumas, qual um bando de carneiros em pânico (...) grandes são teus edifícios de cimento e eles se postam qual alta muralha desafiando o mar, mas eles se abaterão (...) reserva para Iemanjá os mais espaçosos aposentos de seus palácios porque ali, entre algas, ela habitará. Pois os pequenos peixes que habitam aquários de vidro serão libertados por todas as gerações, enquanto escuros peixes nadarão em tuas ruas, os polvos ocuparão os teus porões e as negras jamantas as tuas lojas de decoração e os badejos e as garoupas estarão nos poços dos teus elevadores, os melros se entocarão em tuas galerias, desde a Menescal até a Alaska e os meninos do morro jogarão tarrafas

> no canal do Cantagalo e lançarão suas linhas dos altos do Babilônia (...) assim, qual escuro alfange, a nadadeira dos imensos cações passará ao lado de tuas antenas de televisão, porém muitos peixes morrerão por se banharem no uísque falsificado de teus bares (...) então, quem mais especulará sobre o metro quadrado de teus terrenos? (...) no Petit Club, os siris comerão cabeças de homens fritas na casca, ao som de Sacha, o homem-rã, tocando um piano-submarino para fantasmas de mulheres silenciosas e verdes, cujos nomes passaram anos e anos nas colunas dos cronistas, no tempo em que havia colunas e havia cronistas (...) ai daqueles que dormem em câmaras refrigeradas, desprezam o vento e o ar do Senhor e não obedecem à lei do verão (...) ai daqueles que fazem de seus cadilaques instrumentos de concupiscência e passam buzinando alto, pois já não terão mais tanta pressa na hora da provação (...) por que rezais em vossos templos, fariseus de Copacabana, acaso não conheço a multidão de vossos pecados? (...) grande foi a tua vaidade e fundas foram as tuas mazelas, já se incendiou o Vogue e não viste o sinal (...) a rapina de teus mercadores, a libação de teus perdidos e a ostentação da hetaira do Posto Cinco, em cujos diamantes se coagularam as lágrimas de mil meninas miseráveis, tudo passará (...) a água salgada levará milênios para lavar teus pecados de um só verão (...) e porque já se cumpriram vossos dias, eu vos quebrantarei (...) pinta-te qual mulher pública, coloca todas as tuas joias, aviva o verniz de tuas unhas e canta tua última canção pecaminosa, pois em verdade é tarde para a prece (...) e que estremeça o teu corpo fino e cheio de máculas, desde o edifício Olinda até a sede dos marimbás, porque eis que sobre ele vai a minha fúria e o destruirá. Canta tua última canção, Copacabana!

Enfim, a crônica daquele tempo podia até servir de premonição. Nela, aliás, valia tudo, ou melhor, tudo podia servir de inspiração, que pode estar onde menos se espera. Até em um ciúme típico de Otelo, através de um simples corrupião. Como escreveu o mesmo Rubem Braga:

> Chama-se Pirapora, o meu corrupião. Eu o trouxe lá da beira do São Francisco, muito feio, descolorido e sem cauda. Consegui uma licença escrita para poder conduzi-lo, mas apesar disso houve um chato da companhia aérea que implicou com ele na baldeação em Belo Horizonte.

Queria que ele viesse no compartimento de bagagens, onde certamente morreria, de frio ou de tédio. Houve muita discussão, da qual Pirapora se aproveitou para conquistar a amizade de um negro carregador, limpando-lhe carinhosamente a unha com o bico. Encantado com o passarinho, ele me ajudou a ludibriar o exigente funcionário, e fizemos boa viagem. Mas, no fundo, estou criando uma certa mágoa desse bicho ingrato que trouxe da roça para a capital da República. Até cheguei a ir à feira só para comprar comidinhas melhores para ele, dei gaiola grande e bonita, uma vez gastei 80 cruzeiros de táxi só pra vir em casa livrá-lo de uma chuva súbita. Não, não sei se ainda lhe tenho a mesma estima. Nosso último incidente foi há três dias e ele ainda hoje à tarde me tratou com uma antipatia suprema. Ainda por cima, se desmanchou em graças e carinhos com o *boy* que veio buscar esta crônica. Acho que vou dar esse corrupião. Ou, então, despedir esse *boy*.

***

O poeta Paulo Mendes Campos era outro cronista fixo das páginas da *Manchete*. No número 369 da revista, datado de 16 de maio de 1959, ele divagava, num texto intitulado "Aparição":

> Ainda não deixei de pasmar-me com o que vi. Era sábado, por volta de 11 horas, e íamos de automóvel, rodando devagar. A manhã estava perfeita, entre as mais perfeitas que o Senhor reservou para Copacabana. Manhã dessas em que me vem sempre a vontade de ser abastado sitiante em Ribeirão Preto ou Alegrete e de estar no Rio para umas férias em um dos hotéis envidraçados da avenida Atlântica. Manhã amorável que nos suaviza o ridículo de morar em uma cidade sem transporte, sem árvores e sem espaço. E por ser tão bonita a manhã, arrepiamos o caminho de casa, na altura do Posto Seis, fazendo a volta. Um de nossos companheiros de passeio, professor de Técnica de Orçamento, contava uma história sobre um canário-chapinha que tinha caído no alçapão, no tempo em que ele era menino, quando uma freada brusca nos sacudiu com turbulência. Olhei meu amigo ao volante para saber o que se passava e surpreendi, em seu rosto que eu tanto conheço há longos anos, uma máscara nova. E como não me sinto capaz de descrever a expressão de sua face, passo logo adiante. Ele disse: "Estou vendo." Assim, "estou vendo", sem complemento

e sem reticências, como um cego que recuperasse a visão de repente. Olhamos para onde seus olhos fugiam, e também vimos. Vimos a aparição candente caminhando em direção contrária à nossa. Três pares de olhos ficaram vendo.

Devia ter 16 para 17 anos. Alta, loura, olhos claros, bela, terrivelmente bela. Seu maiô de duas peças era cor de laranja. A pele de um dourado irrepreensível talvez indicasse a mistura de uma raça nórdica com outra, morena. Os sapatos altos a faziam mais alta e, contraditoriamente, íntima e hierática. As formas, estas eram coisa de Deus. E como não é mais possível existir hoje em dia uma criatura tão definitivamente bela sem que os meios modernos de publicidade espalhem pelos quatro cantos do mundo a sua imagem, era de supor-se que, menina-e-moça quando se deitara na noite anterior, havia desabrochado mulher e não se apercebera de que inaugurava um mundo novo quando saíra para a praia naquela manhã luminosa. Pois a displicência com que conduzia seu corpo musical era absurda e a tornava mais espetacular, mais devastadora.

Nós víamos, nós não éramos cegos. Então, aquele que conduzia o carro fez com ele uma curva ousada e começou a seguir a estrela da manhã. E a estrela caminhava ao lado de uma senhora de certa idade, possivelmente sua avó, e de um menino, possivelmente seu irmão. Mas aí notamos que as rainhas andam à frente de um séquito, e não apenas nós a acompanhávamos, humildes e deslumbrados, mas outros automóveis deslizavam em seu encalço, tudo de um respeito que se parecia ao medo, tudo em silêncio, não fossem os alaúdes dos carros que forçavam a passagem para conseguir um lugar mais favorável junto ao fenômeno. E aqueles que não dispunham de viaturas marchavam a pé, à frente, à retaguarda, ao lado, guardando uma certa distância, na calçada, na praia ou na rua.

O cortejo foi aumentando de maneira fabulosamente rápida. Sim, o acontecimento era de fábula. Ela caminhava entre a velha e a criança, olhava para os lados e para trás com temor, embora todos nós a pressentíssemos intangível. Janelas de apartamentos se abriam, faces consumidas pelo cotidiano se iluminavam de súbito com a visão. No Posto Seis, a situação ficara insustentável.

Já éramos legião. A velha, assustada, passou a puxar a estrela pelo braço. Dirigiram-se ao Clube Marimbás, onde se refugiaram. Mas, quando ela apareceu lá em cima, na sacada, e foi contemplar os longes do mar, alguém começou a bater palmas. E todos o imitaram, os automóveis buzinaram alegremente, e o mar bramia, e a viração despenteava as amendoeiras, e Copacabana, tão acostumada a ver as mulheres mais bonitas da Terra, parou diante de mais esse milagre de beleza surpreendente.

***

Enfim, uma crônica podia estar onde a gente menos esperava, até num anúncio de jornal, por exemplo. Na *Manchete* número 1.134, de 12 de janeiro de 1974, o mesmo Paulo Mendes Campos revelou, entre uma série de pequenas notas sob o título de "Apanhadas no chão", a existência de um anúncio de jornal assim: "Precisa-se de empregada. Tem janela no quarto." Pois aquelas sete palavrinhas, por si só, já eram uma grande crônica. Uma longa (e triste) crônica — com alma de haicai — resumida em sua mais profunda essência.

Moralista imoral

Confessando-se "uma múmia com todos os achaques das demais múmias" e encarando a velhice como "uma fase de esplendor", Nelson Rodrigues enfrentava outro desafio, lançando mais uma nova peça, fundamentalmente diferente de tudo o que já tinha feito para teatro. E, em texto assinado por Elias Fonseca, publicado na *Manchete* às vésperas da estreia, ele relembrava o dia em que lhe perguntaram por que não escrevia histórias onde os personagens fossem como todo mundo: "Aí está o pavoroso equívoco. Sempre achei que meus personagens eram como todo mundo!"

Na peça *Anti-Nelson Rodrigues* (com José Wilker, Paulo César Pereio, Sônia Oiticica e Neila Tavares no elenco), ele se vingava de sua imagem convencional com charme irônico:

> Toda a minha vida fui um moralista, mesmo escrevendo coisas tidas como imorais. Todos os meus textos têm um profundo, inexorável, sentimento do pecado. E o pecado é um inferno, o sujeito paga, com o inferno, cada minuto de prazer. No entanto, durante vinte anos fui o único autor obsceno do teatro brasileiro. Todas as minhas peças eram interditadas pela Censura. Mas essa resistência ao meu trabalho foi

decisiva para mim, porque resolvi resistir à resistência escrevendo minha obra sem a menor concessão. Fiz, durante muitos anos, o que se poderia chamar de teatro-suicida. Agora, os que me acusavam de imoralidade talvez descubram uma outra face no homem que os escandalizou, tão romântica e triste como uma modinha do Império. Porque sou um romântico, inteiramente *démodé*. Se tivesse de datar meus sentimentos, diria que tenho uma alma de *belle époque*. E meu lado piegas, que nunca interferiu em meu teatro, aparece agora, através de um amor eterno que deve continuar para além da vida e para além da morte. Estou me sentindo um menino perseguindo o amor que nunca encontrará.

Em autodefinição, um trabalhador braçal. "Escrevo três colunas diárias, porque se parar de trabalhar, morro de fome. Não tenho um tostão guardado."

Confessadamente, um homem solitário.

Depois de várias experiências matrimoniais, resolvi morar sozinho. E acho que o sexo só é importante no casamento sem amor. Quando há amor, o sexo só atrapalha. Quando descobri o sexo achei-o sujo. Acho que nada devemos à carne, a não ser o desespero. Nessa minha última peça há uma frase assim: "Não há santos no sexo. O sexo só faz canalhas."

Pessoalmente, um ser profundamente dramático, com características de ópera, colocava em choque as paixões e os dramas da condição humana e da moral típica brasileira, nascendo disso uma violência quase insuportável.

Eu morava na rua Alegre, tinha seis ou sete anos, era pequenino e cabeçudo igual um anão de Velásquez. E um dia lá fomos nós, eu e outro garoto, com senhoras da vizinhança, para a praça Saens Peña, que naquele tempo era feérica como a Broadway. Ficamos horas espiando o corso. Súbito, há na praça um silêncio ensurdecedor. Vinha passando um carro e, em pé, havia uma mulher vestida de odalisca. Da abertura da fantasia, saltava o cavo e deslavado umbigo da santa senhora. Um assombro varreu a Tijuca. Voltamos imediatamente para casa. Mas, ai de mim, ai de mim! Eu estava ferido de espanto, com a visão daquele umbigo. Entrevisto em um segundo fulminante, ele havia de marcar toda a minha meninice e iria influir em meu teatro. Porque passei a achar que só as depravadas usavam umbigo.

Depois do umbigo, a nudez:

> Um outro impacto na minha infância foi uma louca da vizinhança que morava numa casa de cômodos e era filha de uma lavadeira. Um dia, empurrei a porta do seu quarto e a vi inteiramente nua. Essa nudez enroscada em si mesma marcou-me para sempre. Aí descobri que não há nudez intranscendente. Toda nudez é patética.

E as contradições da vida feminina:

> Em todos os tempos, a mulher é menos realizada do que uma cutia da praça da República. A cutia ainda roi a grama, cumprindo assim o seu destino. A mulher vive em branco. O que ela faz é uma desesperadora imitação da vida. A mulher só mudou num ponto: diz palavrões como uma neta retardatária do Bocage. Num divertido horror, verifico que a única consequência prática da emancipação feminina foi o direito adquirido da linguagem pornográfica.

Ele não via como o homem pudesse ser feliz algum dia. "O homem é basicamente infeliz, por dois motivos: primeiro porque morre e, segundo, porque vive."

Dos inimigos, prefere não falar:

> O amigo é um grande acontecimento. E eu tenho alguns amigos decisivos. Quanto aos inimigos, devo dizer que sou um homem sem ódios. Acho que o ódio de um homem por outro homem é como se fosse uma relação homossexual, porque o ódio é muito mais fiel e liga muito mais do que o amor.

A reportagem policial como batismo na profissão:

> Fui repórter de polícia no tempo em que adultério era adultério. Como repórter de polícia adolescente, pude conhecer a mais antiga figura humana: a adúltera. Muitas morriam sem pena de morrer, achando que a morte as justificava. Era a amante amando o castigo. E sou, no jornalismo esportivo, um ficcionista. Os meus personagens estão por aí mesmo: a grã-fina de narinas de cadáver, o Sobrenatural de Almeida,

o Gravatinha, e outros. No futebol eu poderia dar bofetadas como um possesso, mas segui, com menos brilho, a linha do meu irmão Mário Filho, que é minha única inveja literária. Não sei de ninguém que tenha escrito melhor do que ele na língua portuguesa.

Um homem profundamente inquieto em busca de uma realização que sabe que não encontrará nunca, para quem as glórias literárias, jornalísticas e teatrais não significam muita coisa, Nelson Rodrigues ainda perseguia a figura do menino que em 1925 chupava tangerinas na Praça XV, encantado com aquilo que chamava de "cheiro lindo de mar podre".

> Não me sinto nada realizado. Até porque, realizado mesmo só o Napoleão de hospício, que nunca terá nem Waterloo nem Santa Helena. Tudo o que fiz não é absolutamente nada perto do que poderia ter feito. Sou um autor desesperado, porque vejo o tempo passar e não escrevo as mil peças que estão latentes dentro de mim!

Sartre e a "solidariedade irrecusável"

Assim como Nelson (aos 54 anos), Jean-Paul Sartre (aos 61) também acabava de estrear mais uma peça de sua autoria: *Os sequestrados de Altona*. E a *Manchete* reproduzia o que Guillaume Hanoteau tinha escrito na *Paris Match*, depois de visitá-lo no apartamento da praça Saint-Germain-des-Près (onde o teórico do existencialismo morava com a velha mãe) e deduzir que o grande filósofo e escritor francês vivia entre duas épocas:

> As gravuras da Regência penduradas nas paredes, as poltronas do salão, os móveis suíços de seu escritório, as lâmpadas em estilo do Renascimento, tão na moda em 1900, evocam sua infância estudiosa num rés do chão da rua Mignard, depois em La Rochelle e, por fim, em Meudon. Sobre cada aparador ou mesinha há uma toalha bordada, uma peça de macramê ou de tricô. Perto de uma das paredes, o piano no qual Sartre outrora tocava Bach. Muitas estantes e muitos livros que quase não são mais folheados, mas conservam numerosas anotações como testemunhas de leitura atenta. Nessa habitação onde flutua sempre um vago

odor de chá, a juventude é sempre admitida: a cada dia um estudante ou um jovem escritor vem sentar-se em frente ao mestre em busca não só de conselhos universitários ou literários. Às vezes, solicitando orientação para o futuro, que ele presta com palavras simples e atuais, sem pedantismo, enquanto acende um cigarro ou um de seus cachimbos.

Uma atitude que o remetia, talvez, à sua própria estreia literária, alguns meses antes da crise de Munique em 1938, quando o livro *A náusea* foi lançado, numa edição da Gallimard. Era um ensaio ou um romance? O editor teve longa hesitação, mas, diante da possível dificuldade em vender um produto daquele nível intelectual, optou pela palavra romance embaixo do título. Na verdade, nenhum júri ousou conceder um só prêmio à obra, mas foi a publicação mais comentada em Paris, naquela época. Para Sartre, então jovem professor adjunto de filosofia no Havre e em Lyon, recém-nomeado para o Liceu Pasteur, em Neuilly, isso ainda não representava a celebridade, mas estabelecia um renome de bom tamanho. *A náusea*, tendo uma frase de Cellini no pórtico e uma dedicatória a "castor" (isto é, Simone de Beauvoir[5]), era, na verdade, uma meditação sobre o absurdo da condição humana, através do personagem Antoine Roquentin, um intelectual desenraizado que vai escrever uma tese sobre um libertino do século XVIII, numa cidade imaginária chamada Bouville (que se assemelhava ao Havre), mas se aborrece com aquilo e, um dia, experimenta uma sensação bizarra: um enjoo absoluto de tudo.

> Para Sartre, o homem era sempre um ser privado de Deus, vindo ao mundo sem uma razão necessária e tendo por único bem o direito de ser livre. E, então (em 1959), engajado na defesa dessa liberdade, através da solidariedade humana, ele focalizava não mais o indivíduo isolado, mas o cidadão participante, englobado numa coletividade da qual depende e que, por sua vez, também depende dele. Embora o objetivo de seus trabalhos teatrais confessadamente não fosse defender tese alguma, mas apenas inquietar e perturbar a plateia, obrigando-a a refletir, o tema central, núcleo dramático dessa mais recente obra do famoso pensador francês, era o que ele chamava de solidariedade irrecusável.

[5] O apelido de "castor" foi dado a Beauvoir pelo amigo e professor de filosofia René Maheu, devido à similaridade entre as palavras Beauvoir e beaver ("castor", em inglês) e por sua dedicação aos projetos. (N.E.)

Fértil vagabundagem de um inconformista com nome de rua

> Na doçura da noite calma das Laranjeiras, com as árvores da floresta vizinha oscilando, devagar, à brisa que soprava do mar, ele falava-me da sua vida de escritor, inquieto como uma criança grande.
>
> Meu primeiro contato com o mundo não foi agradável nem pacífico. Meu pai desejava que me formasse em Química e minha mãe queria ver-me oficial da Marinha. Assim, desde a infância, o destino apresentou-se-me sob a influência de um signo de contradição, tendo de escolher entre a farda e as retortas de um laboratório. Preferi tornar-me vagabundo mesmo...

Era a abertura de um consistente texto de Caio de Freitas para a *Manchete*, intitulado "Marques Rebelo e a legenda do espelho partido":

> Cabelo em pé, cortado rente, óculos de grossas lentes, pequeno de corpo, mas parecendo maior pela impressionante mobilidade dos braços e das pernas, ele é o que se poderia chamar de um gênio alado da irreverência. Assim é, como criatura humana. Entretanto, como escritor é um lírico. Com efeito, essa sua opção inicial pela vagabundagem, se não é uma definição, pode ser considerada como um prenúncio de uma personalidade incomum, com o sentimento de inconformismo ditando as suas ordens, impondo seus pontos de vista, traçando suas normas de ação. Era o rebelado que surgia, embora ainda perplexo diante da vida. O anjo rebelde nascido às margens do rio Trapicheiros, em Vila Isabel, apenas tinha certeza de que nunca seria nem químico nem oficial da Marinha.
>
> Nesse tempo ainda me chamava Edir Dias da Cruz, rebento transviado de uma família ilustre com ramificações pelo baronato cafeeiro do estado do Rio, preocupado com o peso do nome e já cogitando trocá-lo por outro, cortando as amarras que me prendiam ao passado.

O jovem inconformista com nome de rua fechava-se em casa, debruçado sobre velhos livros da família, lendo, anotando e aprendendo. Recorda-se de uma Bíblia em linda encadernação dourada que era sua predileção aos dez anos. Lá conhecia Flaubert e Maupassant, e nas horas de enlevo espiritual ensaiava a elaboração de poemas secretos, rasgados como se fossem peças comprometedoras de um crime. Mais tarde, haveria de escrever em um dos seus livros uma frase que definiria perfeitamente a inquietação daquela fase distante de sua vida: "Tudo é revelação e amor. E o melhor do amor é não esperar..."

Era, então, um jovem sôfrego, portador de uma personalidade insatisfeita, que não havia nascido para esperar. O amor era uma revelação diária e cumpria sorvê-lo aos borbotões.

> Como vagabundo que fui, sem entraves que me limitassem os movimentos, pude ver muito, andar muito, então o contato que tive com o mundo foi tão vasto que até hoje não consegui esgotar, nos livros que escrevi, todo o acervo de emoções que acumulei durante essas andanças pelas zonas crepusculares da vida. E sinto-me, ainda agora, perplexo de viver.

Mas a vida de liberdade plena não haveria de prolongar-se indefinidamente, e a convocação para servir o Exército serviu-lhe de aviso que tinha chegado a hora de encarar o mundo com pelo menos alguma seriedade. Foi quando conheceu o valor da disciplina e mediu a importância dos regulamentos como símbolos de uma realidade intolerável, mas necessária. Além disso, um acidente gravíssimo, com fratura da coluna vertebral, condenou-o a um ano de imobilidade, oscilando entre a incapacidade física e a morte. Esse último fato, entretanto, fez com que ele se aproximasse dos exercícios do pensamento, fazendo desaparecer para sempre o vagabundo e lançando as bases espirituais para o surgimento do escritor. E. enquanto convalescia numa cama, nasceu *Oscarina*, um volume de contos que assinalou seu ingresso no mundo das letras e revelou um autor revolucionário nas ideias e na técnica, de espírito insensível às imposições dos modismos literários. *Oscarina* era uma demonstração de que o conto não deveria ser uma anedota redigida, que através dele podia se chegar à crônica e que, realizando-se a crônica, enfim, era possível chegar ao verdadeiro conto. Assim, Marques Rebelo tinha emprestado um sentido realista à sua revolução espiritual. E assim concebida, sua prosa revelou-se duplamente preciosa: era lírica, no entanto sem fugir ao realismo. Então, na busca de espaços maiores onde a liberdade de expressão encontrasse um clima favorável a realizações estéticas mais audaciosas, surgiram outros livros: *Maria, A estrela sobe, Stela me abriu a porta, Três caminhos* e *Cenas da vida brasileira*. Suas antigas experiências de vagabundo tinham sido responsáveis pelo alto teor humano de sua obra.

> Escrever é vencer dificuldades, não é escamoteá-las. A luta do escritor é indormida, eterna, contra a palavra. Cada noite, uma linha; cada linha, um pouco de nossa miséria. O fluxo acode, mas a memória é traiçoeira por natureza...

Entretanto, após rápido e fulgurante ingresso no mundo das letras, emprestando uma nova dimensão ao romance brasileiro, desceu-lhe de repente um inexplicável silêncio.

> Em 1940 decidi parar. Desde quatro anos antes vinha fazendo apontamentos, enchendo cadernos de notas como se fizesse um diário não cronológico. Esse imenso material seria a base de um livro que escreveria algum dia: o definitivo. Até que em certa manhã comecei a trabalhar e assim nasceu *O espelho partido*.

Eram numerosas pesquisas estéticas realizadas simultaneamente: em cenários diferentes, abriam-se e se fechavam cenas fixando imagens, definindo caracteres, em maravilhosas sequências de quadros humanos ligados um ao outro por intensa vinculação psicológica. No frontispício do primeiro volume, uma frase definia a obra: "A memória de todo homem é um espelho de mulheres mortas."

Essa era a legenda de *O espelho partido*, que mesmo desligado da moldura e fragmentado em estilhaços pelo chão, continuava refletindo, aos pedaços, as cores da vida. E que ninguém tentasse reunir aqueles pedaços, porque a imagem antiga — a que se refletia anteriormente naquela superfície de cristal — jamais poderia ser reconstituída.

Marques Rebelo foi membro atuante da Academia Brasileira de Letras. E jamais deixou de torcer apaixonadamente pelo nosso América F.C. Tive com ele um pequeno convívio, quando dirigiu a Rádio Clube do Brasil, a pedido de Samuel Wainer. Eu integrava a equipe de esportes de Raul Longras e transmitia o noticiário esportivo diário diretamente de um estúdio improvisado, dentro de um banheiro adaptado, no prédio da *Última Hora* (cheguei até a transmitir um jogo entre Fluminense e Portuguesa).

O som da flautinha do amanuense

Nem sempre as linhas que compõem o perfil espiritual de um escritor coincidem com as que lhe configuram a fisionomia humana. No caso de Cyro dos Anjos, por exemplo, a disparidade é flagrante. Quem lê seus romances tem uma impressão do escritor inteiramente diferente da dele como pessoa.

A descrição era do mesmo Caio de Freitas, em outro longo texto, na *Manchete*: "Sou um sujeito de índole tristonha, mas o cinquentenário não me trouxe sobrecarga de melancolia."

A frase se ajusta ao romancista, mas não reflete o homem, que é jovial, bem-humorado, virtuose de uma ironia doce, mas venenosa. O mundo de cenários cinzentos, o universo de meios-tons com uma suave nuvem de tristeza a pairar sobre todas as coisas, só encontramos em seus livros. O homem Cyro é um transeunte, enquanto o escritor Cyro é um contemplativo filósofo de um determinado ângulo da vida. Enquanto um caminha cheio de interesse por todas as coisas, o outro nem sempre se mostra obediente: nunca se distanciou da sua querida Montes Claros lá no chapadão mineiro. E o título de seu próximo livro, *Explorações no tempo*, define bem a natureza de sua nostalgia de ficcionista:

> Os que viveram com exuberância talvez sintam quedas bruscas. Como, por déficit de vitalidade, tenho tido uma existência parcimoniosa, não vejo ainda grandes mudanças nas coisas. Noto na paisagem o mesmo tom cinza dos tempos de moço. Diria que às vezes até me sucede encontrar-lhe. Agora são notas menos depressivas, quase alegres, dias claros e serenos. Os passos são, de certo, mais cautelosos. Observo, porém, que não aprendi muito.

Essa atitude melancólica em face do destino é, entretanto, mais cerebral do que emotiva. É que a sensibilidade do escritor nunca se libertou das impressões que lhe ficaram dos tempos duros da meninice e da adolescência, que de vez em quando voltam à tona da alma reconstituindo estados emocionais que pareciam mortos: horas de tédio matando formigas no fundo do quintal da casa paterna, horas de enlevo ouvindo o piano tocado pelas mãos maternas na sala de visitas, horas de êxtase e deslumbramento viajando de "especial" para

Belo Horizonte em busca de um emprego. Num recanto da memória, a figura curvada do amanuense da Estrada de Ferro Oeste de Minas consultando a folhinha para ver quantos dias ainda faltavam para receber os magros trezentos mil réis dos vencimentos mensais. Até, bem mais tarde, ser atraído pelo jornalismo e, sob o pseudônimo de Belmiro Borba, ter uma coluna onde escrevia com absoluta independência. Um personagem que surgia sem que o cronista suspeitasse. Pouco depois, o perfil do Amanuense Belmiro, rompendo as indecisões da pena ainda inexperiente, já se delineava em toda a sua nitidez e revelava desde logo uma existência autônoma. Ele concluiu, então, que lhe convinha livrar-se de tão incômoda companhia, aprisionando Belmiro dentro de um livro:

> Escritas à mão, noite adentro, as páginas eram datilografadas de manhã por pessoas amigas, e revistas à tarde. Em 45 dias de atividade febril, o livro estava pronto. Durante esse tempo, eu dormia mal, comia às pressas e tinha pesadelos com meus personagens.

Do Amanuense Belmiro para o segundo romance foi questão de tempo. Dois anos depois, em 1954, surgia *Abdias*, trabalho mais elaborado e cuidadoso, obra mais disciplinada e amadurecida. Companheiro e amigo íntimo durante os tempos românticos de Belo Horizonte, Carlos Drummond de Andrade recordava, em crônica:

> Ele não tinha pretensões literárias, mas considerando que melhor seria não passar em branca nuvem, se dispunha a compor um livro, um só, e calaria a boca. O resultado foi retumbante, mas Cyro amoitou. Tempos depois entrou a matutar: "Bem, mais um livrinho só, não tem importância, vocês hão de me perdoar." Assim, escrevendo calado, foi tecendo a teia de sua glória de ficcionista e hoje, já em seu quinto livro, figura entre os autores brasileiros que possuem um público certo e cuja obra ocupa um lugar definido na nossa moderna literatura.

Cyro dos Anjos foi auxiliar direto do presidente Juscelino Kubitschek, exercendo o alto cargo de subchefe do Gabinete Civil. Mas sempre revendo notas e conferindo apontamentos, acumulando fragmentos de livros, esboços de histórias e roteiros de narrativas memorialistas na gaveta dos guardados literários. Volta e meia ressoavam-lhe as cantigas do chapadão das Geraes e a elegância *fin de siècle* da bengalinha de castão de ouro e o colarinho engomado de ponta virada. É que, em sua sensibilidade, a flautinha do amanuense ainda emite seu som, até sempre.

Acontece que, com o correr do tempo, a tendência é que os fatos fiquem embaralhados e o papel de cada personagem da vida real se torne menos nítido. Daí, algumas injustiças serem cometidas, do ponto de vista histórico. É o caso da criação da Universidade de Brasília. Segundo rigorosa apuração feita através de depoimentos e de textos resgatados do eficiente Prodasen, do Senado, posso restabelecer a verdade sobre esse assunto em que tenho particular interesse:

O arquiteto Lúcio Costa tinha planejado o campus universitário entre a Asa Norte e o lago, numa área de 257 hectares. Na mesma data de inauguração da nova capital, 21 de abril de 1960, Juscelino Kubitschek enviava ao Congresso Nacional a mensagem número 128 do Poder Executivo, propondo a criação da Universidade de Brasília. Portanto, nenhuma dúvida a respeito dessa precedência. A seguir, Victor Nunes Leal, chefe da Casa Civil, convidava os professores Darcy Ribeiro e Anísio Teixeira para elaborarem o anteprojeto daquela Universidade, contando, como colaboradores, com Afrânio Coutinho, Almir de Castro, Álvaro Vieira Pinto, Amílcar Martins, Antonio Houaiss, Celso Cunha, Eduardo Galvão, Eremildo Vianna, Euryalo Cannabrava, Florestan Fernandes, Jacques Danon, João Cristóvão Cardoso, José Cândido Carvalho, Gabriel Fialho, Gilberto Freyre, Haiti Moussatché, Jayme Abreu, José Leite Lopes e José Vargas.

Composto o primeiro Conselho Diretor — Anísio Teixeira, Darcy Ribeiro, Hermes Lima, Abguar Renault, Frei Mateus Rocha, Osvaldo Trigueiro e os suplentes Alcides Miranda e João Moonjen de Oliveira —, a lei de criação da Universidade de Brasília foi promulgada pelo presidente João Goulart, no dia 15 de dezembro de 1961, tendo a inauguração do campus ocorrido em 21 de abril do ano seguinte, ocasião em que o ministro da Educação e Cultura, Antonio Oliveira Brito, afirmou, enfaticamente:

> Acontecimentos existem que dizem muito mais do que palavras. O que ora estamos vivendo é um deles, e dos mais expressivos. Sonho, ideal, objetivo, organização, luta de Darcy Ribeiro ajudada, entre muitos, por Juscelino Kubitschek, Victor Nunes Leal e Cyro dos Anjos.

O primeiro reitor, é certo, foi Darcy Ribeiro, depois substituído por Anísio Teixeira, ambos voltados para as transformações de que carecia o país. Mas o primeiro relatório levado a JK sobre o assunto foi elaborado pelo escritor mineiro Cyro Versiani dos Anjos, depois membro da Academia Brasileira de Letras. Ele merece as homenagens do pioneirismo na iniciativa.

Cyro dos Anjos colaborou ainda, depois, na implementação da UnB, dirigindo o Instituto Central de Letras daquela instituição, onde criou as famosas oficinas literárias.

Pior cego é o que quer ver

Mas que não se esperem estrelas no que se segue. Nada cintilará. É que a esta história falta "melodia cantabile". O seu ritmo é às vezes descompassado. E tem fatos. De fatos não há como fugir.

Clarice Lispector

Tive o privilégio de conhecer pessoalmente a escritora Clarice Lispector (1920-1977). Nascida em Tchecheinik, ela era ucraniana, naturalizada brasileira, como Adolpho. E, apesar dos percalços da alma russa, os dois se davam bem, até porque tinham em comum o amor pelos animais. Na infância, ela teve até um macaco. E falava com entusiasmo do seu cão Ulisses, só faltando dizer que ele havia colaborado na feitura do livro *Hora da estrela*, que depois virou filme: "Dou-me muito bem com os irracionais. Talvez porque eu seja de Sagitário, metade bicho, metade gente."

No começo de uma tarde, Adolpho me telefonou, como habitualmente, passando algumas instruções: "Você conhece a Clarice Lispector. Gosto muito dela. Está dura e precisa de dinheiro. Combine com ela algumas colaborações e avise o Justino."

Clarice não era de aparecer ("Sou uma mulher simples, não tenho nenhuma sofisticação. Sempre explico que não sou um mito, sou uma pessoa como outra qualquer"), então resolvi tudo por telefone. E ela passou a enviar textos, alguns que marcaram época, como seus "Diálogos possíveis", publicados na *Manchete*. Só reclamava, com aquele sotaque acentuado, quando a retribuição financeira demorava um pouco: "Arrrnaldo, estou prrrecisando desse dinheirrro."

Se demorasse um pouco mais, ela vencia a timidez e aparecia na redação. Porte majestoso, com sinais claros de uma grande beleza, carregando em uma das mãos a marca do incêndio no apartamento do Leme que quase lhe custara a vida (tinha dormido, com um cigarro aceso nos dedos, que caiu em cima do tapete). Pouco depois, ia embora, com o bolso quase recheado.

Até que, na série "Diálogos possíveis com Clarice Lispector", tinha chegado a vez de Millôr Fernandes, segundo ela, "uma figura tão variada em atividades e talentos". A conversa transcorreu sem nenhum sinal de incompreensão, e estava exposta na *Manchete* número 863, de 2 de novembro de 1968:

"Como vai você, Millôr, profundamente falando?"

"Vou profundamente, como sempre. Não sei viver de outro modo. Pago o preço."

"Às vezes o preço é alto demais. Como é que lhe veio a ideia de arquitetar *O homem do princípio ao fim*, que é um grande e comovente espetáculo? Eu, por exemplo, o veria de novo."

"Foi a pedido dessa extraordinária amiga que é Fernanda Montenegro. Como eu já tinha escrito um espetáculo basicamente político, *Liberdade Liberdade*, resolvi não me repetir, e me fixei num ponto de vista humanístico, que é a qualidade essencial daquele meu trabalho."

"E o que é que você me diz de sua experiência como ator?"

"Sensacional e inútil. Sensacional, por causa da segurança que se ganha ao perceber uma possibilidade total de comunicação, e isso é emocionante. Inútil, porque não tenho nada a fazer com o resultado dessa experiência. A comunicação que busco é toda outra, íntima e definitiva."

"Você iá sentiu com toda humildade a centelha de uma coisa que uns chamam de gênio, mas não é gênio, é bastante comum: uma visão instantânea das coisas do mundo como na realidade elas são?"

"Só vejo isso! Tenho mesmo a impressão de que nada que vejo é comum. A mim me faltam todas as noções das coisas do mundo tal como ele é. Mas essa lucidez que você fala, a lucidez do absurdo, essa eu tenho no meio da maior paixão. Creio mesmo que um dia vou estourar de lucidez, isto é, ficar louco."

"Então, fale de sua infância."

"Dura! Dura! Linda! Linda! O Méier naquela época era praticamente rural. Eu aprendi a nadar em um pântano cheio de rãs. Aprendi a amar num quintal fazendo bonecos de tabatinga junto com as meninas. Essa infância durou até os dez anos. Ali, um dia, na morte de minha mãe, chorando horas embaixo de uma cama, eu consegui a paz da descrença. Aos dez anos, pois é."

"De que modo lhe vem a inspiração? Você sente que vem do inconsciente?"

"Creio que venha exatamente de todos os modos. Mas não penso que seja precisamente inconsciente. Mesmo quando parece inconsciente acho que o núcleo da inspiração é uma vivência qualquer (imagem, som, dor, angústia) antes arquivada, e de repente, por qualquer motivo (também exterior), ressuscitada. Mas meu caso é muito especial: não sou um escritor, sou um profissional de escrever."

"Quais os homens que você mais admira?"

"Vou me limitar no tempo e no espaço. E prefiro ter a coragem de escolher um homem de meu tempo e de meu espaço: Vinicius de Moraes. Pelo muito que somos iguais, pelo imenso que nos separa, eu elejo o poetinha como o dono de uma visão da vida essencial."

"A morte é um problema?"

"Acho o problema da morte fascinante (talvez porque eu ainda não a sinta perto de mim). Gostaria mesmo de morrer já, para, sem trocadilho, viver essa experiência. Desde que me fosse dado depois voltar, apenas para contar como é que foi."

"Se não fosse escritor, o que você seria?"

"Atleta. Eu sou, fundamentalmente, um atleta frustrado."

"E em matéria de maneira de viver, você tem sentido algum progresso?"

"Acho que sim. Mas será que os outros acham? Nada me surpreende mais, por exemplo, do que ouvir dizer que sou agressivo. Porque eu me sinto uma flor de ternura humana. Mas será que sou? De qualquer forma, há dentro da minha mais profunda consciência a certeza de que o gênio do ser humano está na bondade. Isso eu procuro."

"Eu também a procuro com humildade e ao mesmo tempo com veemência. Millôr, você ainda faz haicai?"

"Vou fazer um agora:

Pode crer
O pior cego
É o que quer ver."

O MODO MANCHETE DE SER

Manchete alcançou receita equilibrada e bem-sucedida de informação e entretenimento. E escreveu um dos capítulos mais importantes da história de nossa imprensa, ao se tornar a principal leitura de pelo menos duas gerações de brasileiros.*

Janir Hollanda

Em 1966, fui designado para o comando do recém-criado Departamento de Jornalismo da Bloch Editores (com ação sobre todas as revistas da casa) e, na minha avaliação, faltava uma publicação que pudesse expressar o que eu chamava de "espírito Bloch de comunicação". Por iniciativa minha foi criada então a revista chamada *Comunicação,* destinada a ser um canal de diálogo das empresas do Grupo Bloch e, ao mesmo tempo, um instrumento para auxiliar estudantes das faculdades de Comunicação Social. Foram 41 números (até outubro de 1989, portanto durante 23 anos) que buscaram preencher uma lacuna existente em relação à pesquisa sobre jornalismo e propaganda, deficiente naqueles anos, no Brasil. Apesar de lançada em um período efervescente da política nacional, mais ou menos na época do AI-5, não houve problemas com a censura, porque a publicação estava situada numa faixa eminentemente técnica. Muito prestigiada por Oscar Bloch e com a colaboração do jornalista Luís Paulo Silva, embora sem qualquer apoio de patrocinadores, *Comunicação* chegou a ter uma tiragem significativa: trinta mil exemplares.

Prontamente atendida a sugestão feita à direção da empresa, partimos para concretizar a ideia, com a colaboração de Zevi Ghivelder, nosso companheiro da *Manchete*, e do então diretor do Departamento de Pesquisa da Bloch, Muniz Sodré, que depois se tornou escritor de sucesso e presidente da Biblioteca Nacional.

Roberto Muggiati colaborava na edição e também nos textos:

> Da euforia desenvolvimentista ao realismo pragmático, passando por convulsões políticas e culturais, ao longo desse tempo todo, *Manchete* se ocupou de cobrir dos principais acontecimentos às principais tendências. Folheando as coleções dos números dela, desde 1952, podemos ter uma visão do Brasil e do mundo, em palavras e imagens, que talvez nenhum livro de História seja capaz de mostrar. E, nesse processo, a revista mudou, assim como mudou o leitor. Informação, opinião e didática são três pontos que se confundem em *Manchete*. A palavra informação, em seu sentido mais amplo, define a preocupação que a revista tem em divulgar, numa linguagem acessível ao leitor e, se possível, em primeira mão, não só os fatos da atualidade, mas as novidades nas áreas da ciência, da medicina, da tecnologia, das artes e das ideias, incorporando também assuntos mais recentes, como comportamento, ecologia, enfim, vida moderna. Aí está o que se poderia chamar de sua função didática.
>
> Já em termos de opinião, ela nunca pretendeu ser a dona da verdade, e sim, através da informação, procurar expor os fatos e seus diferentes ângulos, confiando na capacidade de discernimento do leitor, com sua capacidade de chegar a conclusões próprias. Nesse sentido, ou seja, refletindo a riqueza da imaginação humana, *Manchete* é também um instrumento formador dessa coisa complexa que conhecemos pelo nome de "opinião pública". Quanto à concorrência da televisão, não creio que elas estejam em competição. O que a TV fez foi forçar uma mudança qualitativa nas revistas. *Life* morreu e *Paris Match* decaiu porque sempre foram maravilhosos catálogos fotográficos da atualidade, em que a imagem esmagava a palavra.
>
> Na *Manchete* sempre se procurou manter um equilíbrio entre a ilustração e o texto. Nossa luta tem sido encontrar um equilíbrio entre o texto e a ilustração, em busca não só por fotos que falem mais do que mil palavras, como também por textos que falem o que nem mil fotos poderiam mostrar. E isso a TV não pode fazer, porque nela o que é dito se dilui no ar, não se fixa.

Para Muggiati, a principal vantagem da *Manchete* sobre as demais revistas ilustradas, não só nacionais, mas internacionais também, era a sua velocidade.

> Nosso dia de fechamento final é segunda-feira. Podemos fazer uma grande reportagem em cores na redação e em menos de 24 horas ter a revista nas bancas. Como exemplo concreto, a renúncia do ex-presidente Richard Nixon, anunciada no meio da tarde de uma quinta-feira: decidimos fazer uma edição especial que a redação aprontou em 12 horas, fechamos a revista às três da manhã de sexta-feira e já no sábado cedo *Manchete* estava nas bancas, a primeira revista do mundo a sair com o desfecho do Caso Watergate. A cobertura da morte do ex-presidente Juscelino Kubitschek começou para a redação numa noite de domingo e foi terminar, com as fotos em cores do enterro em Brasília, às duas da manhã de terça-feira. *Manchete* sempre chegou pontualmente às bancas, nas quartas-feiras. Quando algum fato importante acontecia na terça-feira, com a revista já em fase de impressão, usamos o recurso de encartar um outro caderno na edição. Assim foi quando da queda de Salvador Allende, no Chile. E houve até um dia em que passamos à frente dos jornais, quando eles saíram apenas com os resultados parciais das eleições americanas, enquanto nós, que aguardamos a confirmação oficial do resultado até às cinco horas da manhã da véspera, chegávamos às bancas às nove da manhã com a capa e a matéria de abertura, em cores, do novo ocupante da Casa Branca, Jimmy Carter.

Além de uma entrevista com o famoso fotógrafo Henri Cartier-Bresson e de referências à linha editorial e ao aspecto visual da francesa *Paris Match*, da americana *Life* e da alemã *Stern*, já no primeiro número de *Comunicação* anunciamos em nosso editorial a criação do Departamento de Pesquisa Jornalística da empresa e, como chefe de reportagem da *Manchete*, eu assinava o texto no qual havia o seguinte trecho:

> Nosso objetivo não será, jamais, ditar regras ou traçar normas rígidas. Pretendemos apenas fixar em cores fortes o verdadeiro significado do que se convencionou chamar de "jornalismo ilustrado semanal". Hoje, a importância das revistas é cada vez maior, exigindo de seus

profissionais uma autêntica especialização — um estilo próprio que não se confunda com o dos jornais.

Para marcar definitivamente nosso objetivo, o número de estreia continha uma "Carta aos repórteres", de Zevi Ghivelder, com recomendações que orientavam a política da *Manchete*, em dez tópicos. O objetivo era a criação de um estilo próprio, original, que eventualmente viesse a servir de exemplo para os outros. Nenhum texto era intocável. A feitura da revista obedecia a uma série de circunstâncias: cada *layout* era uma parte em separado, e o texto era um dos seus componentes, integrava-se a ele. Sempre que possível, o texto teria de ser reescrito e readaptado, de acordo com o *layout*. Zevi explicava:

> A informação precisa é apenas uma parte do texto da revista. Não há mal nenhum em comparar um fato com outro, remoto ou atual, assim como comparar uma pessoa com outra. Procurem "criar" sem o menor acanhamento. Deem asas à sua imaginação.

No segundo número, Raymundo Magalhães Júnior definia o bom repórter como aquele que sabe, de antemão, com quem está falando e sobre o que está falando:

> O bom repórter não é aquele que só faz as perguntas clássicas sobre quem, quando, onde, como e por quê, ele deve ser um espírito curioso, inquieto e atualizado, tanto quanto possível de um modo geral, mas especialmente naquilo que constitui a sua especialização.

Murilo Melo Filho, que hoje ocupa a cadeira número 20 da Academia Brasileira de Letras, dava uma verdadeira aula sobre o lead e seus elementos ("quem, o que, quando, onde, por que e como"), relembrando os velhos tempos do nariz de cera e as conversas fiadas ou comentários geralmente empolados que os jornalistas de antigamente eram obrigados a fazer antes de registrar o fato em si. E sintetizava: "Uma notícia é como o corpo humano, tem cabeça, tronco e membros."

Reconhecido como um dos mais importantes jornalistas políticos do país, Murilo dava uma aula sobre leads: "Expomos os problemas e as questões com preocupação didática e informativa, com um agudo senso de objetividade e deixamos ao leitor o direito de tirar as suas próprias conclusões."

Para mostrar como eram feitas as reportagens da *Manchete*, Flávio Costa enumerava três tipos de matérias: as de atualidade, preparadas durante a semana, mesmo que algumas delas já estivessem previstas; as de interesse permanente, abordando os assuntos de um ângulo diferente; e as de criação, como reportagens especiais ou séries históricas.

E vinham à tona as regras de redação do *Diário Carioca*, que sob a liderança de Luís Paulistano havia criado uma verdadeira escola de jornalismo. Em 1966, o jornal já tinha saído de circulação, mas seu estilo ainda influenciava os demais.

No terceiro número de *Comunicação*, enquanto Roberto Muggiati contava a história do escritor Ernest Hemingway quando, no início da carreira, ainda jornalista do *Kansas City Star*, escrevia obituários e notas policiais (inclusive a íntegra de uma reportagem datada de 5 de janeiro de 1918), Murilo Melo Filho expunha a linha política da *Manchete*, carro-chefe da empresa: "Não temos antipatias absolutas, nem simpatias condicionais. Temos apenas a nossa legenda: a do PDB, Partido do Desenvolvimento Brasileiro."

Cabia ainda a Roberto Muggiati a introdução no Brasil das ideias do profeta da informação, o sociólogo canadense Marshall McLuhan, com a publicação de trechos de seu livro *The medium is the massage*, um trocadilho entre message (mensagem) e massage (massagem).

> Todos os meios de comunicação atuam completamente sobre nós e são tão penetrantes em suas consequências políticas, econômicas, estéticas, psicológicas, morais, éticas e sociais, que não deixam de tocar, afetar ou alterar nenhuma parte de nós.

Os números seguintes relatavam a criação do Departamento de Pesquisa e Documentação das Empresas Bloch, em 1964, que, diante da importância dos textos produzidos, também atuava com funções de uma editoria. A prova disso foi a concessão do Prêmio Esso de Jornalismo a uma matéria de José Itamar de Freitas intitulada "Deus e a pílula", baseada numa daquelas pesquisas. O mesmo José Itamar, que viria a ser editor de uma nova revista da Bloch, com Moacir Japiassu como redator-chefe, Glória Nogueira, Humberto Borges, Sonia Nolasco, Laís Gama e Lutero Mota Soares como repórteres e redatores. Era a *Enciclopédia Bloch*, cuja criação Muniz Sodré anunciava no número 16 de *Comunicação*.

Até o número 18, *Comunicação* se limitava a textos. A partir de uma parceria com a Escola de Comunicação da Universidade Federal do Rio de Janeiro, as matérias passaram a ter fotos e ilustrações. Em um número especial sobre publicações femininas havia uma pesquisa sobre a revista *Joia*, também da Bloch, que teve em seus quadros jornalistas como Paulo Henrique Amorim (cuja primeira matéria foi sobre Coco Chanel), João Luiz Albuquerque e Milton Coelho da Graça.

Um dos grandes textos publicados em *Comunicação* foi o relatório feito pelo escritor Graciliano Ramos no fim de seu mandato como prefeito de Palmeira dos Índios (1928-1929). Ao contrário dos documentos apresentados até hoje pelos políticos com informações frias e excesso de números e gráficos, o autor de *Memórias do cárcere* já exibia um estilo que se tornaria marca registrada de suas obras literárias produzidas posteriormente, *Caetés, São Bernardo, Angústia, Insônia* e *Infância*.

E, no número especial dedicado à *Manchete*, produto principal da casa, uma fé de ofício: "Ao contrário da concorrente *O Cruzeiro*, as matérias não teriam o repórter como estrela, mas sim os temas abordados."

O número 29 saudava o surgimento da TV Manchete em um artigo intitulado "Por que a televisão do ano 2000", assinado por mim, ao lado de uma mensagem da empresa com a marca do otimismo de Adolpho Bloch ("Uma nova era"), reafirmando que a iniciativa era o maior desafio de sua carreira empresarial.

Um dos destaques do número 30 de *Comunicação* foi a reprodução de uma aula de Barbosa Lima Sobrinho na Escola Superior de Guerra sobre o papel da imprensa, relembrando a luta de Hipólito da Costa, criador do antigo (e censurado) *Correio Braziliense* — cuja redação era em Londres — e sua afirmação de que aqui não havia quem lesse muito porque o governo português teve o cuidado de conservar tudo o que pudesse perpetuar a ignorância. Barbosa Lima Sobrinho considerava o velho *Correio Braziliense* como pioneiro da independência do Brasil, desde seu primeiro número, em 1808. Até que, em outubro de 1989, circulou o último número da revista *Comunicação*, abordando, entre outros assuntos, os dez anos de morte de Procópio Ferreira, sob o título de "O alegre mestre do riso".

Ainda por minha iniciativa, em fevereiro de 1972, nascia a revista semanal *Bloquinho* (diminutivo de Bloch), uma enciclopédia infantil sob a orientação pedagógica de Ruth Rocha e tendo Sônia Robatto como diretora de redação. Mas, não por falta de qualidade, *Bloquinho* teve vida breve e deixou de ser publicada no 12º número. Era muito maldistribuída. O leitor tinha de adivinhar quando ela ia para as bancas.

A bela aventura dos livros didáticos

Em 1979, fui chamado para ser secretário de Estado de Educação e Cultura e, durante o exercício desse cargo público, limitava-me a almoçar no prédio da Russel uma vez por semana. Voltei às Empresas Bloch, da qual me achava licenciado, em 1983, e por sugestão do Jaquito passei a dirigir Bloch Educação com seus livros didáticos, cursos e seminários.

Dispondo de um parque gráfico considerado como um dos três melhores do Brasil, era natural que as Empresas Bloch pensassem no mercado de livros didáticos. E, como a partir de 1968, com a criação da Comissão do Livro Técnico e do Livro Didático (Colted), o governo tinha investido milhões de dólares nesse processo, estimulando editoras a lançarem suas obras, para compras monumentais, destinadas a alunos carentes, a ideia empolgara Jaquito, que me convidou para um lanche na casa dele e me falou da criação da Bloch Educação. Assim, eu juntaria meu pendor para a educação com a vocação para a comunicação, binômio que sempre marcou a minha vida.

Montei uma equipe valorosa para produzir os primeiros livros, convocando o coronel Tito Avilez, professor do Colégio Militar, e contando com colaboração das professoras Anna Maria de Oliveira (hoje, Rennhack), Marlene Blois, Solange Leobbons e Lia Silva Mendes. As primeiras obras foram logo oferecidas às Secretarias Estaduais de Educação, com algum sucesso. Mas a Bloch Educação explodiu mesmo foi com a coleção A nova matemática, que produzi em parceria com a professora Beatriz Helena Magno, minha colega na Uerj. Foram oito livros abrangendo todas as séries do ensino fundamental, com metodologia original: ensinar por intermédio de círculos concêntricos do conhecimento. Um sucesso. Na década de 1970, foram vendidos mais de dez milhões de exemplares. Em Mato Grosso, foram adquiridos dois milhões daqueles livros. E a distribuição era acompanhada de cursos e seminários que realizávamos, seguidos de debates com os professores.

Assim nasceu também a coleção Aprenda ciências, que chegou a vender perto de dois milhões de exemplares. Seguiram-se livros de todas as matérias adotadas. O livro *Amor à vida*, de educação ambiental, vendeu um milhão e duzentos mil exemplares. O setor cresceu muito; as editoras paulistas investiram pesadamente e assumiram a liderança absoluta do processo, mas as Empresas Bloch cometeram um grave pecado: ficaram empolgadas com a possibilidade, concreta, de imprimir livros dos outros, deixando os nossos em segundo plano. Isso foi fatal.

Em dez anos de intensa atividade, Bloch Educação produziu mais de cem livros didáticos, gerando um faturamento de vinte milhões de dólares. Com a mudança de estratégia, passou a não haver renovação dos principais livros, entre os já produzidos, e, a quem reclamasse, a resposta de Adolpho era invariável: "Estamos sem papel. Não temos dinheiro para rodar novos livros." Enquanto isso, Jaquito entrava em minha sala e berrava: "Quero faturar um milhão de dólares por mês!'

Minha resposta vinha de bate-pronto: "Rode os livros programados e isso será possível."

Ele não respondia, dava meia-volta e ficava tudo na mesma.

Foi essa a razão, anos mais tarde, do meu desencanto com a empresa. Foram muitos os seminários no Teatro Adolpho Bloch, sempre lotado de professores. Faltava, porém, o essencial, que eram as novidades: cadê os livros prometidos?

Sem isso — e com as Empresas Bloch praticamente voltadas apenas para a televisão, um sorvedouro de dinheiro e preocupações —, cada vez mais ficava distante o interesse pelo fortalecimento da bela aventura dos livros didáticos. Enquanto eu lutava praticamente sozinho, os donos do negócio reclamavam dos resultados. Não imprimiam os livros, mas, kafkianamente, queriam vendê-los. Era algo desesperador. Um dia, em outubro de 1992, tomei coragem e pedi uma audiência ao Adolpho, na casa dele. Anna Bentes serviu-nos um alentado café da manhã e eu fui direto ao assunto:

"Seu Adolpho, estou caminhando para os quarenta anos de empresa. Sou-lhe grato por tudo o que recebi dela e do senhor, isso jamais esquecerei. Mas chegou a hora de partir. Recebi uma proposta da ABRAPP [Associação Brasileira das Entidades Fechadas de Previdência Complementar] para ganhar cinco vezes mais, em São Paulo."

Ele me olhou e veio com a pergunta chocante:

"Você está me trocando por dinheiro?"

"Não. Na verdade, está insuportável conviver com o Jaquito. Vou acabar brigando, fisicamente, com ele, e isso não será bom para ninguém."

Era um final melancólico, porém inevitável.

Adolpho levantou-se da mesa e foi para o quarto. Minutos depois, a esposa Anna Bentes Bloch foi lá dentro ver o que estava acontecendo. E voltou dizendo que ele gostava de mim, mas entendia minhas razões, por isso mesmo estava chorando.

Ela mostrava gostar muito dele. Filha única do general Abrahão Ramiro Bentes, especialista em problemas da Amazônia, um dos raros judeus do Exército brasileiro a galgar postos de relevo, Anna foi leal e dedicada companheira de Adolpho por mais de vinte anos (eles se conheceram em fevereiro de 1974, em Teresópolis), justamente os últimos tempos de vida dele, já com a saúde começando a declinar. Foi uma boa companheira, evitando que o velho sentisse os efeitos da solidão. Anna conta que, muitas noites, já em plena crise financeira, ele não conseguia dormir, ficava horas se revirando na cama do apartamento do Edifício Chopin, até que ela acendia a luz e a explicação era sempre a mesma: "Como é que eu posso dormir se amanhã tenho tanto papagaio para pagar e não tenho como?"

Imediatamente, Anna preparava duas coisas: o chá e o baralho. Então, o jogo de tranca rompia a aurora daquelas madrugadas insones. Isso, vezes sem conta. Era natural, portanto, que ele chegasse ao trabalho não propriamente de bom humor. A coisa só melhorava quando entrava algum dinheiro dos clientes da firma. Aí, sim, ele comemorava, do jeito que mais gostava: na mesa, diante de uma feijoada ou um cozido.

***

Saí dali com o coração apertado, disposto a refazer minha vida profissional aos 56 anos, mantendo providencial — e profilática — distância da empresa. Em 1997, já com cinco anos de afastamento, sem nem sombra de qualquer contato havido (ou desejado), recebo um telefonema, em São Paulo. O Jaquito queria falar comigo. Pensei duas vezes e resolvi atender. Como se nada tivesse acontecido, ele foi direto ao assunto: "Preciso muito falar com você, pessoalmente. Trata-se de um convite e posso garantir que é irrecusável. Quando você vem ao Rio?"

Depois de alguma relutância, acabei aceitando o encontro, marcado na casa dele, na semana seguinte. Fui, desconfiado, e tomei o chá gentilmente servido pela Dóris, antes de ouvir o discurso dele, no escritório do apartamento de Copacabana com vista para o mar:

"A *Manchete* está vendendo menos de cem mil exemplares. Nunca esteve tão mal, em matéria de circulação e de publicidade. Pensei muito e cheguei à conclusão de que só você poderia ser o diretor da revista. Posso pagar 25 mil por mês e mais uma comissão pelo incremento nas vendas. Você vai ficar rico!"

Enquanto ouvia, meu pensamento era um só, o de como o mundo é realmente redondo, porque em cinco anos eu tinha virado "salvador da pátria". E dei a resposta que convinha:

"Não posso aceitar. Minhas raízes estão na *Manchete*, sonho com ela sempre, mas estou engajado num trabalho extremamente prazeroso como diretor de marketing da Abrapp. Além disso, serei eleito para a presidência da Academia Brasileira de Letras, o que torna incompatível o trabalho proposto."

Ele ainda tentou argumentar.

"A Academia fica a cinco minutos do Russell. Você poderá sair sempre que precisar e depois volta. Pode perfeitamente conciliar."

Recusei novamente. Queria me dedicar integralmente à Casa de Machado de Assis, sabendo que teria o seu comando por dois anos, 1998 e 1999. Ele então pareceu entender minha posição. No fundo, eu não queria voltar mesmo. Chegou inclusive a perguntar se não teria nomes a sugerir para o meu lugar. Mas eu não queria nem pensar nesse assunto. Agradeci, sentindo um gostinho mais do que especial com essa história.

E, a caminho de casa, fui relembrando: além dos livros didáticos, entre minhas mil e uma outras atividades, quando as Empresas Bloch deram guarida ao *Vocabulário Ortográfico da Língua Portuguesa*, elaborado por uma equipe dirigida pelo acadêmico Antonio Houaiss, fui encarregado de dar assistência ao projeto, o que, aliás, fiz com o maior empenho. Os recursos não saíram da Academia Brasileira de Letras (Austregésilo de Athayde era conhecido como "mão de vaca") e o jeito foi apelar para o então ministro Ney Braga, de Educação e Cultura. Foi ele quem liberou a verba. Assim foi feita a primeira edição do *Vocabulário*, do qual fui coordenador. E quando precisou ser reimpresso, fui eu também — então na presidência da Academia — que coordenei a segunda edição, com 360 mil verbetes. Na ausência de Houaiss, que tinha falecido, o trabalho foi dirigido pelo inesquecível especialista Antônio José Chediak, a meu convite.

Tinha também conseguido concretizar o lançamento de revistas segmentadas, *Tendência, Medicina de Hoje, Agricultura de Hoje* e outras. Criei o Prêmio Tendência, ajudei na compra da Rádio Federal, dando início à entrada dos Bloch na mídia não impressa (ganhamos cinco emissoras FM) e acompanhei o nascimento da TV Manchete, onde também criei diversos programas para as manhãs de domingo, como, entre outros, *Educando o Educador, Sinfonia da Natureza* e *Homens e Livros*, apresentado pela Márcia Peltier nos primeiros meses de 1987.

Dirigi ainda — e apresentei — o programa *Debate em Manchete*. Uma ideia surgida num jantar com os irmãos Moisés e Henrique Weltman, no Hotel Caesar Park de São Paulo, em 1983, quando um deles me perguntou: "Por que você não produz um debate na Manchete? A tevê está pedindo um programa assim, de preferência aos domingos à noite."

O assunto foi levado ao Jaquito, que topou, desde que a área comercial vendesse o patrocínio. Isso foi feito e, em dezembro daquele ano, o programa entrava na grade de programação da Rede Manchete, dirigido por Maurício Sherman, um dos homens mais tarimbados da televisão brasileira. Ele me impôs um treinamento intensivo, ao qual gostosamente me submeti, e fomos para o ar: a personalidade convidada era entrevistada por dois jornalistas e eu, durante uma hora. Segundo o publicitário Mauro Saltes, um sucesso total: "Faltava um programa assim, inteligente."

Foi uma oportunidade para convidar jornalistas que tinham pouca ou nenhuma experiência no veículo, como Villas-Boas Corrêa, Paulo Henrique Amorim, Alexandre Garcia e Salomão Schvartzman, entre outros (o Murilo Melo Filho também era freguês, mas ele já tinha uma experiência anterior no *Congresso em revista*, que fez, pioneiramente, na velha TV Rio). E fizemos belíssimos programas, ouvindo, entre outros, Tancredo Neves, na época governador de Minas Gerais, José Sarney, Leonel Brizola, Antonio Carlos Magalhães, Antonio Ermírio de Moraes, Mário Soares, presidente de Portugal, além de Martinho da Vila. Lembro que num dia em que o programa entrou às nove e meia da noite (o horário tradicional era mais tarde) e o entrevistado foi o médico Adib Jatene, o Ibope deu mais de seis pontos, excepcional para a nova rede de televisão. Ajudei a criar uma imagem positiva para o canal.

O programa foi ao ar durante quase dez anos, aos domingos à noite. Vale aqui uma curiosidade: a maioria dos quase quatrocentos programas era gravada. Mas, sempre que foi ao ar ao vivo, o Ibope aumentava. Parece que os telespectadores adivinhavam. Foi assim, quando os entrevistados, entre outros, foram o então ministro da Fazenda Dílson Funaro, o ministro da Educação, Carlos Chiarelli, e o então candidato à presidência, Fernando Collor. E, principalmente, quando da inédita entrevista, de uma hora de duração, com o presidente João Figueiredo, em janeiro de 1985, quando ele disse algumas destas frases: "Vou sentir uma pena danada do doutor Tancredo, ao passar a faixa presidencial para ele." Outra: "Eu nunca disse que preferia o cheiro de cavalo ao cheiro do povo. Foi intriga de alguns jornalistas. Eu disse que gostava muito do cheiro dos cavalos, só isso, e eles aumentaram a frase maldosamente."

E encerrou a entrevista com uma declaração que acabou ficando famosa: "Peço que me esqueçam, quando eu deixar o governo."

Outra curiosidade: naquela época, chegou um pedido do Consulado da França no Rio para fazer parte das comemorações de mais um centenário da Revolução Francesa. A ideia luziu na cabeça do Adolpho e começamos a preparar um documentário especial para a televisão. A equipe de Bloch Educação, que já tinha cinco programas educativos e culturais na grade dominical da TV Manchete, ficou encarregada de produzir o programa *Quadros de uma revolução*, sob a direção de Maria Eugênia Stein, minha fiel e permanente colaboradora.

O desafio, enorme; o dinheiro, curtíssimo. As roupas de época surgiram graças aos truques de que a televisão é pródiga. Tudo ia bem, até que chegou a hora de gravar com o famoso cavalo branco de Napoleão. E cadê o quadrúpede? Alguém teve a ideia de apelar para o Exército Nacional. O quartel de Benfica ofereceu um belíssimo animal, e um oficial sugeriu que fosse alugada uma camionete para conduzir o cavalo até o local das gravações. Adolpho vetou a despesa extra: "Já estamos no prejuízo."

Maria Eugênia, que não nasceu para se acomodar com os imprevistos, providenciou logo um ginete, que veio do subúrbio trotando pela cidade, claro, despertando a atenção geral. Resultado: o cavalo branco de Napoleão interpretou magnificamente seu papel na história, e o documentário, com baixo custo de produção, foi até premiado.

***

Quando deixei a empresa, em 1992, o acadêmico Josué Montello sugeriu meu nome a Roberto Marinho, para a Rede Globo. "É difícil. Ele tem a cara da *Manchete*."

Tinha virado um estigma, na prática.

ASSIM ERA AQUELE HOMEM

Minha primeira lembrança do tio Adolpho era de um homem maior do que a vida.

Rosana Kapeller, sobrinha-neta

Adolpho Bloch era fiel a si mesmo.

Um grande realizador, extremamente rigoroso com tudo e todos (às vezes injusto com determinadas pessoas). Intuitivo, gabava-se de perceber o caráter dos jornalistas pela cara de cada um. E, em geral, não se enganava. Amigo leal, demonstrou essa qualidade diversas vezes, com muita gente — notadamente, Juscelino Kubitschek —, inclusive durante os governos militares, quando abrigou alguns perseguidos políticos em suas revistas, um deles, o deputado cassado Alberto Rajão.

Embora com uma privilegiada visão do que acontecia perto dele e ao redor do mundo, não gostava de ser chamado de jornalista. Nem de "doutor Adolpho". Amarrava a cara. Apesar de ser muito mais do que apenas um tipógrafo, preferia mesmo era ser chamado de gráfico, herança do pai (na Rússia, o velho Joseph era tipógrafo e imprimia programas de teatro, ópera e balé).

Nos primeiros anos da década de 1980, os conflitos internacionais fervilhavam — a guerra do Irã contra o Iraque era manchete em todos os jornais; as greves na Polônia, comandadas por Lech Walesa, mostravam que as coisas estavam mudando no Leste Europeu; estudantes invadiram a embaixada dos Estados Unidos, fizeram cinco reféns, e a tentativa do governo norte-americano de resgate dos prisioneiros fracassara; no Irã, o aiatolá Khomeini governava o país com fanatismo religioso que assombrava o mundo; a política expansionista russa comandada por Leonid Brejnev e os posicionamentos estranhos da ONU em relação aos conflitos frustravam os defensores da paz mundial.

Tudo isso era motivo de preocupação, embora Adolpho olhasse com otimismo para o Brasil com seu grande potencial hidrelétrico, produção automotiva em alta e perspectiva de safra recorde na agricultura. Os fatos não fugiam à percepção e sensibilidade de Adolpho, que, nas páginas da *Manchete*, enaltecia, criticava, lamentava e denunciava.

Algumas frases dele já eram a síntese de uma posição crítica:

> "Uma vez, Ben Gurion me perguntou por que o presidente Jânio Quadros havia renunciado e eu expliquei diplomaticamente, dizendo que havia problemas com o Congresso. Ele sorriu e comentou: 'Mas como alguém pode renunciar, num país que tem tanta água? O rio Jordão tem mais história do que água.'"
>
> "Decretos não faltam para a agricultura. Mas a natureza, revoltada, não obedece às leis oficiais."
>
> "O trabalho já não representa mais nada: o dinheiro é o rei. A ele, que não devia render mais do que 6% ao ano, se dão todas as vantagens. Se alguém deseja mais que isso, que vá trabalhar."
>
> "Não sou economista, somente folheei os livros de economia, que acho muito chatos. É preciso ter chaminés para compreender o que é a vida e o trabalho."
>
> "O dinheiro é uma simples questão de contabilidade."
>
> "Tenho boa memória. Só esqueço aquilo que quero."
>
> "Ouço todo mundo, mas só faço o que quero."
>
> "Considero a palavra empenhada mais importante do que a assinatura."
>
> "Nunca ouvi de Juscelino uma só palavra de ressentimento."
>
> "Jamais esquecerei uma frase de Golda Meir: 'É preferível receber censuras do que condolências.'"

"Assisti à vitória dos Aliados em 1918, assisti à vitória da democracia em 1945. A vida me ensinou a não desanimar."

"Quando comecei aqui, em 1922, conheci a miséria rica, hoje conheço a riqueza pobre."

"Tenho orgulho de ser brasileiro, judeu e sionista."

"Respeito todas as religiões. Tenho a honra de ser amigo de muitos árabes residentes no Brasil. São homens dignos que ajudam o nosso desenvolvimento. Não respeito é o fanatismo que gera crimes em nome de Deus."

"Sou um homem de fé. Mas nunca falei pessoalmente com nenhum profeta, nem com Moisés. Acontece que o aiatolá Khomeini tem um telefone vermelho ligado diretamente a Maomé e Alá. Isso é sério e está criando problemas para os próprios muçulmanos do Irã."

"O mundo livre unido, democrático, derrotou Hitler. A liberdade derrota todos os déspotas e tiranos."

"Conheci reis e presidentes, conheci a alta sociedade e o baixo meretrício."

***

Ele faleceu no dia 19 de novembro de 1995, aos 87 anos. Três dias depois, a *Folha de S.Paulo* publicava o seguinte texto de Carlos Heitor Cony:

> Eu estava paginando a matéria sobre minha ida à Polônia, umas duzentas fotos espalhadas pela mesa, procurava um cromo da rua Mila, a do gueto de Varsóvia, que eu fotografara. Adolpho apareceu no corredor e pensei que ele vinha ver o material que eu trouxera. Somente quando chegou perto é que notei que trazia alguma coisa de encontro ao peito, um peito enorme de russo branco, de eslavo, de mujique, um peito rasputiniano. Ia mostrar-lhe a rua Mila, quando ele colocou em cima das fotos uma filhote de raça Setter, menor do que a mão dele.
>
> — Toma. Dê um nome bonito a ela. Sua vida vai ficar diferente.

Com o cromo da rua Mila na mão, não tinha escolha.

— Vai se chamar Mila.

Adolpho achou bonito e saiu de perto. Mila olhou para ele, depois olhou para mim. Acredito que, por um momento, ficou indecisa, sem saber quem seria o seu dono. Eu estava no meio de um trabalho, a produção esperava minha matéria para fechar o caderno. Outra vez não tive escolha. Peguei Mila, olhei seus olhinhos que mal se abriam. Ela procurou o meu peito e eu o dei, para sempre. Afinal, recebera uma tarefa nova, prioritária — e como!

Mila mudou minha vida. E me ligou mais ainda a Adolpho. Foi meu regra-três no amor de Mila. Ensinou-me a cuidar dela. Quando vinha visitar-me, ela adivinhava que Adolpho chegava. Ia esperá-lo na porta, os olhinhos cor de mel brilhando de alegria. Na casa dele, em Teresópolis, Mila era recebida como uma rainha, podia fazer tudo, inclusive cair na piscina; o pessoal reclamava, Adolpho achava graça. Em maio, choramos juntos, quando Mila se foi, o Fernando Barbosa Lima, que estava junto, também ficou abalado; ele tem o Sony, um labrador que era uma espécie de irmão da Mila.

Foram 13 anos com ela, 33 anos com Adolpho. Não reclamo das perdas. Em vez de uma, agora tenho duas memórias que me perdoam quando aceito a culpa de ter ficado mais só.

Recentemente, quando chegou a época das comemorações do centenário de nascimento de Adolpho Bloch, houve uma festa organizada pelo sobrinho Jaquito, no dia 12 de outubro de 2008, com poucos discursos e muita dança, na sinagoga Beith Lubavitch, no Leblon.

Ocasião em que a sobrinha-neta Rosana Kapeller, que é cientista nos Estados Unidos, falou:

> Minha primeira lembrança do tio Adolpho era de um homem maior do que a vida. Que quando eu tinha três anos, conversava comigo de igual para igual, e não como se eu fosse um bebê, que era mandão, mas sempre com um excelente senso de humor. Na casa de Teresópolis, ele reunia todas as crianças para contar as histórias de quando a família saiu da Rússia e chegou ao Brasil só com um pilão. E também como construíram a vida deles aqui, para tornar realidade a visão de uma vida melhor, sem perseguição, livres. (...) Quando ele se tornou presidente da Funterj, na reinauguração do Theatro Municipal, trouxe

a ópera *Turandot* seguida de *La Traviata*, produzida pelo Zefirelli. Eu tinha dez anos e era a primeira vez que assisti a uma ópera. (...) Ele e eu compartilhávamos a mesma paixão pela medicina e a ciência em geral. Poucos sabem que ele fez os primeiros três anos da faculdade de Medicina. Foi grande sua frustração em relação aos tratamentos, à tecnologia da época. Ele sempre me dizia que tudo era tratado à base de permanganato de potássio. Isso foi antes do descobrimento de antibióticos, vacinas e transplantes. Desde meus 12 anos eu queria ser cientista e tive o privilégio de conhecer o doutor Albert Sabin e passar muitas horas conversando com ele sobre o que é ser cientista. Quando eu já estava na faculdade de Medicina, tio Adolpho me apresentou ao doutor Michael Sela, então presidente do Instituto Weizmann, em Israel, e os dois decidiram por mim que eu deveria ir trabalhar em um dos laboratórios de lá, onde conheci meu futuro marido, Towia Liberman, no início de 1982. (...) Na minha viagem de volta ao Brasil passei uma semana em Paris com tio Adolpho, comendo crepes na rua e limpando a geleia que escorria na camisa dele. Foi quando aconteceu algo completamente inédito: fomos convidados pelo [Mstislav] Rostropovich para o ensaio de um concerto dele com o Zubin Mehta na Salle Pleyel. Depois do ensaio, saímos, nós três — Rostropovich com seu violoncelo Stradivarius —, em busca de um táxi para nos levar até a agência da Varig, para pegar as passagens. Tio Adolpho havia convidado Rostropovich para um concerto de comemoração dos trinta anos da *Manchete*.

Cinco horas da tarde, em Paris não havia um só táxi livre, quando chega um casal de jovens pedindo autógrafo para Rostropovich, que aproveitou e pediu uma carona até Champs Elysées. Era um fusca. Imaginem a cena: na frente, o rapaz e Rostropovich, atrás, tio Adolpho, a namorada do rapaz, eu, e o violoncelo no nosso colo. Nunca pensei que meu tio fosse tão *easy going* espremido no meio, sem reclamar. Inesquecível. (...) Já casada, morando em Boston, dois filhos pequenos, tio Adolpho sempre vinha nos visitar, aproveitando para fazer uns "exames rápidos". Eram sempre minhas semanas mais agitadas. Ele me ligava às oito da manhã. "Não se preocupe comigo. Toma conta das crianças e vai trabalhar, mas me pega às dez e meia da manhã, para nós sairmos." Sem babá e trabalhando o dia inteiro, eu ficava um pouquinho estressada. Ele adorava vir jantar em minha casa, com meus convidados cientistas. (...) Lembro bem do tio

Adolpho sentado na mesa redonda do oitavo andar, conversando com pelo menos três pessoas ao mesmo tempo. Com o primeiro falava sobre a revista, com o segundo sobre vendas e, com o terceiro, sobre um problema importantíssimo dentro da empresa: "O que vamos ter para o almoço?" (...) É responsabilidade nossa, dos sobrinhos-netos, transmitir aos sobrinhos-bisnetos a essência do homem Adolpho. Por isso, neste centenário de nascimento dele, estamos oferecendo para a comunidade judaica do Rio de Janeiro uma Torah, o livro sagrado que passa de geração em geração a história, a tradição, o espírito de todo um povo. O que nos ensina a importância de passarmos o nosso conhecimento para a próxima geração, com a qual compartilharemos as histórias de um homem que, segundo o tio Jorge, nasceu do tamanho de uma colher e se tornou de uma grandiosidade ímpar.

Cheio de saudades, naquele dia eu reli, para mim mesmo, a última opinião de Adolpho Bloch, publicada em 11 de novembro de 1995, na *Manchete* número 2.275, sob o título "Meu amigo Rabin":

> Ele viveu e morreu guiado pela nobreza de uma só finalidade: a celebração da paz. Queria viver em harmonia com os países que fazem fronteira com Israel e, em um horizonte maior, estendê-la por todo o Oriente Médio. Seu entusiasmo e determinação por essa causa foram maiores do que todas as dificuldades que ele enfrentou, dentro e fora de Israel e que vinha conseguindo superar.
>
> Sua última noite foi muito feliz. Reuniu em volta dele, na praça central de Tel-Aviv, mais de 100 mil pessoas que lhe foram levar um emocionante apoio. Ali, Rabin cantou uma canção pela paz e guardou os versos consigo. Chocado, o mundo viu pela televisão aqueles mesmos versos manchados com seu sangue, o sangue que ele derramou para que, de acordo com suas próprias palavras, "os nossos filhos e os filhos dos nossos filhos jamais tenham que voltar a guerrear".
>
> Recebi Yitzhak Rabin em minha casa, em março de 1979. Ele tinha vindo ao Rio de Janeiro para explicar os pormenores do Tratado de Camp David, a paz entre Israel e o Egito, a cuja assinatura tinha assistido como convidado de honra, mesmo não ocupando, naquela ocasião, qualquer função no governo. Rabin sabia que aquele primeiro passo era importante e o único possível de ser tomado na direção da paz, podendo servir como um estímulo para toda aquela região em

conflito. Assumiu esse compromisso e fixou-o com a solidez de suas convicções, levando-as aos cidadãos de Israel que o elegeram como líder, aos povos do Oriente Médio e ao mundo inteiro.

No decorrer dos últimos anos, conversamos muitas vezes. Era um homem de poucas palavras, porém precisas. Sabia como formular os problemas, enquanto se empenhava na busca de suas soluções com notável objetividade. Acompanhei emocionado o cortejo de sua última viagem de Tel-Aviv para Jerusalém, onde ele nasceu. Naquela mesma paisagem, Rabin lutou na Guerra da Independência, em 1948, para abrir o caminho que libertou a futura capital de Israel de um cerco implacável. Foi o chefe do Estado-Maior das tropas que, na Guerra dos Seis Dias, em 1967, reunificaram a cidade do rei David, agora no terceiro milênio. Nessa nova e antiga Jerusalém, naqueles dias, no alto do monte Scopus, ele falou aos estudantes da Universidade Hebraica sobre a responsabilidade que resulta de cada conquista e da humildade que deve coroar cada vitória. Foi um inesquecível discurso de estadista, uma das mais belas páginas políticas e filosóficas da História contemporânea.

Rabin foi o único primeiro-ministro até hoje nascido em Israel e, ao longo dos últimos cinquenta anos, não houve um só momento na vida do país, de alegria ou de tristeza, de esperança ou de frustração, de certeza ou de dúvida, do qual ele não tivesse participado de forma ativa. Assim como se revelou um embaixador admirado em Washington por sua capacidade diplomática, também foi o estrategista com coragem para salvar os reféns em Entebbe. Assim como comandou exércitos nas guerras, afirmou-se como o grande comandante da paz.

O nome de Yitzhak Rabin será sempre uma inspiração para aqueles que, em todos os cantos da Terra, acreditam nos caminhos que conduzem à paz. Ele será sempre uma grandiosa referência para as novas gerações do Oriente Médio, que, graças a ele, farão do diálogo e do entendimento as suas únicas armas.

***

Um dos muitos orgulhos de Adolpho era ter estudado no tradicional colégio Pedro II. Tanto que chorou muito quando foi homenageado no velho prédio de São Cristóvão pela congregação do colégio padrão, em cerimônia presidida pelo professor Vandick Londres da Nóbrega, à qual estive presente.

Sem ter podido frequentar além das primeiras séries da educação básica, Adolpho admirava os que se dedicavam aos estudos. Quando eu lhe disse que meu filho Celso estava disposto a ficar de dois a três meses em Israel, para entender o que significava Inteligência Artificial, então em seu começo, imediatamente me comunicou, sem que eu pedisse qualquer coisa: "Pago as passagens. Deixe isso por minha conta."

Com 16 anos, Celso foi para o IWC, onde conheceu mestres de renome, um dos quais pertencia também ao Imperial College of Science and Technology, de Londres, onde ele, já casado, passou três anos preparando-se para o doutorado em Informática. Nenhum de nós esqueceu aquele grande apoio.

O começo do fim

Houve dias em que parecia fora de dúvida que o imenso barco afundava cada vez mais.

Uns diziam que era por causa das despesas incontroláveis da televisão (as telenovelas eram caríssimas), outros criticavam a forma antiquada de gestão da empresa. E havia também os que achavam que a *Manchete* não deveria ter construído aquele imponente prédio de frente para a baía de Guanabara, com vista panorâmica para o mar e o Pão de Açúcar. Eu cheguei até a ouvir de um banqueiro, amigo da casa: "Arnaldo, o negócio dos Bloch não permite esse luxo todo. O prédio custou uma fortuna, só para satisfazer a vaidade do Adolpho."

O certo é que eu não estava feliz, como sempre estive antes. Ia diariamente para o trabalho com a certeza de que teria dores de cabeça permanentes. Quando, de repente, fui convidado pelo Jaquito para ser novamente chefe de reportagem da *Manchete*, em crise, achei aquilo quase uma afronta, mas não deixei de colaborar, com a minha experiência, participando das reuniões de pauta da revista. E tomei a decisão de sair na hora certa, seis anos antes do fim, para trabalhar em São Paulo como diretor de marketing da Abrapp. Foi um refrigério. Durante cinco anos de atividade, criei o Instituto Cultural de Seguridade Social, o Prêmio ICSS, e coordenei diversas viagens de estudos ao exterior, especialmente à Wharton School, na Pensilvânia, nos Estados Unidos. Aprendi um bocado e me tornei amigo de pessoas como Mizael Vaz, Devanir da Silva e Fernando Pimentel. Até voltar para o Rio, a fim de assumir, por dois anos, a presidência da ABL, no biênio 1998-1999, uma honra da qual não poderia abrir mão.

***

É nítida em mim a impressão de que Adolpho Bloch, no final da vida, enxergando pouco, assinava cheques já sem saber direito o que estava fazendo. E aí é bem possível que tenha sido enganado muito, muitas vezes, porque a empresa dava sinais bem claros de que estava perto de iniciar a contagem regressiva de seus últimos tempos.

Naquele começo do fim, os boatos eram diários e os comentários, constantes e nervosos, alguns alarmantes:

"As contas não estão sendo pagas!"

"Os impostos estão atrasadíssimos!"

"Isso ainda vai acabar mal!"

"Estamos à beira da falência!"

O alerta, mesmo, veio através de um advogado: "Em caso de falência, os diretores eleitos em Assembleia Geral ficam responsáveis."

Portanto, o Murilo Melo Filho, o Paulo Pellicano, o Zevi Ghivelder e eu estaríamos incluídos entre os responsáveis por uma coisa que não fizemos. Com um detalhe altamente injusto: nunca havíamos participado de qualquer reunião da Assembleia Geral, nem jamais tínhamos assinado qualquer cheque da firma, até porque havia uma regra nas Empresas Bloch transformada em tradição: o Adolpho era quem resolvia tudo, sozinho.

Além da sensação de desamparo, havia, naqueles dias, a certeza de total impotência diante de tudo o que a gente sentia que estava para acontecer. Aquelas frases em ecos rondando meus ouvidos, dia e noite, aumentavam o grande vazio à minha volta. E tudo girava em torno de uma pergunta que eu me fazia: então, posso perder o pouco que tenho, construído com tanto sacrifício, durante tantos anos?

O jeito foi adotar, corajosamente, uma solução de emergência: solicitar do presidente a dispensa da condição de diretor da empresa. Pedi. Ele não gostou, porém atendeu. Mesmo assim, ainda passei dois anos — prazo legal em que a responsabilidade dos sócios permanece em vigor — rezando todas as noites para que a falência não se concretizasse.

Fui o único a optar por aquela medida.

Enquanto isso, em meio às más notícias que tinham se tornado rotina diária, o Jaquito (que certa vez havia me chamado de "o irmão que ele não tivera") chegava à minha mesa, abatido, e desabafava: "Você sabia que tem gente roubando a firma?"

Eu não sabia, mas desconfiava.

E então me contou uma série de casos que, segundo ele, estavam se passando no segundo andar do prédio do Russell, onde Adolpho despachava. Um deles, espantoso: o rapaz que era contínuo, colocado ali apenas para atender telefonemas e fazer as ligações para o Adolpho, havia comprado um haras, com alguns cavalos de corrida.

"De onde saiu esse dinheiro?!", perguntava-se o Jaquito.

Se ele, que era sobrinho e herdeiro, não sabia, muito menos eu, que jamais tinha tido qualquer acesso à Tesouraria.

***

No sepultamento do editor Abrahão Koogan (*Delta Larousse*) eu estava acomodado num dos bancos corridos do Cemitério Israelita do Caju, quando o Jaquito chegou, perguntando se podia ficar perto de mim. E por que não? Então, em voz baixa, elegeu-se como vítima de uma série de incompreensões. É que o peso do fim das Empresas Bloch tinha sido debitado em sua conta, por isso ele estava desabafando:

"Não fui eu quem pediu três milhões de dólares emprestados ao Banco Econômico. O Adolpho era amigo do Ângelo Calmon de Sá, conseguiu o dinheiro e nunca pagou nem um tostão. Quando veio a intervenção do Banco Central, apareceu a dívida que, com juros, correção monetária etc., estava em trinta milhões de dólares. Não havia como pagar."

O governo executou a dívida e a firma foi fechada.

Não quis comentar com ele o fato de que alguns jornais deviam muito mais e nada acontecia. O que fica claro é que, enquanto Adolpho estava vivo, ninguém tomava qualquer decisão drástica contra a *Manchete* e, com a morte dele, os credores mudaram de atitude. E a dívida não era só essa do Banco Econômico; já existia um terrível contencioso na questão dos impostos. Não se pagava mais FGTS há algum tempo. Todo funcionário dispensado, pelo motivo que fosse, não tinha como levantar o fundo de garantia. Caso típico — e sujeito à condenação — de apropriação indébita.

***

Na verdade, até hoje, aqui e ali, sobretudo nos meios empresariais, há certo espanto em relação à queda desse império gráfico e jornalístico que chegou a ter, somando suas diversas atividades (várias revistas semanais e mensais, o Parque Industrial de Parada de Lucas, Gráficos Bloch, Bloch Tintas, além de emissoras de rádio e uma rede de televisão), quase sete mil funcionários.

Só algum tempo depois, as dúvidas quanto a esse aparente mistério foram se desvanecendo. Era preciso lembrar que Adolpho sempre foi um grande jogador. Trabalhava de forma eficiente, com a inflação alta, mas talvez não tenha sabido proteger a empresa nos tempos não inflacionados.

***

Diante de um texto que escrevi recentemente, lembro-me automaticamente dele, pois eu o apresentei à minha família em Israel:

> Muito cedo em sua vida, a menina Renia conheceu bem de perto os horrores da guerra. Vivia em Ostrowiec, com seus pais e irmãos, mas a invasão nazista à Polônia obrigou-a a esconder-se, contando com a coragem e a benevolência de um casal católico que a adotou como filha. Anos depois, com o fim da hecatombe de 1939 a 1945, reuniu-se ao que restou da família, passando a residir no Estado de Israel. Hoje, aos 86 anos de idade, inteiramente lúcida, vive numa casa de repouso em Gedera, a poucos quilômetros de Tel Aviv. Fiz-lhe, recentemente, uma visita. Choramos juntos, de emoção. É minha tia, a irmã mais nova de meu pai, que veio para o Brasil no início da década de 1930, assim se salvando da bestialidade nazista.
>
> Por telefone, mantenho contato com tia Renia. Nossa última ligação foi dramática: "Estou vivendo um novo pesadelo. Caiu um míssil aqui perto de casa, cavando um imenso buraco. Ainda bem que os terroristas são ruins de pontaria." É muito duro para um ser humano reviver a insegurança de uma guerra, quando o mais lógico seria aproveitar os avanços da ciência para uma existência amistosa e confortável.
>
> Enquanto mais de quarenta nações árabes pregam a paz permanente com o Estado de Israel, nascido em 1948 para ficar, alguns terroristas, numa visão fanática e lamentável, pregam a destruição de seu território, para que seja riscada do mundo, como eles afirmam,

a única democracia estável do Oriente Médico. Os israelenses estão convencidos de que, vivendo de forma solidária e útil, conseguirão obedecer aos mais sagrados postulados divinos, enquanto os terroristas pregam a morte como forma de chegar ao céu e receber as bênçãos do Todo-Poderoso. Isso é descaradamente ensinado em algumas escolas da Faixa de Gaza, doutrinando desde cedo as crianças para uma vida de permanente confronto e ódio aos judeus.

Em 2005, Israel retirou da área conflagrada não apenas o Exército (20 mil jovens), como também foi obrigado a encontrar solução para os 7.500 colonos que ali haviam se estabelecido. Deu, assim, o grande passo em direção à paz, buscando a convivência saudável. Quando o Hamas ganhou as últimas eleições, esmerou-se nas provocações, aproximando seus fanáticos terroristas das fronteiras estabelecidas. Houve dia de atirar setenta foguetes em Sderot e outras cidades próximas, provocando mortes e ferimentos inaceitáveis. O mundo, calado. Nenhum dos democratas que hoje escrevem ou falam sobre a invasão israelense se manifestou a respeito, como se isso fosse da natureza inescapável do problema.

Depois de 22 dias de confronto, a paz parece ter voltado à região de Gaza. Israel decretou o cessar-fogo. Todos somos favoráveis à existência de um Estado Palestino, num clima desejável de fraternal convívio, ou seja, com uma paz que não seja só duradoura, mas definitiva. Todos têm a ganhar com isso. Era um dos sonhos daquele homem muito especial.

***

Nas comemorações do seu centenário, li uma crônica de Carlos Heitor Cony intitulada "A coisa", publicada na *Manchete* em 1995, por ocasião do falecimento de Adolpho, cujos termos subscrevo amplamente, por ter vivido situações praticamente semelhantes:

> Lisboa, 1975, quatro horas da manhã. O telefone toca na mesinha de cabeceira do Hotel Tivoli. Com a experiência de outros telefonemas àquela mesma hora, sei quem é. Atendo, sem me surpreender com a voz inconfundível, uma de suas marcas registradas. "Como vai a coisa?" Adolpho não acreditava em fuso horário: se no Rio são onze horas da noite, por que seria madrugada na Europa? "Vai indo, Adolpho", eu disse, numa forma de responder sem responder, apenas iniciando um diálogo. Ele me pergunta sobre a crise política em Portugal e dou as informações como ele gosta: objetivas, bem-resumidas. "Está muito

frio? Aí venta bastante nessa época do ano." Acrescenta que, além do frio e do vento, tem chovido uma barbaridade, ou como preferem os portugueses, "de uma forma bestial". Desligo e tento dormir.

Cinco minutos depois o telefone toca novamente. "Você está bem-calçado?" Digo que são quatro horas da manhã, preciso dormir, tenho compromisso cedo. Ele insiste, quer saber se estou andando pelas ruas alagadas com o tênis que geralmente uso. Garanto que não, por acaso estou usando aquele rossetti yacht que ele trouxe para mim de Milão. "Uma porcaria!", diz, anunciando que vou ficar resfriado, que sou teimoso, malcriado e não sei cuidar da minha saúde. Exalta-se. "Amanhã não tem compromisso! Você vai na rua da Prata, tem uma sapataria, fale com o gerente, diz que é meu amigo, ele tem umas botas muito boas, não passam água, mas pede desconto, 10 não, 30 por cento. Ele é ladrão, mas tem os melhores sapatos da Europa. Perto dele os sapatos italianos são uma bela porcaria!" Concordo que os sapatos italianos (que ele gosta de usar e de presentear) são uma droga, mas que eu quero dormir. Ele desliga.

Dessa vez nem cinco minutos se passam. O telefone toca mais uma vez. "Olha, é melhor comprar dois, a bota e um sapato social. Pode gastar que eu pago depois. Mas pede desconto. Quarenta por cento. Diz que é para mim." "Tá bem, Adolpho, tá bem, mas me deixa dormir, agora." Ajeito-me nos lençóis, penso em tirar o fone do gancho, mas sinto que ele ainda vai telefonar mais. Não dá outra. "Você levou meias de lã?" Recomenda uma camisaria no Rocio que é barateira, além das meias tem as melhores camisas do mundo. "Iguais às que o Adriano Moreira usa." Adolpho acha o Adriano Moreira elegante (e o professor é elegante mesmo). Antes de desligar, de repente ele reclama: "Você ainda não me disse como vai a coisa!" Vai bem, Adolpho, quer dizer, vai mal, pior do que os sapatos vagabundos e das meias molhadas. É que a coisa ficou meio sem graça sem você. Vai ser difícil levar essa barra. Sempre se dará um jeito. O que não terá jeito é não ouvir mais a sua voz grossa, enfrentar os fusos desencontrados, sem mais sofrer essa mania que você tem de querer saber como vai a coisa.

A coisa irá, de alguma forma, pois não se pode esquecer um homem que, a oito mil quilômetros de distância, com um oceano no meio, quer saber se estou agasalhado, quer proteger meus passos e guiar minha saudade.

Adolpho Bloch era assim. E jamais será esquecido.

AGRADECIMENTO

Para a feitura deste trabalho, o autor contou com a colaboração dos jornalistas Renato Sérgio, Manoela Ferrari e Luís Paulo Silva, aos quais o estende o seu agradecimento.

ÍNDICE ONOMÁSTICO

A

B

C

D

E

F

M

N

T

V

W

X

Z

PRODUÇÃO
Adriana Torres
Ana Carla Sousa

PRODUÇÃO EDITORIAL
Gabriel Machado
Victor Almeida

COPIDESQUE
Rachel Rimas

REVISÃO
Wilson Silva

INDEXAÇÃO
Mauro Siqueira

DIAGRAMAÇÃO
Elza Maria da Silveira Ramos

Este livro foi impresso no Rio de Janeiro, em dezembro de 2012,
pela Singular para a Editora Nova Fronteira.
A fonte usada no miolo é IowanOldSt BT, corpo 10,5/14,5.
O papel do miolo é offset $75g/m^2$,
e o da capa é cartão $250g/m^2$.